南京航空航天大学管理预测、决策与优化研究丛书

不确定信息集成理论
及其在管理决策中的应用

桑秀芝 刘新旺 虞先玉 著

科学出版社
北京

内 容 简 介

多属性决策问题是现代决策科学的重要组成部分,多属性决策是与多个属性有关的有限方案的选择问题,其在工程设计、经济、管理和军事等诸多领域有着广阔的实际应用前景。信息不确定是实际多属性决策问题的基本特征之一,如何有效实现不确定信息的集成与决策信息(包括属性值的表达形式、属性值的排序、属性权重、决策者的风险偏好、决策者的决策行为)的获取具有重要的理论和现实意义。本书系统地介绍了几种不确定信息环境下的多属性决策方法,如基于精确值的信息集成方法、基于一型模糊数的多属性决策方法和基于区间二型模糊数的多属性决策方法,并将其应用于经济、管理领域中的决策问题,这是作者近年来针对不确定信息集成问题的主要研究成果。

本书可作为运筹学、信息科学、管理科学与工程等领域研究人员和工程技术人员的参考书,以及高等院校有关专业研究生和高年级本科生的教学用书。

图书在版编目(CIP)数据

不确定信息集成理论及其在管理决策中的应用/桑秀芝,刘新旺,虞先玉著. —北京:科学出版社,2023.2
(南京航空航天大学管理预测、决策与优化研究丛书)
ISBN 978-7-03-073958-2

Ⅰ. ①不⋯ Ⅱ. ①桑⋯ ②刘⋯ ③虞⋯ Ⅲ. ①管理决策-研究 Ⅳ. ①C934

中国版本图书馆 CIP 数据核字(2022)第 226829 号

责任编辑:陶 璞 / 责任校对:张亚丹
责任印制:张 伟 / 封面设计:无极书装

科学出版社 出版
北京东黄城根北街 16 号
邮政编码:100717
http://www.sciencep.com

北京建宏印刷有限公司 印刷
科学出版社发行 各地新华书店经销
*
2023 年 2 月第 一 版 开本:720×1000 B5
2023 年 8 月第二次印刷 印张:11 1/2
字数:229 000
定价:106.00 元
(如有印装质量问题,我社负责调换)

前　言

在管理决策过程中，人们经常面临具有多种属性和特征的决策问题，同时需要处理各种自然和人为因素的不确定信息。模糊数理论是处理不确定信息特别是主观不确定性知识的重要方法。各种不确定信息集成方法为不确定环境下的决策问题提供新的工具和方法，是目前管理和信息科学领域的重要研究方向。然而，这些研究成果尚未形成系统的研究体系，且缺乏不确定信息集成方法与技术的支撑。因此，对考虑不同语言变量形式下的不确定信息集成问题进行系统研究，并给出有效的决策分析方法，具有重要的现实意义和理论意义。

本书对基于不同语言变量形式的信息集成方法进行深入研究，主要开展以下几个方面的工作。

（1）给出不确定信息集成问题的描述和研究框架。为了深入了解不同语言变量环境下的不确定信息集成问题的研究体系，将不同语言环境下的信息集成问题分为三类：基于精确值的信息集成问题、基于一型模糊数的多属性决策集成问题，以及基于区间二型模糊数的多属性决策集成问题。此外，给出考虑不同语言变量环境的信息集成问题的一般性描述，并给出解决不同语言变量环境下的信息集成问题的研究框架。这些基础性研究工作为相关问题的研究提供了理论指导框架和分析框架，并为研究问题的扩展与应用奠定了坚实的基础。

（2）基于精确数值的加权有序加权平均（weighted ordered weighted averaging，WOWA）集结算子。具体地，分析了单调递增（regular increasing monotonic，RIM）量词分段线性函数的参数化 WOWA 算子在不确定性环境下的动态决策过程中的应用。与此同时，提出参数化权重函数的 WOWA 算子，讨论其在不确定和风险性环境下的决策问题中的应用。在此方法下，决策者的风险偏好恰好与前景理论（prospect theory，PT）特征一致。并且，Torra（1997）提出的 WOWA 算子权重函数是参数化权重函数的两个特例，期望效用理论是该两种参数化 WOWA 算子的一种特例。

（3）基于一型模糊数（type-1 fuzzy sets，T1 FSs）的多属性决策方法。具体地，首先提出一种新的 T1 FSs 排序概念，定义了可能均值和变异系数的公式形式。该方法不仅能够区分 T1 FSs 的顺序，尤其是顶点相同而底边跨度不等的对称性 T1 FSs，还能够满足 T1 FSs 排序与其镜像排序之间的一致性。然后提出基于 T1 FSs 的逼近于理想解的排序（technique for order preference by similarity to ideal solution，TOPSIS）解析求解法，该方法计算效率高，计算结果准确，并能够给出完整的 TOPSIS 计算结果的模糊数图形。最后，提出一个基于偏好顺序结构评估（preference ranking organization methods for enrichment evaluations，PROMETHEE）方法、前景理论、决策试验和评价实验法（decision making trial and evaluation laboratory，DEMATEL）的扩展多属性决策框架来选择最佳电动公交车充电站（electric bus charging stations，EBCS）站点位置。该方法不仅可以用模糊理论有效地处理决策者的歧义和不同语言评价，而且可以构建因果关系图，用模糊 DEMATEL 分析标准之间的复杂相互作用。此外，考虑到决策者的有限理性决策心理，该方法可以找到最佳 EBCS 站点位置。

（4）基于区间二型模糊数（interval type-2 fuzzy sets，IT2 FSs）的多属性决策方法。具体地，首先提出一种新的 IT2 FSs 排序方法，该方法不仅能够区分 IT2 FSs 的顺序，尤其是顶点相同，而底边跨度不等的对称性 IT2 FSs，还能够满足 IT2 FSs 与其镜像之间排序的一致性。然后提出基于 IT2 FSs 的 TOPSIS 解析求解法，讨论该方法满足的一些性质，从而实现了从 TOPSIS 求解到结果排序整个过程的解析法求解。接着提出了基于可能性-概率信息融合的 IT2 FSs 环境下的多属性决策方法，该方法同时考虑决策者主观评价的不确定性和事件发生的客观不确定性，并提出 IT2 FSs 环境下的多属性决策方法，用于股票选择问题。最后提出了基于 IT2 FSs 的交互式多准则决策（tomada de decisao interativa e multicritério，TODIM）多属性决策方法，通过计算与理想解决方案的相对接近度以对备选方案进行排序。

（5）针对不同语言变量的信息集成问题，对基于精确值的信息集成问题、基于 T1 FSs 的多属性决策问题、基于 IT2 FSs 多属性决策问题进行了应用研究，提出了相应的信息集成方法。对于现实中需要考虑决策者主观评价信息的信息集成问题具有指导意义。

本书是在笔者博士论文基础上结合近几年的一些后续研究整理而成的。在本书的撰写过程中，得到了许多专家、学者的帮助和指导。他们的帮助使本书涉及的研究工作能够顺利开展并最终完成，在这里表示感谢。本书得到南京航空航天大学中央高校基本科研业务费专项资金资助（No.NR2021002），国家自然科学基金（72274094，71971115）以及南京航空航天大学经济与管理学院出版基金资助，感谢这些基金项目的大力支持。

本书的部分内容属于探索性研究成果，由于笔者水平有限，书中的观点尚不成熟，相关提法和叙述难免存在不足之处，恳请读者批评和指正。

桑秀芝　刘新旺　虞先玉

2022 年 3 月

目　　录

第1章　绪论 ··· 1
　　1.1　研究背景 ··· 1
　　1.2　问题的提出 ·· 2
　　1.3　研究意义 ··· 4
　　1.4　研究内容 ··· 5
　　1.5　本书框架和结构安排 ·· 7
第2章　相关研究文献综述 ·· 9
　　2.1　基于精确值的 OWA 集结算子研究现状 ·································· 9
　　2.2　基于一型模糊数的决策方法研究现状 ···································· 11
　　2.3　基于区间二型模糊数的决策方法研究现状 ····························· 12
　　2.4　对已有研究的贡献与不足 ·· 13
　　2.5　本章小结 ··· 15
第3章　不确定信息集成问题研究的理论基础 ···································· 16
　　3.1　不确定信息表示方法 ··· 16
　　3.2　不确定信息排序方法 ··· 18
　　3.3　不确定信息集成方法 ··· 19
　　3.4　本章小结 ··· 25
第4章　不确定信息集成问题描述及研究框架 ···································· 27
　　4.1　不确定信息集成问题的一般性描述 ······································· 27
　　4.2　不确定信息集成问题的研究框架 ·· 30
　　4.3　本章小结 ··· 38
第5章　基于精确信息的集结方法研究 ·· 39
　　5.1　研究背景介绍 ··· 39
　　5.2　基本概念 ··· 40
　　5.3　基于 RIM 量词函数的参数化 WOWA 算子应用分析 ············· 43

  5.4 基于参数化权重函数的 WOWA 算子 ……………………………… 55
  5.5 本章小结 ………………………………………………………………… 63
第 6 章 基于一型模糊数的多属性决策方法研究 ……………………………… 65
  6.1 预备知识 ………………………………………………………………… 65
  6.2 基于可能均值和变异系数的一型模糊数排序方法 ………………… 68
  6.3 基于一型模糊数的 TOPSIS 集成解析法 ……………………………… 72
  6.4 基于综合模糊多准则决策方法的电动公交车充电站选址 ………… 90
  6.5 本章小结 ………………………………………………………………… 104
第 7 章 基于区间二型模糊数的多属性决策方法研究 …………………………… 105
  7.1 区间二型模糊数的排序方法 …………………………………………… 105
  7.2 基于区间二型模糊数的 TOPSIS 集成解析法 ………………………… 108
  7.3 可能性–概率信息融合区间二型模糊环境下的方法 ………………… 127
  7.4 基于 IT2 FSs 的 TODIM 方法 ………………………………………… 140
  7.5 本章小结 ………………………………………………………………… 152
第 8 章 潜在应用 ……………………………………………………………………… 154
  8.1 考虑基于精确值的信息集结模型的应用 ……………………………… 154
  8.2 考虑基于一型模糊数的多属性决策模型的应用 ……………………… 154
  8.3 考虑基于区间二型模糊数的多属性决策模型的应用 ………………… 155
第 9 章 结论与展望 …………………………………………………………………… 156
  9.1 本书的主要结论 ………………………………………………………… 156
  9.2 对后续研究工作的建议 ………………………………………………… 158
参考文献 ………………………………………………………………………………… 160

第1章 绪 论

1.1 研究背景

信息集成（information aggregation）是现代决策科学的一个重要组成部分，目前它在工程设计、经济和管理等诸多领域中有着广泛的应用（Smithson，1987；Ragin，2000；Beliakov，2001；Zimmermann，2001；Mendel and Wu，2010；Yager et al.，2011）。其实质就是利用已有的决策信息通过一定的方式对一组有限个方案进行排序并选择最优集成结果。在人们的社会经济生活中，许多决策问题无法通过单个指标来评价评选对象的优劣，如供应商选择、投资风险评价等（Kahraman et al.，2003；Chen et al.，2006；Boran et al.，2009；Wang et al.，2009a）。为减少决策的失误，提高决策效率，很多决策问题都采用多属性（指标）决策的方式进行。多属性决策是决策问题的一个重要分支，研究按照某种偏好结构，对含有多个属性的问题进行选优、评价或排序的决策问题（刘树林和邱菀华，1998；徐泽水，2004）。它主要由四部分组成：①集成信息获取及不确定信息表达方式的选择；②权重的选择；③不确定信息集成算法的选择；④信息集成结果的排序。多属性决策一经产生就受到普遍关注，长期以来一直是决策分析研究领域的一个重点和热点方向（Orlovsky，1978；Zeleny，1982；Yoon and Hwang，1995；刘新旺和黄卫，2001；刘新旺，2004；Liu，2005；Liu and Da，2005；Ho et al.，2010）。

信息不确定性是多属性决策问题的常见特征之一，由于客观事物的复杂性、不准确性或人类认知的局限性和思维的模糊性带来的数据质量低下或部分缺失，决策者通常很难用精确数值去表达其准确的偏好信息。根据我国学者刘宝碇和赵瑞清（1998）对不确定信息的定义和分类，不确定性是指客观事物联系和发展过程中无序的、或然的、模糊的、近似的属性。其具体表现形式是：①信息不准确；②信息不完备；③模糊信息；④不确定性假设。不确定信息表述方法有：随机数和模糊数，其中：随机数指事件结果是不确定的，如走到某十字路口时，可能正好是红灯，也可能正好是绿灯，这类现象的描述工具是概率论和数理统计；模糊数指事物本身的描述具有不确定性,如老人、健康、情绪稳定等,目前主要的表示形式有:精确数值、一型模糊数、二型模糊数(type-2 fuzzy sets, T2 FSs)、犹豫模糊数、直觉模糊数等(Dubois and Prade,1980;Takagi and Sugeno,1985;Klir and Yuan,1995)。对于多属性决策问题,如果决策者属性或偏好信息是不确定的,则称此问题为不确定信息的多属性决策问题(徐泽水,2004)。在现实生活中,由于不确定信息决策问题的大量存在,不确定信息多属性决策问题已成为多属性决策问题研究的重点。

对于上述决策属性和决策者偏好等描述具有不确定性的多属性决策问题,传统的决策理论如贝叶斯理论面临严峻的挑战。为此,有关不确定信息决策的理论和方法被相继提出并得到广泛使用,如有序加权集成(ordered weighted aggregation, OWA)算子(Yager,1993)、TOPSIS 的排序方法(Chen,2000)、模糊集理论(Zadeh,1965)、粗糙集理论(Pawlak,1982)和灰色系统理论(邓聚龙,1982)等。近年来,尽管不确定信息决策问题的研究已取得一定成果,但由于该问题固有的复杂性,该研究尚未形成完整的框架体系,目前无论是在理论研究还是方法应用上都很不成熟,还需要进一步的改进和丰富。正是在这种背景下,本书提出不确定信息集成方法,按照"基于精确值的信息集结算子—基于 T1 FSs 的多属性决策方法—基于 IT2 FSs 的多属性决策方法"的研究思路,研究不确定信息集结和决策分析的相关理论和方法。先从基于精确值的不确定信息集结方法入手,研究基于单调递增量词分段线性函数的加权有序加权平均算子在决策问题中的应用和一种新的 WOWA 算子的权重确定方法及在决策问题中的应用;其次,研究 T1 FSs 的排序方法、基于 T1 FSs 的逼近于理想解的排序解析法和基于 T1 FSs 的模糊基于偏好顺序结构评估-展望理论综合方法;接着,重点研究了 IT2 FSs 的排序方法、基于 IT2 FSs 的 TOPSIS 解析集成方法、基于 IT2 FSs 的交互式多准则决策方法和基于 IT2 FSs 的可能性——概率信息融合的多属性决策(multiple criteria decision making, MCDM)方法;最后,提出上述集成方法的潜在应用领域。目的在于进一步丰富和完善不确定信息环境下的多属性决策理论与方法,增强不确定信息集成方法的实用性和灵活性,进而提高不确定信息下的多属性决策质量,降低决策风险。

1.2 问题的提出

由于现实不确定信息集成问题的复杂与多样性,需要对现实中的多属性决策问题进行提炼,给出不同模糊环境下不确定信息集成问题的研究框架,并进一步提出相应的集成理论与方法。

1.2.1 提炼现实中不确定信息集成问题

不确定信息集成问题有广泛的实际背景。例如，基于理性决策者的新产品定价策略问题、考虑决策者决策行为的网络广告投放策略问题、企业员工招聘问题、EBCS 选址问题、绿色供应商选择问题、股票选择问题等。

关于上述问题的研究是凌乱而分散的，缺乏一个一般性的问题类型划分与提炼。因此，需要依据已有的相关研究对现实中的不确定信息集成问题进行提炼、整理和分类，从而形成一个系统、科学、有价值的研究问题体系。

对现实中不同模糊背景的信息集成问题进行提炼与分类，能够为进一步的研究工作提供一个清晰的研究视野、系统的研究体系，对推动不确定信息集成理论与方法的研究具有重要意义。

1.2.2 构建基于不同语言变量环境的信息集成问题的研究框架

不同语言变量的信息集成问题已经引起了一些学者的关注，但他们对于不同语言变量下信息集成问题的高度概括与抽象描述、形式化分类及研究框架等尚未做出探讨。

对于不同语言变量的信息集成问题，需要以问题的分析框架为指导，为后续对不确定信息集成理论与方法的研究奠定重要基础。

在不同语言变量的信息集成理论与方法的研究中，需要明确：哪些问题是需要引入基于精确值的信息集成问题？哪些问题是需要引入基于一型模糊数的信息集成问题？哪些问题是需要引入基于区间二型模糊数的信息集成问题？在考虑决策者的决策心理时，如何将决策者的行为引入决策问题中？如何考虑不同语言变量的信息集成问题的一般性形式化描述？如何给出不同语言变量的信息集成问题的决策分析框架？上述这些问题需要进一步深入研究。

1.2.3 提出基于不同语言变量的信息集成问题理论与方法

现实中大量的决策问题需要用不确定信息集成理论与方法完成，因此如何解决此类问题非常重要。但是，目前已有的不确定信息集成问题大多是针对特定背景、特定问题的，较少看到对不同语言变量的信息集成问题进行系统性研究，且缺少考虑决策者行为的方案选择方法与技术的研究。

此外，现实中基于不同语言变量的信息集成问题具有多种不同的类型，且不同语言变量下的决策问题具有不同的特性。因此，需要对不同语言变量的信息集成问题建立相应的决策模型，提出相应的一般性决策理论与方法，从而为解决现实中不同语言变量的信息集成问题提供科学的指导和必要支持，也为相关理论、方法与应用研究的扩展奠定基础。

具体地，首先，针对不同语言变量的信息集成方法，需要给出多种形式的处理与集结方法，给出针对各种语言变量的信息排序方法。其次，针对是否考虑决策者的决策行为，需要给出不同语言信息的属性值的收益和损失的计算方法、指标的权重处理、评价信息的集结方法及方案排序方法。

1.3 研究意义

不确定信息集成理论与方法研究是一个具有前沿性、挑战性的重要课题。为解决现实中需要考虑不确定信息的集成问题，进一步发展和完善信息集成理论与方法，建立较为系统的理论与方法体系是十分必要的。本书的具体研究意义主要体现在以下几个方面。

（1）在理论层面，将信息集成问题分为三类：基于精确值的信息集成问题、基于一型模糊数的多属性决策问题及基于区间二型模糊数的多属性决策问题。给出了基于不同语言变量的信息集成问题的一般性描述及决策问题的研究框架，对于解决不确定信息集成问题及考虑决策者决策行为的信息集成问题的研究具有理论指导意义，为不确定信息集成理论与方法体系的形成奠定基础。

（2）在方法层面，针对不同的信息集成问题，进行了有针对性的集成分析方法与技术的研究，提出了若干解决基于理性决策者和考虑决策者行为的集成问题的分析方法，有助于推动信息集成研究工作的进一步开展，对进一步发展和完善不确定信息集成理论与方法具有重要意义。

（3）在应用方面，对于解决现实中不确定信息集成问题具有重要意义。现实中存在大量的需要考虑信息不确定性的集成问题。例如，基于理性决策者的新产品定价策略问题、考虑决策者决策行为的网络广告投放策略问题、企业员工招聘问题、EBCS 选址问题、绿色供应商选择问题、股票选择问题等，如何解决这些问题，是需要关注的。因此，针对信息不确定性的集成决策问题，提出有针对性的集成方法与技术，为解决现实中大量存在的需要考虑信息不确定性的集成问题提供具体的、适用的、可操作的方法与技术支持，这具有重要的实际意义。

1.4 研究内容

本书的研究内容包括以下几方面。

1. 不确定信息集成问题的描述及研究框架

通过对不确定信息集成问题进行提炼和分类，确定本书研究的问题为基于精确值的信息集结问题、基于一型模糊数的决策集成问题和基于区间二型模糊数的决策集成问题，分别针对这三类问题进行形式化描述，并给出解决问题的研究框架。

2. 基于精确值的不确定信息集结方法

关于这方面的研究内容主要包括：

（1）基于 RIM 量词函数的参数化 WOWA 算子。具体地，从基于决策者是理性人的角度出发，研究基于 RIM 量词分段线性函数的参数化 WOWA 算子在不确定多属性决策问题中的应用意义，并讨论当参数取值范围不同时，集结结果与决策者偏好信息之间的关系。

（2）基于参数化权重函数的 WOWA 算子。从决策者为有限理性人的角度出发，提出新的概率权重函数的参数化 WOWA 算子，并将不确定信息集结和前景理论概率权重函数联系起来，讨论参数取值范围不同时集结结果与决策者偏好之间的关系。

3. 基于一型模糊数的多属性决策方法

关于这方面的研究内容主要包括：

（1）基于一型模糊数的 TOPSIS 集成解析法。首先，提出基于可能均值和变异系数的 T1 FSs 排序方法，该方法不仅满足模糊数排序方法的一般性质，而且能弥补目前大多数 T1 FSs 排序方法存在的不足。其次，本书提出基于 T1 FSs 的 TOPSIS 解析求解方法，与原来的基于相等截距的 α 切割水平求解方法（Wang and Elhag，2006）相比，该方法求解结果以表达式形式表示，该形式不仅能获取完整且准确的 TOPSIS 结果的 T1 FSs，而且还可通过解析表达式分析最终求解结果的性质；利用基于可能均值和变异系数的 T1 FSs 排序方法对 TOPSIS 求解结果进行排序，从而实现从计算到排序的全过程的解析形式。

（2）基于综合模糊多准则决策方法的 EBCS 选址。本书构建了基于模糊

PROMETHEE 方法和 PT 的扩展模糊多准则决策框架来确定 EBCS 选择。首先，开发了由交通、经济、技术、环境组成的 EBCS 选址评价标准体系。其次，采用模糊 DEMATEL 方法计算 EBCS 评价标准的权重并分析其因果关系。再次，将模糊 PROMETHEE 方法和 PT 相结合，以获得替代 EBCS 站点位置的倾斜度。最后，通过案例结果的对比分析，证明所提方法的可行性。本书以评估南京 EBCS 选址的案例研究和比较分析为例，表明所提出的集成框架对于 EBCS 选址问题具有有效性和可扩展性。

4. 基于区间二型模糊数的集成决策方法

关于这方面的研究内容主要包括：

（1）基于 IT2 FSs 的 TODIM 方法。提出了基于 IT2 FSs 的 TODIM 方法来选择绿色供应商。首先，引入了一种新的 IT2 FS 距离计算方法，以协助优势模型处理增益（损失）计算。其次，通过比较 IT2 FSs 评估的排序值来识别收益（损失）计算表达式，并获得一种替代方案的优势度。再次，依据 IT2 FSs 排序方法，使用可能性均值和变异系数概念来对优势度进行去模糊化，并获得清晰的全局有效值来选择最佳替代方案。最后，将所提出的基于 IT2 FS 的 TODIM 方法应用于汽车制造商的绿色供应商选择。

（2）基于区间二型模糊数的 TOPSIS 集成解析法。利用基于可能均值和变异系数的 T1 FSs 排序方法概念，提出基于可能均值和变异系数的 IT2 FSs 的排序方法，该方法计算公式有所变化，不是 T1 FSs 排序计算方法形式上的简单拓展。其次，本书提出基于 IT2 FSs 的 TOPSIS 解析求解方法，和原来的求解方法相比，该方法的主要特点是不仅能获取 TOPSIS 结果的 IT2 FSs，而且还可通过解析表达式分析最终结果的性质。利用基于可能均值和变异系数的 IT2 FSs 排序方法对 TOPSIS 求解结果进行排序，从而实现了从计算到排序的全过程的解析形式。

（3）可能性-概率信息融合区间二型模糊环境下的方法。本书提出了一种区间二型模糊环境下基于可能性-概率信息融合的不确定性选股方法。首先，基于期望值和方差概念，构建区间二型模糊评价值及相应概率值。其次，采用隶属度-概率信息的融合概率来处理区间二型模糊环境下的不确定性，并利用熵权系数来反映各评价指标的重要程度。再次，基于与理想备选方案的相对接近度概念的聚合模型来比较备选方案。最后，将本书提出的方法应用于我国房地产行业的股票选择中。

5. 潜在应用

针对基于精确值的不确定信息集结方法、基于一型模糊数的多属性决策方法、基于区间二型模糊数的多属性决策方法，提出有针对性的应用领域和可能的应用前景。

1.5 本书框架和结构安排

本书共 9 章，大体上遵循由浅入深、由理论到实践循序渐进的顺序，结构如图 1.1 所示，具体说明如下。

```
第1章 绪论
   ↓
第2章 相关研究文献综述
   ↓
第3章 不确定信息集成问题研究的理论基础
   ↓
第4章 不确定信息集成问题描述及研究框架
   ↓
第5章 基于精确信息的    第6章 基于一型模糊数的    第7章 基于区间二型
集结方法研究            多属性决策方法研究        模糊数的多属性决策
                                               方法研究
   ↓
第8章 潜在应用
   ↓
第9章 结论与展望
```

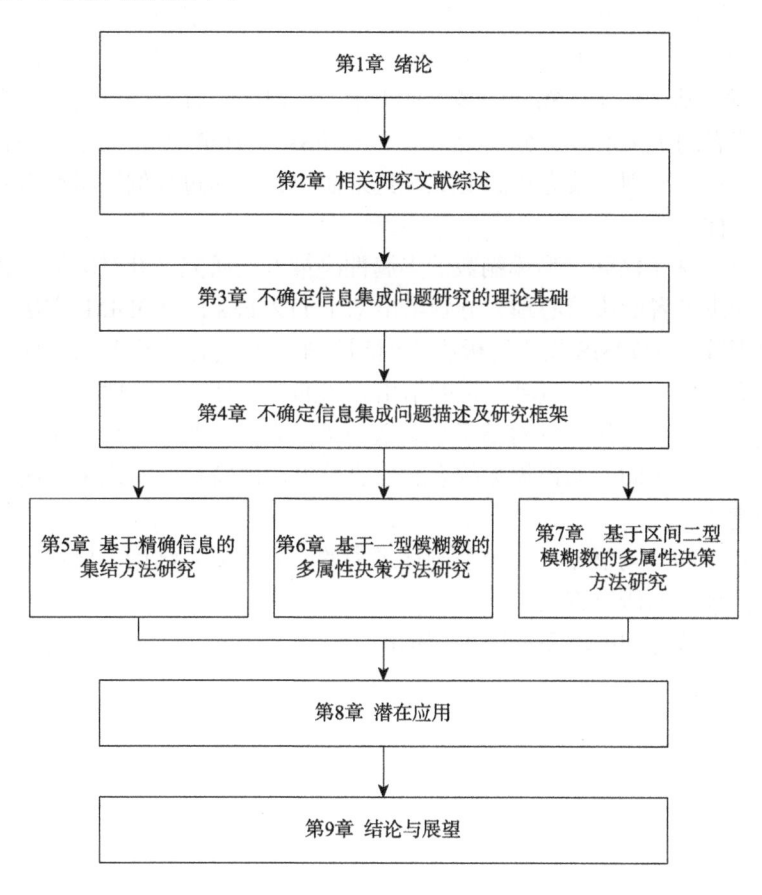

图 1.1 本书的结构

第 1 章，绪论。首先介绍本书的研究背景，明确本书的研究范围、研究背景与意义，确定具体的研究内容，并给出本书的结构。

第 2 章，相关研究文献综述。首先对文献检索情况进行分析，然后对不确定信息集成理论及典型决策问题研究的相关文献进行综述，最后对已有文献的贡献与不足之处进行总结。

第 3 章，不确定信息集成问题研究的理论基础。阐述本书研究涉及的主要理论，包括一型模糊数、区间二型模糊数、不确定信息集成方法、前景理论、KM 算法、DEMATEL 方法等，该部分是本书研究的理论基础。

第 4 章，不确定信息集成问题描述及研究框架。对基于不同语言变量的信息集成决策问题进行形式化描述，并提出解决考虑行为的多属性决策问题的研究框架。

第 5 章，基于精确信息的集结方法研究。针对决策者的决策风险态度和决策行为，分别提出基于 RIM 语言量词的参数化 WOWA 算子和基于参数化权重函数的 WOWA 算子，并通过算例说明给出方法的实用性和有效性。

第 6 章，基于一型模糊数的多属性决策方法研究。针对决策信息的不确定性特征和决策者的决策心理，分别给出基于 T1 FSs 的 TOPSIS 信息集成解析方法、基于综合模糊多准则决策方法的 EBCS 选址研究，并通过算例说明给出方法的实用性和有效性。

第 7 章，基于区间二型模糊数的多属性决策方法研究。针对决策信息的不确定性特征和决策者的决策心理，分别给出基于 IT2 FSs 的 TODIM 方法、基于区间二型模糊数的 TOPSIS 集成解析法、可能性-概率信息融合区间二型模糊环境下的多属性决策方法，并通过算例说明给出方法的实用性和有效性。

第 8 章，潜在应用。针对基于精确值的集结方法、基于一型模糊数的多属性决策方法、基于区间二型模糊数的多属性决策方法的特征，对未来的应用领域给出适当的建议。

第 9 章，结论与展望。总结与阐述本书的主要成果及结论，概述主要创新之处，并讨论今后的研究方向。

本书各章节之间的联系如图 1.1 所示。

第 2 章 相关研究文献综述

作为决策科学的重要求解方法，信息集成已在经济、管理、控制、图形识别等诸多领域被广泛应用。它的本质就是利用已有的决策信息通过某种集成算法对一组有限的备选方案进行排序并选择最优。目前主要的信息集成方法有：简单加权评价法（陈珽，1987）、ELECTRE[①]法（陈珽，1987）、LINMAP[②]法（陈珽，1987）、灰色关联法（邓聚龙，1982）、OWA 集结算子法（Yager，1988）、TOPSIS 法（Hwang and Yoon，1981）和 PROMETHEE 法（Goumas and Lygerou，2000）等。其中，目前 OWA 集结算子法、TOPSIS 法、TODIM 法、PROMETHEE 法在不确定信息决策环境下被普遍应用，本书将重点研究这四种不确定信息集成方法在多属性决策中的应用。现简要概述国内外学者相关的主要研究成果，具体表现为下面几个方面。

2.1 基于精确值的 OWA 集结算子研究现状

2.1.1 OWA 集结算子研究现状

Yager（1988）提出一种介于极小值和极大值运算之间的信息集结算子，即 OWA 算子，其本质是对数据按从大到小的顺序进行排序，并通过实际需要对数据所在的位置赋予相应的权重后进行数据集结。OWA 算子一经产生就引起了学者的广泛关注（Herrera-Viedma et al.，2003；Ben-Arieh and Chen，2006；Martinez et al.，2008；Yager，2009；Bustince et al.，2011；Chen and Lee，2012；Liu et al.，2012a；Rodriguez and Martinez，2013）。O'Hagan（1988）提出最大熵 OWA（maximal entropy OWA，MEOWA）模型来确定 OWA 算子权重。Filev 和 Yager（1995）进

---

① elimination et choice translating reality.
② linear programming technique for multidimensional analysis of preference.

一步研究了 MEOWA 算子的有关性质，并利用解析法求解 MEOWA 算子权重。Fullér 和 Majlender（2003）提出最小方差（minimal variability）OWA 模型来确定其算子权重，并提出解析求解法。Wang 和 Parkan（2005）提出最小化最大离差模型来确定 OWA 算子权重。Liu（2007）证明了最小方差模型和最小最大离差模型权重结果的相等性。Majlender（2005）提出了基于最大 Rényi 熵（Maximal renyi entropy）模型来确定 OWA 算子权重。Wang 等（2007）提出了最小平方差（the least square deviation）模型和卡方（Chi-square）模型求解 OWA 算子权重。Emrouznejad（2008）提出最优有序加权算子（most preferred ordered weighted operator, MP-OWA）模型求解 OWA 算子权重。Xu 和 Da（2002）提出有序加权几何平均（ordered weighted geometric average, OWGA）和混合序加权几何平均（combined ordered weighted geometric average, CWGA）算子。Yager（1999）提出诱导序加权平均 OWA（induced ordered weighted average, IOWA）算子。Chiclana 等（2004）提出诱导序加权几何平均（IOWG）算子。Yager（1999）提出连续 OWA（continued OWA, C-OWA）算子，它可以对区间数中的每一个数据进行集成（Xu, 2006a; Yager and Xu, 2006; Zhou et al., 2010）。Xu 和 Da（2002）提出拓展的加权 C-OWA 算子、有序加权 C-OWA 算子、组合加权的 C-OWA 算子。Torra（1997）提出 WOWA 算子，它既考虑了数据本身的重要程度，又考虑了数据所在位置的信息。Liu（2006a）讨论了 WOWA 算子的一些性质，并对两种成员函数（指数函数和分段线性函数）进行性质讨论和应用研究。其他拓展集结算子有广义 OWA（GOWA）算子（Liu, 2006b; Xu, 2006b; Liu, 2010）、Bonferroni 均值算子（Xu, 2010）、Choquet 积分算子（Xu, 2009）、拟算术平均算子（Herrera et al., 1995, 1996）、二元语义算子（Herrera and Martínez, 2000, 2001; Wang and Hao, 2006, 2007; Dong et al., 2009a, 2009b）等。

2.1.2 基于 T1 FSs 和 IT2 FSs 的 OWA 集结算子研究现状

除了符号标度语言变量之外，OWA 算子还被拓展到 T1 FSs 和 IT2 FSs 集成算子（Liu, 2008）。Dong 和 Wong（1987）依据 Zadeh 的扩展原理提出基于 T1 FSs 的模糊加权平均（fuzzy weighted average, FWA）算子，并使用 α 切割思想进行求解。IT2 FSs 建立在隶属度函数的基础上，且元素的隶属度值不是精确的，而是 T1 FSs。Wu 和 Mendel（2010a）通过求解其最大隶属度函数（upper membership function, UMF）和最小隶属度函数（lower membership function, LMF）方法对 FWA 算子进行求解。Wu 和 Mendel（2007）提出基于 IT2 FSs 的模糊加权平均算子，并依据 FWA 算子的计算思想进行求解。Wu 和 Mendel（2010b）将 FWA 算子和 OWA 算子结合，提出基于 IT2 FSs 的有序加权平均算子，并用 FWA 算子求解。Zhou 等（2010）提出基于 T1 FSs 的有序加权平均算子。Zhou 等（2011）提出基于 IT2 FSs 的有序加权平均算子，并介绍 OWA 机制的求解方法。Liu 等（2012a）将 FWA 和 IT2 FSs 重心（centroid）的计算方法联系起来，提出用解析的方法求解 FWA 模型。

2.2 基于一型模糊数的决策方法研究现状

2.2.1 T1 FSs 排序法研究现状

在信息集成过程中，模糊数排序是模糊评价过程最关键的一步（Mendel et al., 2010; Wu, 2012; Khalili-Damghani et al., 2013）。到目前为止，有关 T1 FSs 的排序方法有多种，按照计算方法可分为如下几类：基于重心计算法（Yager, 1980; Lee and Li, 1988; Deng and Liu, 2005），基于最小和最大模糊集计算法（the minimizing and maximizing sets）（Wang and Luo, 2009; Chou et al., 2011），左右偏差度计算法（the left-right deviation method）（Asady, 2010; Wang et al., 2009b; Yu et al., 2013）和基于距离计算法（the distance method）（Diamond and Kloeden, 1990; Abbasbandy and Asady, 2006; Asady, 2011）。关于重心计算法，Yager（1980）首先提出基于重心位置排序法。Lee 和 Li（1988）提出基于均值和标准差的排序法，但排序准则不够清晰。Cheng（1998）提出改进的基于重心位置的排序法以改善 Yager（1980）、Lee 和 Li（1988）方法的不足，但该方法排序结果不符合人们的直觉判断。Chu 和 Tsao（2002）提出介于重心和面积的排序法。Wang 和 Lee（2008）利用重要度数值来修正 Chu 和 Tsao（2002）的排序法，但该方法排序结果不符合人们的直觉判断。关于左右偏差度计算方法，Wang 等（2009b）最先定义左右偏差度排序法。Asady（2010）利用转换系数修正 Wang 等（2009b）的排序方法，但通过该方法的镜像排序结果不符合逻辑。Yu 等（2013）介绍基于 epsilon 偏差度的排序法，并用于顶点相同而底边跨度不同的对称性 T1 FSs，但计算过程比较复杂。关于距离的计算方法，Diamond 和 Kloeden（1990）提出基于欧式距离的排序方法。Abbasbandy 和 Hajjari（2009）提出基于量（magnitude）的最小化距离排序方法。Ezzati 等（2012）提出修正的基于量法的排序法，但通过该方法计算的镜像排序结果不符合逻辑。

2.2.2 TOPSIS 集成方法研究现状

TOPSIS 法由 Hwang 和 Yoon（1981）首先提出，其基本的处理思路是：首先根据规范化的初始决策矩阵找出有限方案中的正理想解和负理想解，然后计算各个评价对象与正理想解和负理想解的距离，得到各评价方案与最优方案的相对接近程度，最后进行排序，并以此作为评价方案优劣的依据。该方法目前已被广泛应用于供应链和物流管理（Chu，2002；Chen，2011；Zouggari and Benyoucef，2012）、工业工程（Shih，2008；Wang，2009；Mokhtarian and Hadi-Vencheh，2012）、市场营销（Aydogan，2011；Peng et al.，2011；Zandi and Tavana，2011）、健康与环境管理（Krohling and Campanharo，2011；Sadeghzadeh and Salehi，2011；Yue，2011）、人力资源管理（Boran et al.，2011；Kelemenis et al.，2011）、绩效评估（Feng and Wang，2000；Sun，2010）和交通运输评估（Sheu，2004；Awasthi et al.，2011）。在实际的决策问题中，由于决策者的主观判断具有模糊性，有关决策者的偏好信息很难用精确值表达清楚。Triantaphyllou 和 Lin（1996）提出基于模糊算术运算的模糊 TOPSIS 方法。Chen（2000）将 TOPSIS 法拓展到模糊数环境，并应用于员工招聘问题。Wang 和 Lee（2007）提出广义的模糊 TOPSIS 并应用于不确定多属性群决策问题。Chen 和 Tsao（2008）把 TOPSIS 法用于评价指标是区间模糊数的决策问题中。Ashtiani 等（2009）把 TOPSIS 法用于评价指标和位置权重均为区间模糊数的多属性决策问题中。Boran 等（2009）提出基于直觉模糊数的 TOPSIS 法。Saremi 等（2009）提出了基于几何均值的修正模糊 TOPSIS 法。Chen 和 Lee（2010a）提出基于 IT2 FSs 的 TOPSIS 法。基于 TOPSIS 法的思想，Wei（2010）提出语言模糊群决策问题决策模型。Torfi 等（2010）将模糊层次分析法和 TOPSIS 法相结合用于备选方案的评价与排序。Zandi 和 Tavana（2011）将模糊 TOPSIS 法用于选择最佳敏捷电子客户关系管理问题中。Mokhtarian 和 Hadi-Vencheh（2012）提出左右侧分数的模糊 TOPSIS 法。Kelemenis 等（2011）提出基于模糊逻辑和 TOPSIS 法的决策模型。Wang 和 Elhag（2006）提出基于 α 切割水平的模糊 TOPSIS 法。

2.3 基于区间二型模糊数的决策方法研究现状

2.3.1 IT2 FSs 排序法研究现状

对于 IT2 FSs，Mitchell（2006）提出一般 T2 FSs 的排序方法。Wu 和 Mendel

（2009）提出基于重心计算原理的 IT2 FSs 排序方法。Lee 和 Chen（2008）根据 IT2 FSs 的顶点坐标均值和标准差进行排序。

2.3.2 TODIM 法研究现状

TODIM（Gomes et al.，2013）是基于前景理论的 MCDM 方法之一，它使用前景函数来计算一个替代方案对另一个替代方案的优势，其评价值和权重值均为精确数值。在这种情况下，Gomes 和 Rangel（2009）将 TODIM 方法应用于住宅物业的租金评估和天然气储存的最佳目的地。Gomes 和 González（2012）还将 TODIM 方法推广到累积前景理论，并使用 Choquet 积分验证了 TODIM 方法的优势。Fan 等（2013）开发了一种扩展的 TODIM 方法来解决混合 MCDM 问题。Pereira 等（2013）分析了基于 TODIM 的多标准评估模型的稳健性。Lourenzutti 和 Krohling（2014）通过海林格距离和随机优势度调整了 TODIM 方法。

Zadeh（1965）引入的模糊集理论与 Dubois 和 Prade（1980）引入的模糊数的概念可用于改进这些因素的评估和权重，用于人们在 MCDM 问题中的判断。Krohling 等（2013）将 Fuzzy-TODIM 方法扩展到直觉模糊信息情境下。Zhang 和 Xu（2014）将 TODIM 方法扩展到犹豫模糊环境下的多属性决策方法问题。Passos 等（2014）结合 TODIM 和模糊综合评估方法来解决分类问题。Tosun 和 Akyuz（2015）提出了模糊 TODIM 方法并将其应用于供应商选择问题。Tseng 等（2014）使用模糊 TODIM 方法评估绿色供应链。综上所述，TODIM 是解决考虑决策者行为的 MCDM 问题最有价值的方法之一，其扩展形式也可以有效解决模糊偏好信息下的 MCDM 问题。然而，目前还没有专家提出 IT2 FSs 环境下的 TODIM 方法，并将其应用于绿色供应商选择问题。

2.4 对已有研究的贡献与不足

2.4.1 主要贡献

已有相关研究成果为本书的研究提供了丰富的现实背景、学术思想和研究方法，其主要贡献主要表现在以下几个方面。

（1）指出了不确定信息集成问题的研究意义和价值。已有研究成果表明了不确定信息集成研究问题的重要性，且具有广泛的现实背景和实际意义。同时，一些文献说明了不同模糊背景在不确定信息集成分析中的重要作用，如一型模糊数比精确数值更能表达信息的不确定性，区间二型模糊数在隶属度方面更能反映决策者的不确定性。除此之外，有些文献强调了决策者的心理行为在决策问题中的作用，如考虑决策者的有限理性心理能准确反映决策者的实际行为。上述研究成果为本书研究动机的形成和研究主题的确定提供了重要的方向指引。

（2）为不确定信息集成问题提供了现实背景和依据。已有研究中，考虑基于理性决策者的新产品定价策略问题、考虑决策者决策行为的网络广告投放策略问题、企业员工招聘问题、EBCS 选址问题、绿色供应商选择问题、股票选择问题等，为本书的研究提供了丰富的研究背景和典型决策问题，并进一步确定了本书研究的现实意义。

（3）为解决不确定信息的决策集成问题提供了理论指导与依据。在现有不确定信息集成研究成果的基础上，已有研究通过构建不确定语言变量和反映决策者决策行为特征与规律的函数，提出了能够反映决策信息不确定性的模糊数和决策行为特征的描述性模型，这些研究成果为解决考虑不同语言变量和决策者决策行为的决策问题提供了理论指导和依据。

2.4.2 不足之处

目前，关于不确定信息决策集成问题的研究还存在需要进一步完善的地方，主要表现在以下几个方面。

（1）缺少基于不同语言环境的不确定信息集成问题的系统性研究。已有研究中尚未对基于不同语言变量的信息集成问题的分类与描述、解决考虑决策者行为的决策集成问题的研究框架进行系统研究。另外，现实中的决策问题有多种类型，如基于理性决策者的信息集成问题、考虑决策者决策行为的信息集成问题等，已有研究大多是针对某一种语言变量的信息集成问题进行研究，较少对不同语言变量的信息集成问题进行系统研究。这使得计划开展本课题研究的学者不能清晰、系统、深刻地思考基于不同语言变量的信息集成问题研究的总体思路、研究框架和潜在应用领域。

（2）缺少对不确定信息集成方法的一般性研究。已有基于不同语言变量的信息集成方法研究大都针对特定问题与背景，对应的决策模型只能用来解决特定的问题且涉及的领域也很有限，而针对一般情况的具有普适性的信息集成方法与技术的研究还不多见，限制了信息集成方法的拓展与应用。

（3）缺少能够有效解决不确定信息集成问题的决策分析方法与技术。现有的一些信息集成理论与方法没有考虑决策者的决策行为等因素，导致这些决策理论与方法不能直接用来解决考虑行为的决策问题。已有行为决策的相关成果大都是关于行为特征与规律的描述性模型的研究，明显缺少考虑行为的有关方案选择的信息集成方法与相关技术研究。因此，需要将行为决策理论与基于不同语言变量的信息集成方法相结合，提出能有效解决问题的考虑决策者行为的基于不同语言变量的信息集成理论与方法。

2.5 本章小结

本章围绕精确值环境下信息集结理论、一型模糊数环境下多属性决策理论和区间二型模糊环境下多属性决策理论的典型决策问题三个方面进行了文献综述，总结与分析了已有研究文献的不足及对本书研究的启示，深化了本书的研究意义，明确了研究方向和具体研究内容，为其他章节的研究奠定了基础。

第3章 不确定信息集成问题研究的理论基础

通过对不确定信息集成相关研究的文献综述分析，明确了考虑基于不同语言变量的信息集成问题的研究现状，并总结了相关研究成果的贡献与不足。在此基础上，本章将进一步对不确定信息集成研究的相关理论基础进行分析。首先，对不同语言变量的形式、不确定信息集成方法进行介绍，然后，对前景理论、KM算法和DEMATEL方法进行介绍，为本书后续章节研究工作的开展打下坚实的理论基础。

3.1 不确定信息表示方法

3.1.1 一型模糊集

定义 3.1 （Wang and Elhag, 2006）设论域 X 存在映射 $\mu: X \to [0,1]$，则称 μ 确定了 X 上的一个模糊子集，记为 $\tilde{A}$ 或 $\{(x, \mu(x)): x \in X\}$，其中 x 是 $\tilde{A}$ 的隶属度，记作 $\mu_{\tilde{A}}$。

设一型梯形模糊集（T1 FSs）$\tilde{A} = (a,b,c,d)$，则其隶属度函数可表示为

$$\mu_{\tilde{A}}(x) = \begin{cases} \left(\dfrac{x-a}{b-a}\right)^L, & x \in [a,b] \\ 1, & x \in (b,c) \\ \left(\dfrac{d-x}{d-c}\right)^R, & x \in [c,d] \\ 0, & 其他 \end{cases} \quad (3.1)$$

依据 Zadeh（1965）的扩展理论，模糊数 $\tilde{A}$ 被定义为如下区间函数：

$$\tilde{A} = \bigcup_{\alpha} \alpha \cdot A_{\alpha}, \alpha \in [0,1] \tag{3.2}$$

其中，A_{α} 是模糊数 $\tilde{A}$ 在隶属度为 α 的截集：

$$\begin{aligned} A_{\alpha} &= \{\tilde{x} \in \tilde{X} | \ \mu_{\tilde{A}}(\tilde{x}) \geqslant \alpha\} \\ &= \{\min[\tilde{x} \in \tilde{X} | \ \mu_{\tilde{A}}(\tilde{x}) \geqslant \alpha], \max[\tilde{x} \in \tilde{X} | \ \mu_{\tilde{A}}(\tilde{x}) \geqslant \alpha]\} \end{aligned} \tag{3.3}$$

3.1.2 区间二型模糊数

与 T1 FSs 的隶属度表达方法不同，区间二型模糊集的隶属度不是精确数，而是 T1 FSs，如定义 3.2 所示。

定义 3.2（Liang and Mendel，2000）一个定义在论域 X 上的 IT2 FSs $\tilde{\tilde{A}}$ 可以表示为

$$\tilde{\tilde{A}} = \int_{x \in X} \int_{u \in J_x} \mu_{\tilde{\tilde{A}}}(x,\mu)/(x,u) = \int_{x \in X} \left[\int_{u \in J_x} \mu_{\tilde{\tilde{A}}}(x,\mu)/(x,u) \right] \Big/ x \tag{3.4}$$

其中，x 是主要变量；$J_x \in [0,1]$ 是主要变量 x 的隶属度函数；u 是次要变量，且 $\int_{u \in J_x} \mu_{\tilde{\tilde{A}}}(x,\mu)/(x,u)$ 是主要变量 x 的次要隶属度函数。

定义 3.3（Chakravarty and Dash，2012）一个定义在论域 X 上的区间二型模糊集合 $\tilde{\tilde{A}}$ 可以表示为

$$\tilde{\tilde{A}} = \int_{x \in X} \int_{u \in J_x} 1/(x,u) = \int_{x \in X} \left[\int_{u \in J_x} 1/(x,u) \right] \Big/ x \tag{3.5}$$

其中，x 是主要变量；$J_x \in [0,1]$ 是主要变量 x 的隶属度函数；u 是次要变量，且 $\int_{u \in J_x} 1/(x,u)$ 是主要变量 x 的次要隶属度函数。

T2 FSs 中的所有元素与其所有主隶属度值组成的集合称为不确定性的轨迹（footprint of uncertainty，FOU），具体定义如下。

$$\begin{aligned} \text{FOU}(\tilde{\tilde{A}}) &= \bigcup_{x \in X} J_x, \\ &= \{(x,y): y \in J_x = [\tilde{A}^U(x), \tilde{A}^L(x)]\} \end{aligned} \tag{3.6}$$

其中，FOU 是一个区域，由上限成员函数 $\tilde{A}^U(x)$ 和下限成员函数 $\tilde{A}^L(x)$ 的中间区域组成，且上限成员函数和下限成员函数均为 T1 FSs。IT2 FSs 的不确定性轨迹如图 3.1 所示。

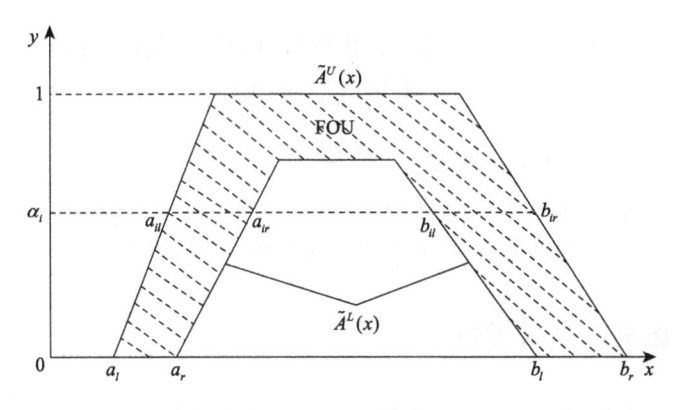

图 3.1　IT2 FSs 实例

IT2 FSs 是 T2 FSs 的特例。相对于 T1 FSs，它能更好地描述不确定性，而与一般 T2 FSs 相比，其次隶属度值为 1，避免了次隶属度函数的选取，集合计算大大简化，所以 IT2 FSs 通常被用于解决不确定信息决策问题（Wang and Kerre, 2001a, 2001b; Li et al., 2009; Wagner and Hagras, 2010; Chakravarty and Dash, 2012; Chen and Wang, 2013）。

3.2　不确定信息排序方法

模糊数排序是模糊决策分析中一个非常重要的研究课题。由于模糊数不像实数那样有其自然顺序，关于模糊数的比较与排序问题，一种很直接的思想就是通过适当的变换将模糊数映射到实数轴，然后进行比较与排序。

到目前为止，基于这种思想所给出的方法已有不少（Mendel et al., 2010; Wu, 2012; Khalili-Damghani et al., 2013）。对于基于距离的 T1 FSs 排序方法，Abbasbandy 和 Hajjari（2009）提出基于量的排序方法，具体公式如下所示。

定义 3.4　（Abbasbandy and Hajjari, 2009）设 T1 FSs $A=(x,y,\alpha,\beta)$，则基于最小距离的模糊数排序公式为

$$M(A)=\frac{1}{2}\left(\int_0^1 (\underline{A}(r)+\overline{A}(r)+x+y)\mathrm{d}r\right) \tag{3.7}$$

其中，$f(r)(r\in[0,1])$ 是非负递增函数，满足 $f(0)=0$，$f(1)=1$ 和 $\int_0^1 f(r)\mathrm{d}r=\frac{1}{2}$；与此同时，$\underline{A}(r)=x-\alpha+\alpha r$，$\overline{A}(r)=y+\beta-\beta r$，$r\in[0,1]$。

对于 Abbasbandy 和 Hajjari（2009）提出的 T1 FSs 排序方法，设 $\tilde{A}$ 和 $\tilde{B}$ 是任意两个 T1 FSs，其排序准则为：

（1）如果 $M(\tilde{A}) > M(\tilde{B})$，则 $\tilde{A} \succ \tilde{B}$；
（2）如果 $M(\tilde{A}) = M(\tilde{B})$，则 $\tilde{A} \sim \tilde{B}$；
（3）如果 $M(\tilde{A}) < M(\tilde{B})$，则 $\tilde{A} \prec \tilde{B}$。

然而，该方法不能区分顶点相同而左右跨度不同的对称性 T1 FSs。Ezzati 等（2012）重新定义了量的排序方法公式，但修正后的排序算法计算得到的 T1 FSs 的镜像排序结果不符合逻辑。

除 T1 FSs 的排序计算方法外，Wang 和 Kerre（2001a）讨论了 T1 FSs 排序方法应遵循的性质，具体如下。

性质 3.1　对于任意有限集合 E 的子集 Γ，存在 T1 FSs $\tilde{A}$ 和 $\tilde{B}$，
（1）如果 $\tilde{A} \succeq \tilde{B}$ 且 $\tilde{B} \succeq \tilde{A}$，那么 $\tilde{A} \sim \tilde{B}$；
（2）如果 $\tilde{A} \succeq \tilde{B}$ 且 $\tilde{B} \succeq \tilde{C}$，那么 $\tilde{A} \succeq \tilde{C}$；
（3）如果 $\tilde{A} \cap \tilde{B} = \varnothing$，且 $\tilde{A}$ 位于 $\tilde{B}$ 的右边，那么 $\tilde{A} \succeq \tilde{B}$；
（4）$\tilde{A}$ 和 $\tilde{B}$ 的排序不受其他 T1 FSs 的影响；
（5）如果 $\tilde{A} \succeq \tilde{B}$，那么 $\tilde{A} + \tilde{C} \succeq \tilde{B} + \tilde{C}$；
（6）如果 $\tilde{A} \succeq \tilde{B}$，那么 $\tilde{A}\tilde{C} \succeq \tilde{B}\tilde{C}$。

其中，$\succeq$ 指"优于或等于"；$\sim$ 指"等于"；$\cap$ 指两个 T1 FSs 的交集。

备注 3.1　由于目前 T1 FSs 排序计算方法不同，且算法的计算结果还存在一些问题，因此，并不是所有的 T1 FSs 排序方法均同时满足上述性质。

3.3　不确定信息集成方法

3.3.1　OWA 算子介绍

OWA 算子是美国著名学者 Yager（1980）提出的一种信息融合方法，其本质是：对数据按从大到小的顺序重新进行排序，并通过数据所在位置进行加权和集结，可以较好地消除一些不合理情况。具体计算公式如下：

定义 3.5　设 $F_W : R^n \to R$，其中 $W = (w_1, w_2, \cdots, w_n)^T$ 是与 F 相关联的权重向量，且满足

$$w_1 + w_2 + \cdots + w_n = 1, \quad 0 \leqslant w_i \leqslant 1, \quad i = 1, \cdots, n$$

则有

$$F_W(X) = F_W(x_1, x_2, \cdots, x_n) = \sum_{i=1}^{n} w_i y_i$$

其中，y_i 是向量 $(x_1, x_2, \cdots, x_n)$ 中的第 i 个最大值。

OWA 算子在测度 α 水平下的公式定义为

$$\text{orness}(W) = \sum_{i=1}^{n} \frac{n-i}{n-1} w_i = \alpha$$

定理 3.1（有界性） 设 $(x_1, x_2, \cdots, x_n)$ 是任一数据向量，则

$$\min_{i=1,2,\cdots,n} \{x_i\} \leqslant f(x_1, x_2, \cdots, x_n) \leqslant \max_{i=1,2,\cdots,n} \{x_i\}$$

定理 3.2（单调性） 设 $(x_1, x_2, \cdots, x_n)$ 和 $(y_1, y_2, \cdots, y_n)$ 是任意两个数据向量，对于 $\forall i (i = 1, 2, \cdots, n)$，满足 $x_i \leqslant y_i$，则 $f(x_1, x_2, \cdots, x_n) \leqslant f(y_1, y_2, \cdots, y_n)$。

定理 3.3（等置换性） 设 $(y_1, y_2, \cdots, y_n)$ 为向量 $(x_1, x_2, \cdots, x_n)$ 的任一置换，则

$$f(y_1, y_2, \cdots, y_n) = f(x_1, x_2, \cdots, x_n)$$

定理 3.4（等幂性） 设 $(x_1, x_2, \cdots, x_n)$ 是任一数据向量，对于 $\forall i (1 = 1, 2, \cdots, n)$，满足 $x_i = x$，则有

$$f(x_1, x_2, \cdots, x_n) = x$$

除此之外，OWA 算子还满足如下基本性质。

性质 3.2 设 W 是与 F 相关联的权重向量，

（1）如果 $W = W^* = (1, 0, \cdots, 0)^T$，则 $F_{W^*}(X) = \max_{1 \leqslant i \leqslant n} \{x_i\}$；

（2）如果 $W = W_* = (0, 0, \cdots, 1)^T$，则 $F_{W_*}(X) = \min_{1 \leqslant i \leqslant n} \{x_i\}$；

（3）如果 $W = W_A = \left(\dfrac{1}{n}, \dfrac{1}{n}, \cdots, \dfrac{1}{n}\right)^T$，则 $F_{W_A}(X) = \dfrac{1}{n} \sum_{i=1}^{n} x_i = A(x)$。

性质 3.3 $0 \leqslant \text{orness}(W) \leqslant 1$。

性质 3.4 （Yager，1993）设 OWA 算子权重向量 $W = (w_1, w_2, \cdots, w_n)^T$，$\text{orness}(W) = \alpha$，则其对偶权重向量 $\tilde{W} = (\tilde{w}_1, \tilde{w}_2, \cdots, \tilde{w}_n)^T$ 对应的测度值为 $\text{orness}(\tilde{W}) = 1 - \alpha$，且满足 $\tilde{w}_i = w_{n-i+1}$。

性质 3.5 （Yager，1993）设 F 是 OWA 算子在给定测度下的集成结果，集结向量 $X = (x_1, x_2, \cdots, x_n)$ 均匀分布在区间范围 $[0, 1]$，即 $x_i = \dfrac{n-i}{n-1} (i = 1, \cdots, n)$，则集结值 $F_W(X) = \text{orness}(W)$。

3.3.2 模糊 TOPSIS 多属性决策方法概述

TOPSIS 法是一种逼近理想解的排序方法，其基本处理思路是：首先根据规范化的初始决策矩阵找出有限方案中的正理想解和负理想解，然后计算各个评价对象与正理想解和负理想解的距离，从而得到各评价方案与最优方案的相对接近程

度,最后进行排序,并以此作为方案优劣评价的依据。

假定模糊多属性决策问题的决策方案集为:$\tilde{X} = \{\tilde{x}_1, \tilde{x}_2, \cdots, \tilde{x}_n\}$,属性集为 $C = \{c_1, c_2, \cdots, c_m\}$。对于方案 $A_j(j=1,2,\cdots,m)$,依据属性 c_i 进行测度,得到 $A_j(j=1,2,\cdots,m)$ 关于 $c_i(i=1,2,\cdots,n)$ 的属性值为三角模糊数 x_{ij},从而构成模糊决策矩阵 $\tilde{X} = (\tilde{x}_{ij})_{n \times m}$。

$$\tilde{X} = \begin{array}{c} \\ A_1 \\ A_2 \\ \vdots \\ A_m \end{array} \begin{bmatrix} C_1 & C_2 & \cdots & C_n \\ \tilde{x}_{11} & \tilde{x}_{12} & \cdots & \tilde{x}_{1n} \\ \tilde{x}_{21} & \tilde{x}_{22} & \cdots & \tilde{x}_{2n} \\ \vdots & \vdots & & \vdots \\ \tilde{x}_{m1} & \tilde{x}_{m2} & \cdots & \tilde{x}_{mn} \end{bmatrix}$$

$$W = [w_1, w_2, \cdots, w_n]^T$$

其中,W 是属性的权重向量,且满足 $w_i \geq 0$ 和 $\sum_{i=1}^{n} w_i = 1$。

设三角模糊数 $\tilde{x}_{ij} = (a_{ij}, b_{ij}, c_{ij})(i=1,2,\cdots,n; j=1,2,\cdots,m)$,现将 Wang 和 Elhag(2006)提出的模糊 TOPSIS 法求解步骤列举如下:

(1)标准化决策矩阵 $\tilde{X} = (\tilde{x}_{ij})_{n \times m}$,其计算公式为

$$\tilde{x}_{ij} = \left(\frac{a_{ij}}{c_j^*}, \frac{b_{ij}}{c_j^*}, \frac{c_{ij}}{c_j^*} \right), i=1,2,\cdots,n, \ j \in \Omega_b \quad (3.8)$$

$$\tilde{x}_{ij} = \left(\frac{a_j^-}{c_{ij}}, \frac{a_j^-}{b_{ij}}, \frac{a_j^-}{a_{ij}} \right), i=1,2,\cdots,n, \ j \in \Omega_c \quad (3.9)$$

其中,

$$c_j^* = \max_i c_{ij}, j \in \Omega_b \quad (3.10)$$

$$a_j^- = \min_i a_{ij}, j \in \Omega_c \quad (3.11)$$

式(3.10)适用于收益型变量,式(3.11)应用于成本型变量。

(2)设置截集 α,计算其相应的决策矩阵 $\tilde{x}_{ij}(i=1,2,\cdots,n; j=1,2,\cdots,m)$。

(3)依据非线性规划模型(3.12),计算在截集水平 α 下对应的所有备选方案的模糊相对相似度。

$$RC_i = \frac{\sqrt{\sum_{j=1}^{m}(w_j x_{ij})^2}}{\sqrt{\sum_{j=1}^{m}(w_j x_{ij})^2} + \sqrt{\sum_{j=1}^{m}(w_j(x_{ij}-1))^2}} \quad (3.12)$$

$$\text{s.t.} (w_j^L)_\alpha \leq w_j \leq (w_j^U)_\alpha, j=1,2,\cdots,m$$

因为 RC_i 是区间值，其上限和下限求解方法分别对应分段规划模型为

$$(RC_i^L)_\alpha = \min \frac{\sqrt{\sum_{j=1}^m (w_j(x_{ij}^L)_\alpha)^2}}{\sqrt{\sum_{j=1}^m (w_j(x_{ij}^L)_\alpha)^2} + \sqrt{\sum_{j=1}^m (w_j((x_{ij}^L)_\alpha)-1)^2}} \quad (3.13)$$

$$\text{s.t.} (w_j^L)_\alpha \leqslant w_j \leqslant (w_j^U)_\alpha, j=1,2,\cdots,m$$

$$(RC_i^U)_\alpha = \max \frac{\sqrt{\sum_{j=1}^m (w_j(x_{ij}^U)_\alpha)^2}}{\sqrt{\sum_{j=1}^m (w_j(x_{ij}^U)_\alpha)^2} + \sqrt{\sum_{j=1}^m (w_j((x_{ij}^U)_\alpha)-1)^2}} \quad (3.14)$$

$$\text{s.t.} (w_j^L)_\alpha \leqslant w_j \leqslant (w_j^U)_\alpha, j=1,2,\cdots,m$$

其中，$(x_{ij})_\alpha = [(x_{ij}^L)_\alpha, (x_{ij}^U)_\alpha]$ 和 $(w_j)_\alpha = [(w_j^L)_\alpha, (w_j^U)_\alpha]$ 分别是评价值 x_{ij} 和权重 w_j 在截集为 α 水平时的集合，且

$$RC_i = \bigcup_\alpha [(RC_i^L)_\alpha, (RC_i^U)_\alpha], \alpha \in [0,1] \quad (3.15)$$

（4）求解所有截集 α 下的平均模糊相对相似性，该平均模糊集合的去模糊化方法如式（3.16）所示。

$$RC_i^* = \frac{1}{N} \sum_{j=1}^n \left(\frac{(RC_i^L)_{\alpha_j} + (RC_i^U)_{\alpha_j}}{2} \right), j=1,2,\cdots,n \quad (3.16)$$

（5）根据式（3.16）的计算结果，对所有备选方案进行排序，RC_i^* 值越大，备选方案 A_i 越靠近理想方案。

TOPSIS 法目前已被广泛应用于多属性决策问题的求解，更多研究成果可以参考相关文献（Li et al., 2009；Li, 2010）。

3.3.3 TODIM 多属性决策方法概述

由 Gomes 和 Lima（1991）提出的 TODIM 方法是最早的 MCDM 方法之一，它通过非线性前景函数计算一种替代方案对另一种方案的优势，其形状与收益（损失）同前景理论的功能。

假设该 MCDM 问题有 m 个备选方案 A_{1-m} 和 n 个评价指标 C_{1-n}，x_{ji} 是备选方案 A_j 对评价指标 C_i 的精确评价值，w_i 是各评价指标精确权重值且满足 $0 \leqslant w_i \leqslant 1$ 和 $\sum_{i=1}^n w_i = 1$。因此，基于拓展的 TODIM 方法在 MCDM 问题中的应用过程总结

如下：

步骤 1　定义并归一化决策矩阵 $\bar{X} = (x_{ji})_{m \times n}$。

步骤 2　计算评价指标 C_i 和参考指标 C_r 之间的权衡权重因子 w_{ir}。

$$w_{ir} = \frac{w_i}{w_r} \tag{3.17}$$

步骤 3　计算备选方案 A_j 对备选方案 A_i 的最终优势度。

$$\delta(A_j, A_i) = \sum_c \phi_c(A_j, A_i), \forall (j,i) \tag{3.18}$$

其中，

$$\phi_c(A_j, A_i) = \begin{cases} \sqrt{\dfrac{w_{rc}}{\sum_c w_{rc}}}(x_{jc} - x_{ic}), & \text{如果} x_{jc} \geq x_{ic} \\ -\dfrac{1}{\theta}\sqrt{\dfrac{\sum_c w_{rc}}{w_{rc}}}(x_{ic} - x_{jc}), & \text{其他} \end{cases} \tag{3.19}$$

$\phi_c(A_j, A_i)$ 指评价指标 C_i 对优势函数 $\phi_c(A_j, A_i)$ 的收益（损失），比较备选方案 A_j 和备选方案 A_i，以及衰减因子 θ 控制损失的影响。

步骤 4　计算备选 A_j 的标准化全局性能。

$$\varepsilon_j = \frac{\sum_j \delta(A_j, A_i) - \min_j \sum_i \delta(A_j, A_i)}{\max_j \sum_i \delta(A_j, A_i) - \min_j \sum_i \delta(A_j, A_i)} \tag{3.20}$$

3.3.4　PROMETHEE 方法概述

PROMETHEE 是一种通过使用有价值的排序关系的排序方法，该关系基于评价指标之间备选方案的成对比较，比较最著名的是 PROMETHEE Ⅰ（Ⅱ）方法。在本书中，当谈到 PROMETHEE 方法时，我们指的是 PROMETHEE Ⅰ 和 PROMETHEE Ⅱ 方法。PROMETHEE 方法的计算过程如下。

（1）计算偏好函数。

$$P_i(a,b) = F_i[d_i(a,b)], i = 1, 2, \cdots, k \tag{3.21}$$

其中，$P_i(a,b)$ 表示对于评价指标 C_i 备选方案 a 对备选方案 b 的偏好；$d_i(a,b)$ 表示基于评价指标 C_i，备选方案 a 和备选方案 b 之间的差异。

（2）计算评价指标之间的全局偏好。

$$\pi(a,b) = \sum_{i=1}^k P_i(a,b) w_i \tag{3.22}$$

(3) 计算方案 a 的正流量和负流量。

正流量得分 $\phi^+(a)$ 和负流量得分 $\phi^-(a)$ 描述为

$$\phi^+(a) = \frac{1}{n-1}\sum_{x\in A}\pi(a,x) \qquad (3.23)$$

$$\phi^-(a) = \frac{1}{n-1}\sum_{x\in A}\pi(x,a) \qquad (3.24)$$

对于 PROMETHEE I 方法，部分偏排序可以通过考虑它们的交集来定义：

$$\begin{cases} a\text{优于}b(a\succ^I b), & \text{如果} \begin{cases} \phi^+(a)>\phi^+(b)\text{且}\phi^-(a)<\phi^-(b) \\ \phi^+(a)>\phi^+(b)\text{且}\phi^-(a)=\phi^-(b) \\ \phi^+(a)=\phi^+(b)\text{且}\phi^-(a)<\phi^-(b) \end{cases} \\ a\text{和}b\text{相等}(a\sim^I b), & \text{如果}\ \phi^+(a)=\phi^+(b)\text{且}\phi^-(a)=\phi^-(b) \\ a\text{和}b\text{无法比较}, & \text{其他} \end{cases} \qquad (3.25)$$

对于 PROMETHEE II 方法，总的预排序可以通过净流量来区分。

$$\phi(a) = \phi^+(a) - \phi^-(a) \qquad (3.26)$$

$\phi(a)$ 越大，a 越能高于其他备选方案。

3.3.5 可能性-概率信息融合概述

1) 概率信息及其测度

假设 x 是一个在空间 X 中取值的变量。概率服从分布 $P: X \to [0,1]$。对于任意 $x \in X$，$p(x)$ 表示 x 是 X 中的概率值，并且满足 $\sum_{x_j \in X} p(x_j) = 1$。

此外，对于任何子集 A，x 属于 A 的概率，即 $\text{Prob}(A) = \sum_{x_j \in X} P(x_j)$，且满足 $\text{Prob}(X) = 1$ 和 $\text{Prob}(\varnothing) = 0$。

接着，Zadeh（1968）提出了一种计算模糊集概率的方法。令 B 是 X 的模糊子集，使得 $B(x_j)$ 是 B 中 x_j 的成员函数值，且满足

$$\text{Prob}(B) = \sum_{j=1}^{n} B(x_j) P(x_j) \qquad (3.27)$$

其中，B 是一个精确值的集合，如果 $x_j \in B$，$B(x_j) = 1$；如果 $x_j \notin B$，那么 $B(x_j) = 0$。

此外，熵是对被占据的概率很大的状态数量的度量，它是评估聚合不确定性效用的最广泛应用的随机性或信息内容度量（Yager，1999）。

定义 3.6 设 x 是一随机变量，其取值 $X = (x_1, x_2, \cdots, x_n)$ 对应的概率值 $P = $

$(p_1, p_2, \cdots, p_n)$。那么 P 的熵的计算公式为

$$H(x) = -\sum_{i=1}^{n} P_i \log_2 P_i, \quad i = 1, 2, \cdots, n \quad (3.28)$$

熵的含义是，数据越分散，不确定性越大。

2）可能性–概率信息的融合

同样，x 是一变量，其取值 $X = (x_1, x_2, \cdots, x_n)$，其对应的概率值 $P = (p_1, p_2, \cdots, p_n)$，$\Pi = (\pi_1, \pi_2, \cdots, \pi_n)$ 是 x 变量对应的可能性分布信息。

Zadeh（1968）最先提出了模糊子集 F 的概率。假设 F 是 X 的模糊子集，例如对于每个 $x_i \in X$，那么模糊子集 F 的概率可以表示为

$$P(F) = \sum_{i=1}^{n} F(x_i) p_i = \sum_{i=1}^{n} \pi_i p_i \quad (3.29)$$

其中，π_i 是关于模糊集理论的可能性不确定值；p_i 是模糊事件 x_i 的概率值。

接着，Zimmermann（1991）推广了概率论，提出了计算模糊事件 A 的概率的公式，如下所示：

$$P(A) = \begin{cases} \int \mu_A(x) f(x) \mathrm{d}x, & \text{如果} x \text{服从连续分布} \\ \sum_i \mu_A(x_i) f(x_i), & \text{如果} x \text{服从离散分布} \end{cases} \quad (3.30)$$

其中，$\mu_A(x)$ 表示 X 的可能性分布；$f(x_i)$ 表示 X 的概率分布函数。

此外，Yager（2012）提出了一种融合可能性和概率信息的方法，该方法是基于条件概率分布的与可能性分布相关的模糊子集。

定义 3.7 假设 x 是一个在空间 X 中取其值的变量，概率不确定性由概率分布 $P = (p_1, p_2, \cdots, p_n)$ 建模，F 是 X 的模糊子集，与可能性分布 $\Pi = (\pi_1, \pi_2, \cdots, \pi_n)$。对于任何 $x_i \in X$，基于 Π 对 P 的条件化的条件概率分布 $\tilde{P}_i$ 可以表示为

$$\tilde{P}_i = P(x_i | F) = \frac{P((x_i) \bigcap F)}{P(F)} = \frac{p_i \pi_i}{\sum_{j=1}^{} p_j \pi_j} \quad (3.31)$$

其中，p_i 表示 x 是 V 的值的概率，并且满足 $\sum_{i=1}^{n} p_i = 1$。

3.4 本章小结

本章对基于不同语言变量的信息集成问题研究的理论基础进行了梳理，为研究基于不同语言变量的信息集成理论与方法做了准备。首先，对不同语言变

量形式进行了梳理；然后，对 WOWA 集结算子、TOPSIS 方法、TODIM 方法及 PROMETHEE 方法进行了介绍；接着，对考虑决策者决策行为的前景理论、一型模糊数和区间二型模糊数的计算方法 KM 法、权重确定方法 DEMATEL 进行了模型介绍。本章的意义在于通过基于精确值、一型模糊数和区间二型模糊数三种语言变量的信息集成理论与方法的研究，为进一步研究不确定信息集成理论与方法提供理论基础和依据。

第 4 章　不确定信息集成问题描述及研究框架

通过第 2 章的文献综述和第 3 章的理论基础的总结，本章将进一步深入剖析不确定信息集成问题。首先，给出不确定性决策问题的形式化描述，在此基础上，给出解决考虑不同形式语言变量的信息集成问题的研究框架。本章为本书第 5 章、第 6 章和第 7 章提供理论分析框架和总体研究框架。

4.1　不确定信息集成问题的一般性描述

本节将对不确定信息集成问题进行一般性描述。首先，按照语言变量的形式对所研究的不确定信息集成问题进行分类；然后分别描述各类研究问题。

4.1.1　基于不同语言变量的不确定信息集成问题的分类

为了明确基于不同语言环境下不确定信息集成问题的研究体系，下面对不确定信息集成问题进行分类。

若按照参与决策人的数目划分，基于语言变量的不确定信息集成问题可分为：①基于语言变量的信息集结问题，即决策者只有一个或几个的信息集成问题；②基于语言变量的群决策问题，即决策者有很多个，需要将参与决策的人的意见按照某一规则集成为群体意见，并以此进行决策方案选择的问题。

若按照不同语言环境对不确定信息集成问题进行划分，可分为以下三类：①基于精确值的不确定信息集结问题，这类集成问题的评价值和权重信息为精确值，然后得到一个唯一的结果。②基于一型模糊数的多属性决策问题，这类问题的评价值和权重信息均为一型模糊数，集成结果也是一型模糊数，最终通过去模糊化对集成结果进行排序。③基于区间二型模糊数的多属性决策问题,这类集成问题的评价值和权重均为区间二型模糊数,集成结果也是区间二型模糊数,最终通过去模糊化对集成结果进行排序。

本书则主要研究决策者是一个人或几个人的信息集成问题,按照不同语言环境进行分类,并进行具体描述与分析。

4.1.2 基于精确值的信息集结问题描述

在考虑基于精确值的信息集结问题中,基于对现实决策问题的分析,可以发现,它主要有两类:决策者为理性决策心理的信息集结问题和决策者为有限理性决策心理的信息集结问题。下面分别对这两类问题进行阐述。

1) 决策者为理性决策心理的信息集结问题

基于 RIM 量词函数的信息集结问题,指在已知各种情况发生概率的基础上,通过构成决策树来评价项目风险来评价备选方案收益大小,从而确定各备选方案的排序结果。

根据上述定义,可进一步给出基于 RIM 量词函数的信息集结问题的形式化描述。设 $X = \{x_1, x_2, \cdots, x_n\}$ 表示备选方案的集合;$P = \{p_1, p_2, \cdots, p_n\}$ 表示机会节点发生的概率;$W = \{w_1, w_2, \cdots, w_n\}$ 表示各机会节点的权重向量。

这里要解决的问题是:在决策者为完全理性的情境下,依据决策树模型、机会节点的权重向量和机会节点的发生概率,通过某种信息集结方法得到所有方案的排序结果。

2) 决策者为有限理性决策心理的信息集结问题

考虑决策者决策行为的信息集结问题,是指针对在已知各种情况发生概率的基础上,在考虑决策者心理行为的情境下,通过构成决策树来求取净现值的期望值来评价备选方案收益大小,从而确定各备选方案的排序结果。

根据上述定义,可进一步给出基于考虑决策者决策行为的信息集结问题的形式化描述。设 $X = \{x_1, x_2, \cdots, x_n\}$ 表示备选方案的集合;$P = \{p_1, p_2, \cdots, p_n\}$ 表示机会节点发生的概率;$W = \{w_1, w_2, \cdots, w_n\}$ 表示各机会节点的权重向量。

这里要解决的问题是:考虑决策者为有限理性的情境下,依据决策树模型、机会节点的权重向量和机会节点的发生概率,通过某种考虑决策者决策心理的信息集结方法得到所有方案的排序结果。

4.1.3 基于一型模糊数的多属性决策问题描述

设该多属性决策问题有 m 个备选方案和 n 个评价指标 C_{1-n}，其中：$A=\{A_1, A_2,\cdots,A_m\}$ 表示备选方案的集合，$C=\{C_1,C_2,\cdots,C_n\}$ 表示属性集合，$\tilde{x}_{ji}$ 是备选方案 A_j 对评价指标 C_i 的精确评价值，$\tilde{W}=\{\tilde{w}_1,\tilde{w}_2,\cdots,\tilde{w}_n\}$ 表示属性的加权向量。因此，T1 FSs 环境下的模糊多属性决策问题描述如下：

$$\tilde{X} = \begin{matrix} & \begin{matrix} C_1 & C_2 & \cdots & C_n \end{matrix} \\ \begin{matrix} A_1 \\ A_2 \\ \vdots \\ A_m \end{matrix} & \begin{bmatrix} \tilde{x}_{11} & \tilde{x}_{12} & \cdots & \tilde{x}_{1n} \\ \tilde{x}_{21} & \tilde{x}_{22} & \cdots & \tilde{x}_{2n} \\ \vdots & \vdots & & \vdots \\ \tilde{x}_{m1} & \tilde{x}_{m2} & \cdots & \tilde{x}_{mn} \end{bmatrix} \end{matrix}$$

$$\tilde{W} = [\tilde{w}_1, \tilde{w}_2, \cdots, \tilde{w}_n]^T$$

其中，$\tilde{x}_i$ 和 $\tilde{w}_i$ 均是标准化的 T1 FSs，$\tilde{x}_i \in [x_i^U(\alpha), x_i^L(\alpha)]$，其隶属度函数是 $\mu(\tilde{x})$ ($i=1,2,\cdots,m; j=1,2,\cdots,n$)；$\tilde{w}_j \in [w_j^U(\alpha), w_j^L(\alpha)]$，其隶属度函数是：$\mu(\tilde{w})$ ($j=1, 2,\cdots,n$)；具体如图 4.1 所示。

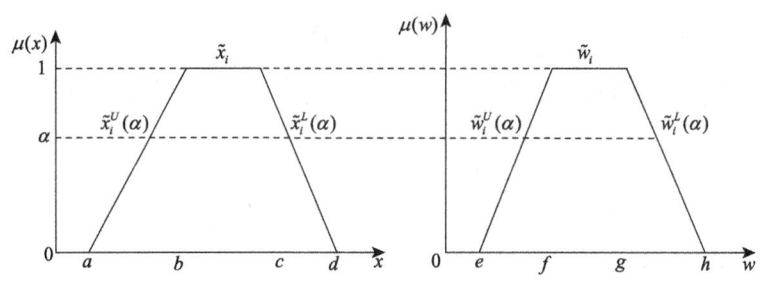

图 4.1 $\tilde{x}_i$ 和 $\tilde{w}_i$ 一型模糊集合

要解决的问题是，当决策者为理性决策心理和有限理性的决策心理时，根据基于一型模糊数的风险决策矩阵 $\tilde{X}$ 和属性权重向量 $\tilde{W}$，通过某些多属性决策方法得到所有方案的排序。

4.1.4 基于区间二型模糊数的多属性决策问题描述

设该多属性决策问题有 m 个备选方案和 n 个评价指标 C_{1-n}，其中，$A=\{A_1, A_2,\cdots,A_m\}$ 表示备选方案的集合，$C=\{C_1,C_2,\cdots,C_n\}$ 表示属性集合，$\tilde{\tilde{x}}_{ji}$ 是备选方

案 A_j 对评价指标 C_i 的精确评价值，$\tilde{\tilde{W}} = \{\tilde{\tilde{w}}_1, \tilde{\tilde{w}}_2, \cdots, \tilde{\tilde{w}}_n\}$ 表示属性的加权向量。因此，IT2 FSs 环境下的模糊多属性决策问题描述如下：

$$\tilde{\tilde{X}} = \begin{matrix} & C_1 & C_2 & \cdots & C_n \\ A_1 \\ A_2 \\ \vdots \\ A_n \end{matrix} \begin{bmatrix} \tilde{\tilde{x}}_{11} & \tilde{\tilde{x}}_{12} & \cdots & \tilde{\tilde{x}}_{1m} \\ \tilde{\tilde{x}}_{21} & \tilde{\tilde{x}}_{22} & \cdots & \tilde{\tilde{x}}_{2m} \\ \vdots & \vdots & & \vdots \\ \tilde{\tilde{x}}_{n1} & \tilde{\tilde{x}}_{n2} & \cdots & \tilde{\tilde{x}}_{nm} \end{bmatrix}$$

$$\tilde{\tilde{W}} = [\tilde{\tilde{w}}_1, \tilde{\tilde{w}}_2, \cdots, \tilde{\tilde{w}}_m]^T$$

其中，$\tilde{\tilde{x}}_{ij}$ 是决策专家对备选方案 A_i 在评价指标 C_j 下的评价值，其隶属度函数是 $\mu_{\tilde{\tilde{x}}_{ij}}(\tilde{\tilde{x}})$ $(i = 1, 2, \cdots, n; j = 1, 2, \cdots, m)$；$\tilde{\tilde{w}}_j$ 是赋予评价指标 C_j 的权重，其隶属度函数是：$\mu_{\tilde{\tilde{w}}_j}(\tilde{\tilde{w}})$ $(j = 1, 2, \cdots, m)$。

设 $\tilde{\tilde{x}}_i$ 和 $\tilde{\tilde{w}}_i$ 均为标准化的 IT2 FSs，其中，$\tilde{\tilde{x}}_i \in [\tilde{x}_i^U(\alpha_j), \tilde{x}_i^L(\alpha_j)]$，$\tilde{\tilde{w}}_i \in [\tilde{w}_i^U(\alpha_j), \tilde{w}_i^L(\alpha_j)]$，$\tilde{x}_i^L(\alpha_j) \in [a_{ir}(\alpha_j), b_{il}(\alpha_j)]$，$\tilde{x}_i^U(\alpha_j) \in [a_{il}(\alpha_j), b_{ir}(\alpha_j)]$，$\tilde{w}_i^L(\alpha_j) \in [c_{ir}(\alpha_j), d_{il}(\alpha_j)]$ 和 $\tilde{w}_i^U(\alpha_j) \in [c_{il}(\alpha_j), d_{ir}(\alpha_j)]$。且其下限成员函数（LMF）和上限成员函数（UMF）具有相同的最小和最大隶属度函数值，如图 4.2 所示。

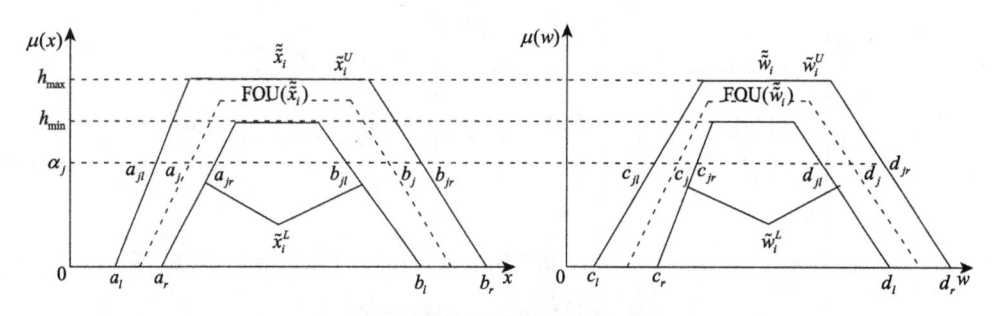

图 4.2 $\tilde{\tilde{x}}_i$ 和 $\tilde{\tilde{w}}_i$ 区间二型模糊集合

要解决的问题是，当决策者为理性决策心理和有限理性的决策心理时，根据基于区间二型模糊数的风险决策矩阵 $\tilde{\tilde{X}}$，属性权重向量 $\tilde{\tilde{W}}$，通过某些多属性决策方法得到所有方案的排序。

4.2 不确定信息集成问题的研究框架

针对上述基于不同语言变量的集成决策问题，下面分别给出有针对性的研究框架。

4.2.1 基于精确值的信息集结决策框架

本节分析当决策信息为精确值时，分别考虑决策者为理性决策心理和有限理性决策心理的情境下，基于精确值的信息集结问题的研究框架。

1）基于分段线性量词函数的参数化 WOWA 算子集结框架

针对基于决策者是理性决策心理的不确定信息集结问题，下面将讨论基于 RIM 量词分段线性函数的参数化 WOWA 算子在动态不确定性决策中的计算步骤，具体如图 4.3 所示。

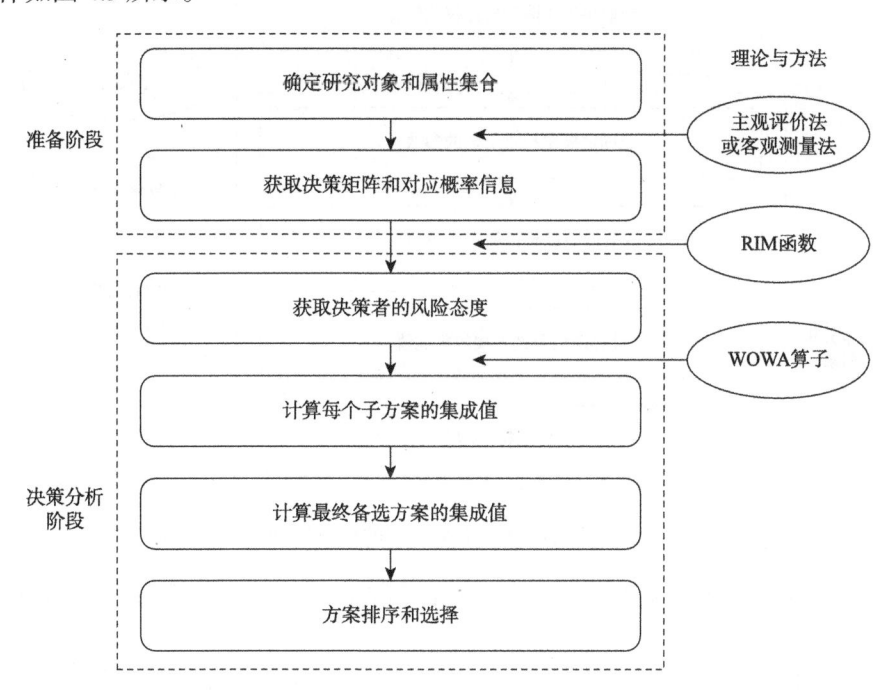

图 4.3 考虑决策者是理性决策心理的信息集结问题决策框架

图 4.3 展示的研究框架，左边为主要的研究内容，右边是采用的相关理论与方法。主要研究内容包括两部分。

第一部分为准备阶段。首先，需要以具体的不确定信息集结问题为研究背景，确定研究对象和属性集合；然后，通过主观评价方法或客观测量方法获得决策矩阵信息。

第二部分为决策分析阶段。首先，给出各方案对应的属性值和属性权重（属性发生的概率）；其次，依据基于 RIM 量词函数的参数化 WOWA 算子的原理和思想，构建决策树分析模型；再次，通过 RIM 量词函数，求解决策者不同风险态度下对应的权重值；通过 WOWA 算子进行集结计算各方案的收益值；最后，通过比较各方案收益值的大小进行方案排序。

2）基于参数化权重函数的 WOWA 算子集结框架

针对决策者是有限理性决策心理的不确定信息集结问题，下面讨论基于参数化权重函数的 WOWA 算子在不确定性决策中的计算步骤，具体如图 4.4 所示。

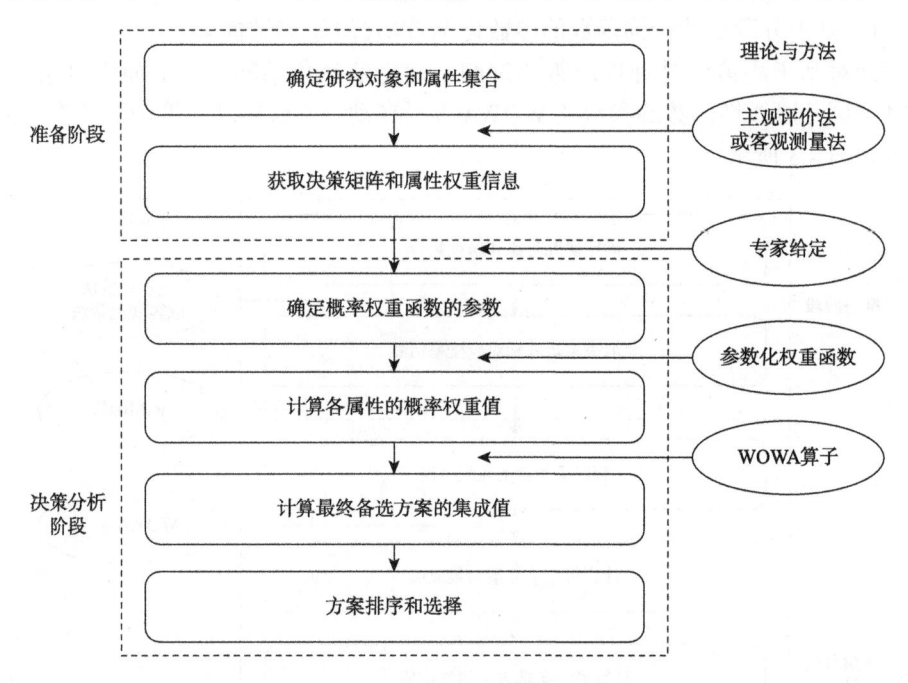

图 4.4　考虑决策者为有限理性决策心理的信息集结问题的研究框架

图 4.4 展示的研究框架，左边为主要的研究内容，右边是采用的相关理论与方法。主要研究内容包括两部分。

第一部分为准备阶段。首先，以具体的不确定信息集结问题为研究背景，确定研究对象和属性集合；其次，通过主观评价法或客观测量法获得决策矩阵信息。

第二部分为决策分析阶段。首先，给出各方案对应的属性值和属性权重；其次，依据基于参数化权重函数的 WOWA 算子的原理和思想，构建决策树分析模型；再次，确定决策者的风险态度，将权重信息代入概率权重函数求解对应的概率权重值；最后，通过 WOWA 算子进行集结计算各方案的收益值，通过比较各方案收益值的大小进行方案排序。

4.2.2 基于一型模糊的多属性决策问题决策框架

本部分分析当决策信息为一型模糊数时，分别考虑决策者为理性决策心理和有限理性决策心理的情境下，基于一型模糊数的多属性决策问题的研究框架。

1）基于一型模糊数的 TOPSIS 解析法

图 4.5 所示的研究框架，左边为主要的研究内容，右边是采用的相关理论与方法。主要研究内容包括两部分。

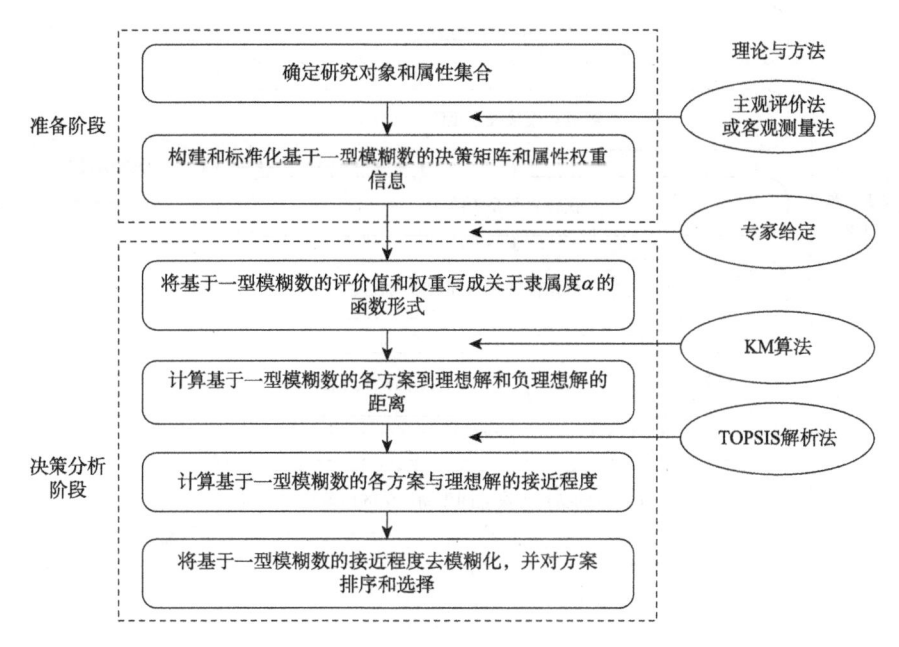

图4.5 考虑决策者为理性决策心理的基于一型模糊数的TOPSIS的多属性决策问题的研究框架

第一部分为准备阶段。首先，需要以具体的不确定信息的多属性决策问题为研究背景，确定研究对象和属性集合；其次，通过主观评价法或客观测量法获得基于一型模糊数的决策矩阵信息，并进行标准化。

第二部分为决策分析阶段。首先，将基于一型模糊数的评价值和权重信息写成关于隶属度 α 的函数形式；其次，运用 KM 算法，以解析函数的形式计算基于一型模糊数的各方案到理想解和负理想解的接近程度；最后，将基于一型模糊数的接近程度进行去模糊化，并对方案进行排序和选择。

2）基于综合 PROMETHEE-PT 和 DEMATEL 的方法及其在 EBCS 选址中的应用框架

针对基于决策者是有限理性决策心理的多属性决策问题，下面将讨论基于综合 PROMETHEE-PT 和 DEMATEL 的方法及其在 EBCS 选址中的应用框架，具体如图 4.6 所示。

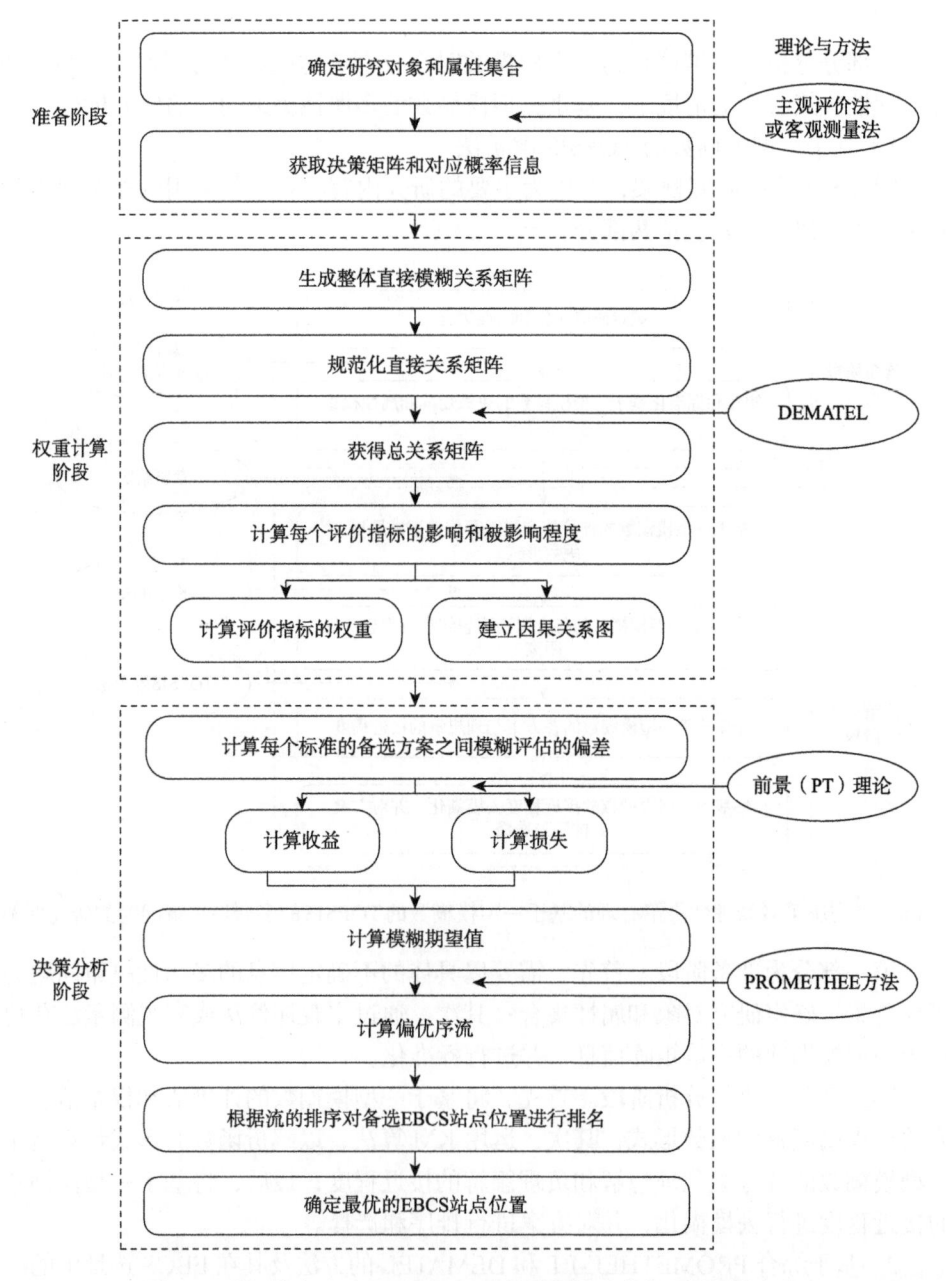

图 4.6 基于综合 PROMETHEE-PT 的多属性决策问题的研究框架

图 4.6 所示的研究框架，左边为主要的研究内容，右边是采用的相关理论与

方法。主要研究内容包括三部分。

第一部分为准备阶段。首先，需要以具体的不确定信息的多属性决策问题为研究背景，确定研究对象和属性集合；其次，通过主观评价法或客观测量法获得基于一型模糊数的决策矩阵信息，并进行标准化。

第二部分为权重计算阶段。首先，根据专家的评判信息生成整体直接关系矩阵，并对其进行规范化；其次，运用 DEMATEL 公式获取总关系矩阵；再次，计算每个评价指标的影响和被影响程度；最后，按照影响程度计算指标的权重值，并建立因素之间的因果关系矩阵。

第三部分为决策分析阶段。首先，计算评价指标下对应备选方案的评估偏差；其次，基于期望理论计算各指标的期望收益和损失，得到模糊期望值；再次，运用基于一型模糊数的 PROMETHEE 方法，计算偏优序流；最后，根据偏优序值对备选方案进行排序和选择。

4.2.3 基于区间二型模糊集的多属性决策问题框架

1）基于区间二型模糊 TOPSIS 解析法求解法的多属性决策问题框架

图 4.7 所示的研究框架，左边为主要的研究内容，右边是采用的相关理论与方法。主要研究内容包括两部分。

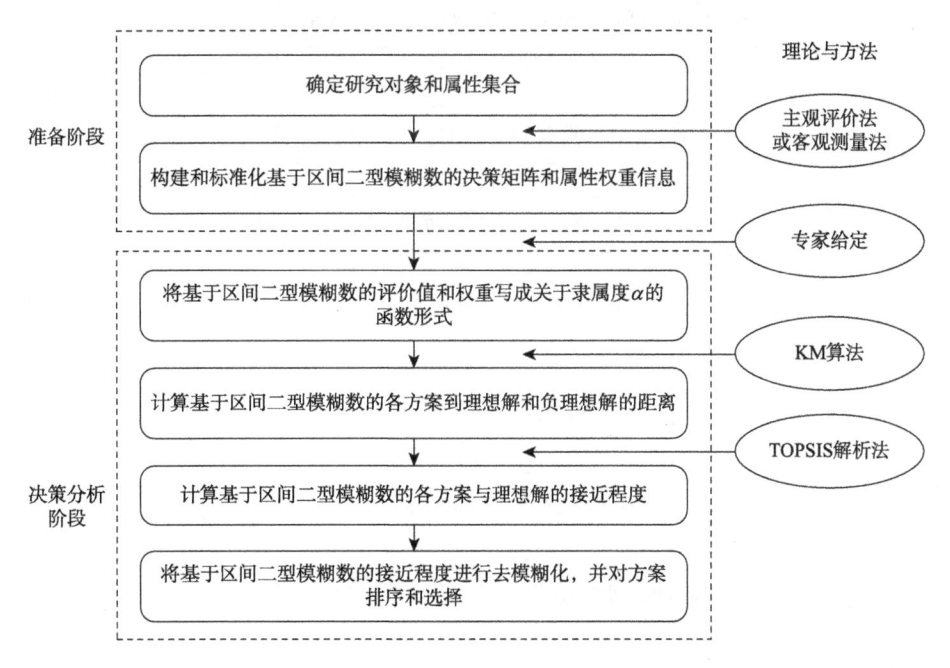

图 4.7 基于区间二型模糊数的 TOPSIS 的多属性决策问题的研究框架

第一部分为准备阶段。首先,需要以具体的不确定信息下的多属性决策问题为研究背景,确定研究对象和属性集合;其次,通过主观评价法或客观测量法获得基于区间二型模糊数的决策矩阵信息,并进行标准化。

第二部分为决策分析阶段。首先,将基于区间二型模糊数的评价值和权重信息写成关于隶属度 α 的函数形式;其次,运用 KM 算法,以解析函数的形式计算基于区间二型模糊数的各方案到理想解和负理想解的接近程度;最后,将基于区间二型模糊数的接近程度进行去模糊化,并对方案进行排序和选择。

2)基于可能性-概率信息融合的区间二型模糊 MCDM 的决策框架

为解决上述投资决策中的 MCDM 问题,本书提出了一种在区间二型模糊环境下基于可能性-概率信息融合的新 MCDM 方法,框架如图 4.8 所示。

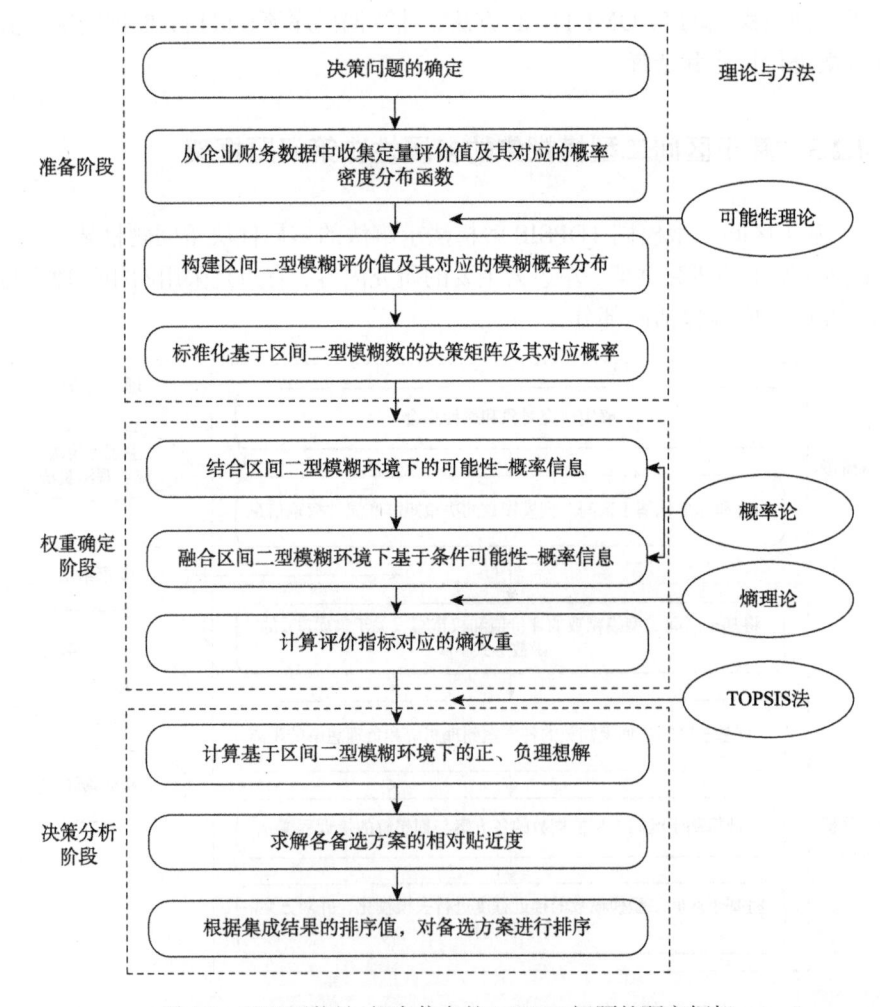

图 4.8 基于可能性-概率信息的 MCDM 问题的研究框架

图 4.8 所示的研究框架，左边为主要的研究内容，右边是采用的相关理论与方法。主要研究内容包括三部分。

第一部分为准备阶段。首先，需要以具体的不确定信息下的多属性决策问题为研究背景，确定研究对象和属性集合；其次，通过主观评价法或客观测量法获得基于区间二型模糊数的决策矩阵信息，并进行标准化。

第二部分为权重确定阶段。首先，运用条件概率理论知识，计算区间二型模糊数环境下的可能性–概率信息的综合信息；其次，运用概率知识求解融合后的概率信息；最后，运用熵权重公式计算每个评价指标对应的权重信息。

第三部分为决策分析阶段。首先，计算基于区间二型模糊环境下的正理想解和负理想解；其次，求解各方案的相对贴近度；最后，根据集成结果的排序值，对备选方案进行排序和选择。

3）基于区间二型模糊集的 TODIM 的多属性决策问题框架

为解决现实中的 MCDM 问题，本书提出了一种在 IT2 FSs 环境下的 TODIM 方法，具体框架如图 4.9 所示。

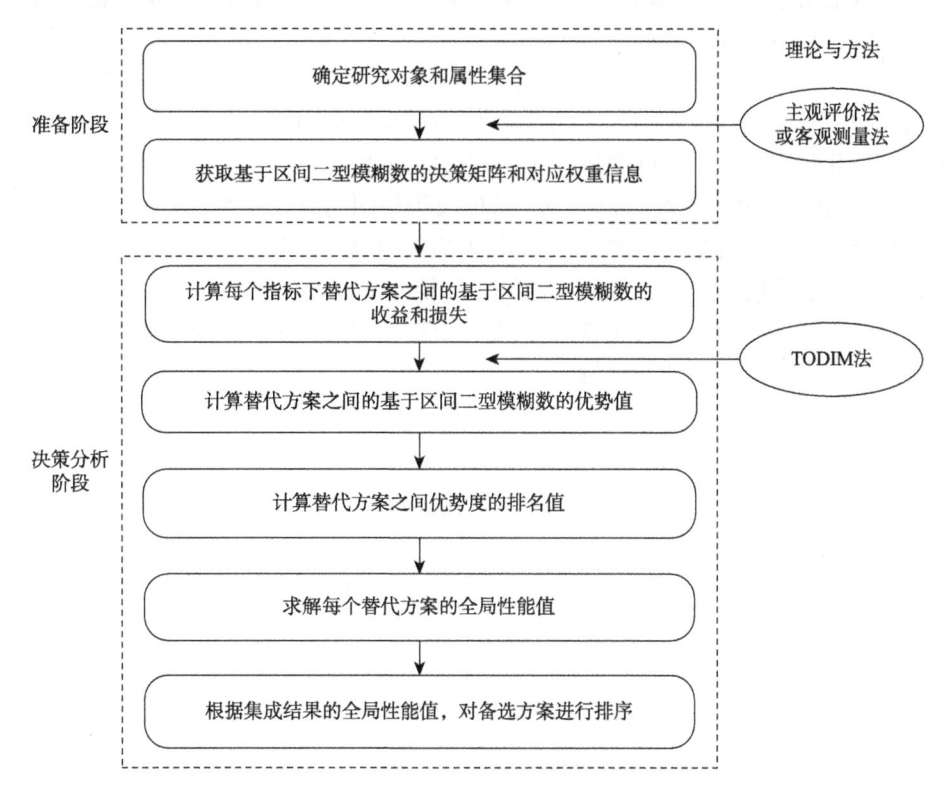

图 4.9 基于 IT2 FSs 的 TODIM 的多属性决策问题框架

图 4.9 所示的决策问题框架，左边为主要的研究内容，右边是采用的相关理论与方法。主要研究内容包括两部分。

第一部分为准备阶段。首先，以具体的不确定信息的多属性决策问题为研究背景，确定研究对象和属性集合；其次，通过主观评价法或客观测量法获得基于区间二型模糊数的决策矩阵信息，并进行标准化。

第二部分为决策分析阶段。首先，计算每个指标下替代方案之间的基于区间二型模糊数的收益和损失；其次，计算替代方案之间基于区间二型模糊数的优势度，并计算它们的排名值；最后，求解每个替代方案的全局性能值并对备选方案进行排序和选择。

4.3 本章小结

本章给出了基于不同语言变量的信息集成问题的一般描述、决策分析框架和计算步骤，具体工作主要如下。

（1）给出了基于不同语言变量的信息集成问题的分类，即基于精确值的信息集结问题、基于一型模糊数的多属性决策问题和基于区间二型模糊数的多属性决策问题，并分别对这三类问题进行了形式化的描述。

（2）给出了解决三类语言变量形式的决策问题的研究框架，即基于精确值的信息集结问题的研究框架、基于一型模糊数的多属性决策问题的研究框架和基于区间二型模糊数的多属性决策问题的研究框架。

通过本章的工作，明确了本书的研究问题，奠定了本书的研究基础，为后面章节的研究工作建立了体系结构。

第5章　基于精确信息的集结方法研究

　　扩展的 WOWA 集结问题在现实中具有广泛的应用背景，研究拓展的 WOWA 集结理论与方法具有重要的意义。本章围绕决策者是理性决策心理和考虑决策者的决策行为两种情况对扩展的 WOWA 集结问题进行研究。首先，以 RIM 量词分段线性函数为例，分析概率服从不同分布时权重的变化趋势，并重点讨论该结果在实际决策问题的应用价值。除此之外，还提出一种新的 WOWA 算子参数化权重函数形式，该参数化权重函数计算的 WOWA 算子权重与前景理论背景下权重函数分布的规律一致，实现了信息集结算子与前景理论背景下期望值求解的结合，为不确定性和风险性决策问题提供新的求解方法。

5.1　研究背景介绍

　　OWA 算子（Yager，1988）是不确定信息集成的一种主要方法，其扩展的基于概率信息的集结算子考虑到事件发生的概率与被集成元素之间的关系。Yager（1999）提出一种反映决策者态度的集结机制的基于概率的集结算子，但它不适合决策树决策问题中的节点权重赋值。Liu 和 Da（2005）提出几何 OWA 算子，从而实现决策者偏好与概率信息的结合，但不满足集成结果与权重函数之间的单调一致性。Merigó（2010）提出基于概率信息的决策模型用于集结决策者决策信息，但它不仅不满足集成结果与概率信息之间的单调一致性，也不适用于多阶段的动态决策问题（如决策树模型）。Liu 等（2011）将不确定语言变量用于前景理论背景下的风险性决策问题，且风险概率为区间语言变量。WOWA 算子（Torra，1997）把 OWA 算子和加权平均算子结合起来，其权重不仅与被集成元素位置有关，还与其概率分布有关。自出现以来，该算子引起了众多国内外学者的关注（Zadeh，1965；Wu et al.，2017）。Liu（2006b）把 WOWA 算子和 RIM 量词函数结合，提出参数化的 WOWA 算子，分析基于 RIM 量词函数的 WOWA 算子的一些性质。同时以指数函数和分段线性函数作为权重求解的两种具体函数形式，分别讨论了它们的性质。本章以 RIM 量词分段线性函数为例，分析概率服从不同分布时权重的变化趋势，并重点讨论该结果在实际决策问题的应用价值。除此之外，还提出一种新的 WOWA 算子参数化权重函数形式，该函数考虑了决策者在决策过程中的有限理性心理，与前景理论下的权重函数趋势一致，为风险型决策问题提供了新的方法。

5.2 基 本 概 念

5.2.1 基于 RIM 量词函数的参数化 WOWA 算子

Torra（1997）扩展 OWA 算子的形式，提出 WOWA 算子。它把 OWA 算子和加权平均算子相结合，其定义形式如下。

定义 5.1 （Liu，2006b）设 p 和 w 分别是 n 维的权重向量，满足

（1） $p_i \in [0,1]$ 且 $\sum_{i=1}^{n} p_i = 1$，

（2） $w_i \in [0,1]$ 且 $\sum_{i=1}^{n} w_i = 1$。

则 WOWA 算子集结函数被定义为

$$F(x_1, x_2, \cdots, x_n) = \sum_{i=1}^{n} \omega_i y_i, \quad i = 1, 2, \cdots, n \tag{5.1}$$

其中，y_i 是数组元素 x_i 中第 i 个最大元素；权重 ω_i 被定义为

$$\omega_i = w^* \left(\sum_{j \leqslant i} p_{\sigma(j)} \right) - w^* \left(\sum_{j < i} p_{\sigma(j)} \right) \tag{5.2}$$

其中，w^* 是 $(i/n, \sum_{j \leqslant i} w_j)$ 差分的单调递增函数。

Torra（1997）提出两种确定 WOWA 算子权重 ω 的方法，一种是首先确定权重向量 W，然后通过对向量 W 进行差分得到 ω；另一种是首先定义权重函数 W，然后通过求权重函数 W 的差分获取 ω。对于第二种方法，Torra（1997）列举两个函数实例 w^* 和 w^{**} 求权重 ω，具体见函数 5.1.1 和函数 5.1.2。

函数 5.1.1

$$w^* = \begin{cases} 2x^2, & x < 0.5 \\ 1 - 2(1-x)^2, & x \geqslant 0.5 \end{cases} \tag{5.3}$$

函数 5.1.2

$$w^{**} = \begin{cases} \dfrac{1}{2}\sqrt{2x}, & x < 0.5 \\ 1 - \dfrac{1}{2}\sqrt{2(1-x)}, & x \geqslant 0.5 \end{cases} \quad (5.4)$$

后来，Liu（2006b）把 WOWA 算子和 RIM 量词函数结合，提出了参数化的 WOWA 算子，其定义为：

定义 5.2　（Liu，2006b）设 $Q(x)(x \in [0,1])$ 是 RIM 量词函数，且满足

（1）$Q(x)$ 是一个连续的非递减函数，

（2）$Q(0) = 0$，

（3）$Q(1) = 1$。

基于 RIM 量词函数的参数化 WOWA 算子被定义为

$$F_{P,Q}(X) = \sum_{i=1}^{n} x_i \left(Q\left(\sum_{j \leqslant i} p_j\right) - Q\left(\sum_{j < i} p_j\right) \right) = x_1 Q(p_1) + \sum_{i=2}^{n} x_i \left(Q\left(\sum_{j=1}^{i} p_j\right) - Q\left(\sum_{j=1}^{i-1} p_j\right) \right) \quad (5.5)$$

其中，$x_i (i = 1, 2, \cdots, n)$ 是一个递减的数组序列，且权重 ω_i 被定义为

$$\omega_i = Q\left(\sum_{j \leqslant i} p_j\right) - Q\left(\sum_{j < i} p_j\right) \quad (5.6)$$

定义 5.3　基于 RIM 量词函数的参数化 WOWA 算子，其测度公式被定义为

$$\mathrm{orness}(Q) = \sum_{i=1}^{n} \frac{n-i}{n-1} \left(Q\left(\sum_{j \leqslant i} p_j\right) - Q\left(\sum_{j < i} p_j\right) \right) = \frac{1}{n-1} \sum_{i=1}^{n-1} Q\left(\sum_{j \leqslant i} p_j\right) \quad (5.7)$$

如果 RIM 量词函数 $Q(x) = x$，那么式（5.1）被改写为

$$F_{P,Q}(X) = \sum_{i=1}^{n} p_i x_i = E_{P,Q}(X)$$

显然，改写后的集结公式 $F_{P,Q}(X)$ 等于期望效用函数公式 $E_{P,Q}(X)$。

5.2.2　前景理论概述

前景价值是由价值函数和决策权重共同决定的（Tversky and Kahneman，1992），即

$$V = \sum_{i=1}^{n} \pi(p_i) v(x_i) \quad (5.8)$$

其中，$\pi(p_i)$ 是决策权重，是概率评价性的单调增函数；$v(x_i)$ 是价值函数，是决策者主观感受形成的价值；如图 5.1 所示。Tversky 和 Kahneman（1992）给出的

价值函数为幂函数，即

$$v(x) = \begin{cases} x^{\alpha}, & x \geq 0 \\ -\theta(-x)^{\beta}, & x < 0 \end{cases} \quad (5.9)$$

其中，α 和 β 分别表示收益和损失区域价值幂函数的凹凸程度，α，$\beta<1$ 表示敏感性递减；θ 表示损失区域比收益区域更陡的特征，$\theta>1$ 表示损失厌恶。

Tversky 和 Kahneman（1992）通过多次试验得到了上述的参数值，即 $\alpha = \beta = 0.88$，$\theta = 2.25$。

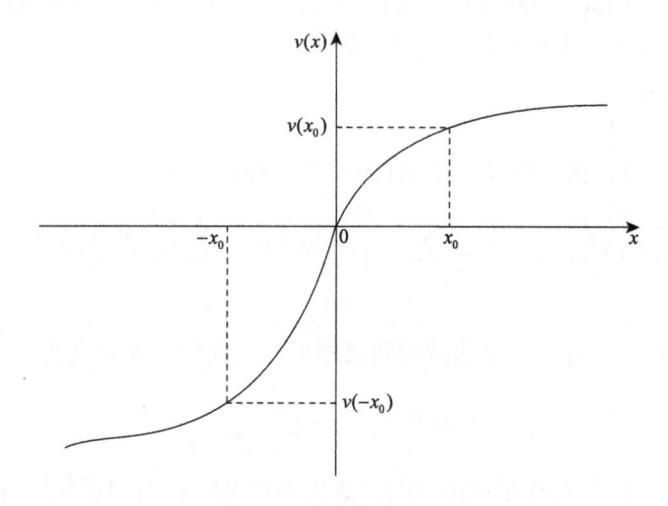

图 5.1 期望效用函数

价值函数有以下 3 个重要特征：
（1）收益和损失是相对参考点而言的；
（2）投资者面对收益是风险规避的，面对损失是风险偏好的；
（3）投资者对损失比收益更敏感。

Tversky 和 Kahneman（1992）给出了决策权重的公式：

$$W(A_i) = \pi_R(p(A_i)) \quad (5.10)$$

其中，W 是权重函数；p 是判断概率；A_i 是考虑的事件；π_R 是风险下的概率权重函数。判断概率 $p(A_i)$ 由决策者的判断给出，但是某些风险不确定的决策中，判断概率会出现违反概率二元互补关系的情况。因此在风险决策权重的分析中，有必要考虑由决策者对不确定源的偏好及对未知概率事件的判断所带来的影响。可用如下函数获得权重函数：

$$\pi(p) = \frac{p^r}{(p^r + (1-p)^r)^{1/r}} \quad (5.11)$$

决策权重函数有以下特征：

决策函数不是概率，π 是 p 的递增函数，但它并不符合概率公理，也不能解释为个人预期的程度。

当出现的概率 p 很小时，$\pi(p) > p$，说明决策者对于概率很小的事件会过度重视；当出现的概率一般或很大时，$\pi(p) < p$，说明决策者会过分注意极端的概率很低的事件，却忽略了例行发生的事件。

决策者在面临风险决策时，不只考虑自己最终的财富水平，而是取一个参考点看是否获得或亏损，所以可能会因参考点的选择不同，每次决策都随之改变。

5.3 基于 RIM 量词函数的参数化 WOWA 算子应用分析

基于现有文献（Liu and Han, 2008；Mcrigó, 2010）的研究成果，本节分析基于 RIM 量词函数的参数化 WOWA 算子在不确定性决策问题中的应用意义。

5.3.1 基于分段线性量词函数的参数化 WOWA 算子的意义

设参数化 WOWA 算子的 RIM 量词 $Q(x)$ 是一个连续的函数，其测度水平可定义为（Liu, 2006b）

$$\text{orness}(Q) = \int_0^1 Q(x)\mathrm{d}x = \alpha \tag{5.12}$$

Liu（2006b）提出了基于 RIM 量词分段线性函数 $Q(x)$ 的参数化 WOWA 算子，具体函数公式为

（1）当 $\alpha \in (0, 1/3]$ 时，

$$Q(x) = \begin{cases} 0, & \text{如果 } 0 \leqslant x \leqslant 1 - 3a \\ \dfrac{(x - 1 + 3a)^2}{9a^2}, & \text{如果 } 1 - 3a < x \leqslant 1 \end{cases} \tag{5.13}$$

（2）当 $\alpha \in (1/3, 2/3]$ 时，

$$Q(x) = 3x^2 - 2x + 6ax(1 - x), \quad \text{如果 } 0 \leqslant x \leqslant 1 \tag{5.14}$$

（3）当 $\alpha \in (1/3, 1]$ 时，

$$Q(x) = \begin{cases} \dfrac{-x^2 + 6x - 6xa}{9(1 - a)^2}, & \text{如果 } 0 \leqslant x \leqslant 3 - 3a \\ 1, & \text{如果 } 3 - 3a < x \leqslant 1 \end{cases} \tag{5.15}$$

RIM 量词分段线性函数是计算集结算子权重的重要形式之一（Liu and Han, 2008），但 Liu（2006b）只给出了如何通过 RIM 量词分段线性函数计算参数化

WOWA 算子的权重,并没有讨论其应用价值。

根据式(5.13)~式(5.15)中 RIM 量词分段线性函数的表达式和式(5.6),当概率 $p_i = 1/n (i = 1, 2, \cdots, n)$ 时,可得基于RIM量词分段线性函数的参数化WOWA集结算子的权重表达式,具体形式如下所示。

(1)当 $\alpha \in (0, 1/3]$ 时,
$$\omega_i = \begin{cases} 0, & \text{如果} 0 \leq i \leq (1-3\alpha)n \\ \dfrac{2i + 6n\alpha - 2n - 1}{9n^2\alpha^2}, & \text{如果} (1-3\alpha)n < i \leq n \end{cases} \quad (5.16)$$

(2)当 $\alpha \in (1/3, 2/3]$ 时,
$$\omega_i = \frac{6\alpha n + 6\alpha - 3 - 2n + (6-12\alpha)i}{n^2}, \quad \text{如果} 0 \leq i \leq n \quad (5.17)$$

(3)当 $\alpha \in (2/3, 1]$ 时,
$$\omega_i = \begin{cases} \dfrac{6n\alpha + 1 - 2i}{9n^2(1-\alpha)^2}, & \text{如果} 0 \leq i \leq 3n(1-\alpha) \\ 0, & \text{如果} 3n(1-\alpha) < i \leq n \end{cases} \quad (5.18)$$

性质 5.1 基于 RIM 分段线性函数的参数化 WOWA 算子,当概率 p 服从均匀分布时,权重 w_i 服从分段线性函数形式,且该参数化 WOWA 算子将转变成一般 OWA 算子。

为了更加详细地说明该结论,现举例加以分析。假定参数 $\alpha = 0.2, 0.3, 0.5, 0.7, 0.8$。依据式(5.13)~式(5.15)中 RIM 量词分段线性函数表达式,可得函数 $Q(x)$ 关于 x 的曲线,详见图 5.2。假定概率 p 服从均匀分布,通过式(5.13)~式(5.15),得权重函数 $\omega(x)$ 关于位置下标 x 的曲线,详见图 5.3。其相应的权重 ω 值见表 5.1。

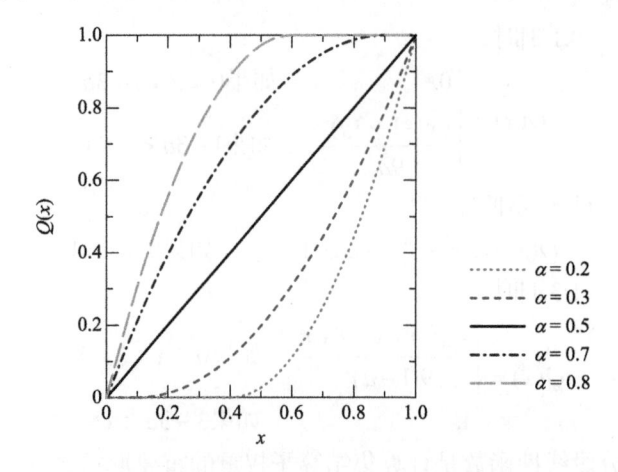

图 5.2 RIM 量词函数 $Q(x)$ 与累计概率 x 的关系

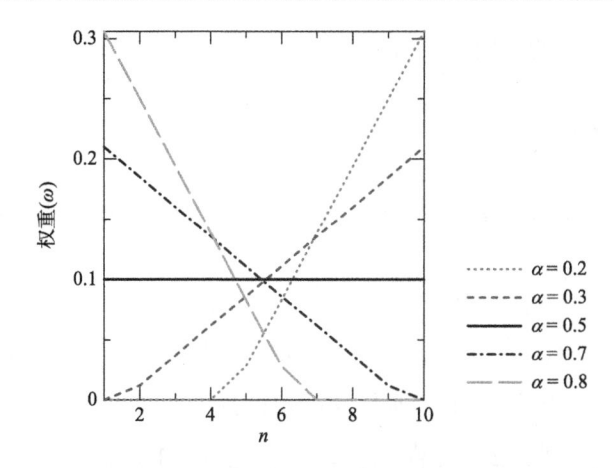

第 5 章　基于精确信息的集结方法研究

图 5.3　概率 p 均匀分布下的权重 ω 值

表 5.1　概率 p 均匀分布下的权重 ω 值

参数	1	2	3	4	5	6	7	8	9	10
$\alpha = 0.2$	0	0	0	0	0.03	0.08	0.14	0.19	0.25	0.31
$\alpha = 0.3$	0	0.01	0.04	0.06	0.09	0.11	0.14	0.16	0.19	0.21
$\alpha = 0.5$	0.1	0.1	0.1	0.1	0.1	0.1	0.1	0.1	0.1	0.1
$\alpha = 0.7$	0.21	0.19	0.16	0.14	0.11	0.09	0.06	0.04	0.01	0
$\alpha = 0.8$	0.31	0.25	0.19	0.14	0.08	0.03	0	0	0	0

在表 5.1 中，当变量 $x \in [0,1]$ 时，$Q(x)$ 是单调递增函数。当 $\mathrm{orness}(Q) < \dfrac{1}{2}$ 时，$Q(x)$ 是凸函数且满足 $Q(x) < x$。当 $\mathrm{orness}(Q) = \dfrac{1}{2}$ 时，$Q(x)$ 是线性函数，且满足 $Q(x) = x$。当 $\mathrm{orness}(Q) > \dfrac{1}{2}$ 时，$Q(x)$ 是凹函数，且满足 $Q(x) > x$。当 RIM 量词函数满足图 5.2 时，其相应参数化 WOWA 算子权重值满足以上三种关系，具体见图 5.3。

当 OWA 算子和 WOWA 算子用于求解不确定性信息决策问题时，其权重值通常用于反映决策者的偏好信息。根据决策者的需求，权重值呈现不同的分布形式，比如说被集结元素越大，其重要程度越大；又或者说被集结元素越小，其重要程度越小。对于理性决策者来说，其决策偏好通常连续发生渐进式变化，最常见的权重赋值方法是权重随被分配位置呈线性变化。在图 5.2 和图 5.3 中，当概率 p 服从均匀分布时，基于 RIM 量词分段线性函数的参数化 WOWA 算子权重呈线性变化趋势。该分布恰好符合决策者的偏好信息变化趋势，同时也是实际应用中最简单和最受欢迎的偏好变化结构，这也是本书分析基于 RIM 量词分段线性函数的参数化 WOWA 算子的应用意义所在。

5.3.2 性质讨论

接下来，本书将进一步讨论基于 RIM 量词分段线性函数的参数化 WOWA 算子的一些性质。

定理 5.1 对于参数化 WOWA 算子下的 RIM 量词分段线性函数 $Q(x)$，

（1）如果 $Q^* = (1,1,\cdots,1)^T$，那么 $\text{orness}(Q^*) = 1$，且 $F_{P,Q^*}(X) = \max\{x_i\}$；

（2）如果 $Q_* = (0,0,\cdots,1)^T$，那么 $\text{orness}(Q_*) = 0$，且 $F_{P,Q_*}(X) = \min\{x_i\}$；

（3）如果 $Q_A = \left(\dfrac{1}{n},\dfrac{2}{n},\cdots,1\right)^T$，那么 $\text{orness}(Q_A) = \dfrac{1}{2}$，且 $F_{P,Q_A}(X) = \dfrac{1}{n}\sum_{i=1}^{n} x_i$。

证明：

（1）如果 $Q^* = (1,1,\cdots,1)^T$，由式（5.2）得，权重 ω 的值为

$$\omega_1 = Q(1) = 1$$
$$\omega_2 = Q(2) - Q(1) = 1 - 1 = 0$$
$$\cdots$$
$$\omega_n = 0$$

因此，$\omega = (1,0,\cdots,0)^T$。

将 ω 值代入式（5.7），可得测度值 $\text{orness}(Q) = 1$。相应地，当 $\omega = (1,0,\cdots,0)^T$ 时，由式（5.5）得，该算子集结结果是 $F_{P,Q^*}(X) = \max\{x_i\}$。

（2）当函数 $Q_* = (0,0,\cdots,1)^T$ 时，

证明原理同 $Q^* = (1,1,\cdots,1)^T$，略。

（3）当 $Q_A = \left(\dfrac{1}{n},\dfrac{2}{n},\cdots,1\right)^T$ 时，

证明原理同 $Q^* = (1,1,\cdots,1)^T$，略。

定理 5.2 对于参数化 WOWA 算子中的 RIM 量词分段线性函数 $Q(x)$，如果 α 是函数 $Q(x)$ 的参数，那么 $Q_\alpha(x) + Q_{1-\alpha}(1-x) = 1$，且曲线 $Q_\alpha(x)$ 与曲线 $Q_{1-\alpha}(1-x)$ 关于 $Q(0.5)=0.5$ 对称。

证明：

令 $0 \leqslant t \leqslant 1$，则 $x = 1 - t$，公式（5.14）可转换为如下形式：

$$Q(1-t) = \begin{cases} \dfrac{-(1-t)^2 + 6\alpha(1-t)}{9\alpha^2}, & \text{如果}\ 0 \leqslant t < 3\alpha \\ 1, & \text{如果}\ \alpha \leqslant t \leqslant 1 \end{cases} \quad (5.19)$$

情景1：当 $\alpha \in [0,1/3]$ 时，

（1）如果 $0 \leqslant x \leqslant 1-3\alpha$，由式（5.12）得
$$Q_\alpha(x) = 0$$
又因为 $3\alpha \leqslant 1-x \leqslant 1$ 且 $1-\alpha \in [2/3,1]$，由式（5.19）得
$$Q_{1-\alpha}(1-x) = 1$$
即，$Q_\alpha(x) + Q_{1-\alpha}(1-x) = 1$。

（2）如果 $1-3\alpha < x \leqslant 1$，那么 $0 \leqslant 1-x < 3\alpha$。由式（5.13）和式（5.19）得
$$Q_\alpha(x) + Q_{1-\alpha}(1-x) = \frac{(x-1+3\alpha)^2 - (1-x)^2 + 6\alpha(1-x)}{9\alpha^2} = \frac{9\alpha^2}{9\alpha^2} = 1$$
因此，$Q_\alpha(x) + Q_{1-\alpha}(1-x) = 1$。

情景2：当 $\alpha \in (1/3, 2/3]$ 时，

因为 $Q(x)$ 在整个函数自变量 $x(x \in [0,1])$ 定义域区间内具有相同的函数表达式，由式（5.14）得
$$Q_\alpha(x) + Q_{1-\alpha}(1-x) = 1$$

情景3：当 $\alpha \in (2/3, 1]$ 时，

证明原理同情景1，略。

因此，函数曲线 $Q_\alpha(x)$ 与 $Q_{1-\alpha}(1-x)$ 关于 $Q(0.5)=0.5$ 对称。

定理 5.3　对于参数化 WOWA 算子下的 RIM 量词分段线性函数 $Q(x)$ 而言，P 是事件发生的概率。

（1）如果 $P^* = (1, 0, \cdots, 0)^T$，则 $\text{orness}(Q_{P^*}) = 1$，且 $F_{P^*,Q}(X) = \max\{x_i\}$；

（2）如果 $P_* = (0, 0, \cdots, 1)^T$，则 $\text{orness}(Q_{P_*}) = 0$，且 $F_{P_*,Q}(X) = \min\{x_i\}$。

证明：

（1）当 $P^* = (1, 0, \cdots, 0)^T$ 时，

由式（5.2）得，
$$\begin{aligned}\omega_1 &= w^*(p_1) = w^*(1) \\ \omega_2 &= w^*(p_1 + p_2) - w^*(p_1) = 0 \\ &\cdots \\ \omega_n &= w^*(p_1 + \cdots + p_n) - w^*(p_1 + \cdots + p_{n-1}) \\ &= 0\end{aligned}$$

又因为 $\sum_{i=1}^n \omega_i = 1$，所以 $\omega_1 = w^*(1) = 1$。

由式（5.7）得，测度值为

$$\mathrm{orness}(Q_{P^*}) = \sum_{i=1}^{n} \frac{n-i}{n-1} \omega_i = 1$$

以此类推，由式（5.5）得，

$$F_{P^*,Q}(X) = \max\{x_i\}$$

（2）当 $P_* = (0,0,\cdots,1)^T$ 时，

证明原理同情景 $P^* = (1,0,\cdots,0)^T$，略。

定理 5.4 针对基于 RIM 量词分段线性函数的参数化 WOWA 算子，α 是函数 $Q(x)$ 的参数。当概率 $P_A = \left(\frac{1}{n}, \frac{1}{n}, \cdots, \frac{1}{n}\right)^T$ 时，则该参数化 WOWA 算子转化为 OWA 算子，且基于参数 α 的权重 $W = (w_1, w_2, \cdots, w_n)^T$ 与参数 $1-\alpha$ 的权重 $\tilde{W} = (\tilde{w}_1, \tilde{w}_2, \cdots, \tilde{w}_n)^T$ 互为对偶，即 $w_i = \tilde{w}_{n-i}$。

证明：略。

定理 5.5 针对基于 RIM 量词分段线性函数的参数化 WOWA 算子，α 是函数 $Q(x)$ 的参数，概率 $P_A = \left(\frac{1}{n}, \frac{1}{n}, \cdots, \frac{1}{n}\right)^T$，$AA_{P,Q}(X)$ 是算术平均算子。

（1）如果 $Q(x) = x$，则 $\mathrm{orness}(Q) = \frac{1}{2}$，且 $F_{P,Q}(X) = AA_{P,Q}(X)$；

（2）如果 $Q(x) < x$，则 $\mathrm{orness}(Q) < \frac{1}{2}$，且 $F_{P,Q}(X) < AA_{P,Q}(X)$；

（3）如果 $Q(x) > x$，则 $\mathrm{orness}(Q) > \frac{1}{2}$，且 $F_{P,Q}(X) > AA_{P,Q}(X)$。

证明：

由定理 5.4 的结论得，如果 $P_A = \left(\frac{1}{n}, \frac{1}{n}, \cdots, \frac{1}{n}\right)^T$，则基于 RIM 量词分段线性函数的参数化 WOWA 算子转变成 OWA 算子。

（1）当 $Q(x) = x$ 时，

由式（5.7）得，其测度值为

$$\mathrm{orness}(Q) = \int_0^1 x \mathrm{d}x = \frac{1}{2}$$

相应地，权重 $w_i = \frac{1}{n}$，且 $F_{P,Q}(X) = AA_{P,Q}(X) = \frac{1}{n}\sum_{i=1}^{n} x_i$。

（2）当 $Q(x) < x$ 时，

由式（5.7）得，

$$\mathrm{orness}(Q) = \int_0^1 Q(x)\mathrm{d}x < \int_0^1 x \mathrm{d}x = \frac{1}{2}$$

以此类推，由式（5.5）得，集结函数公式可转换成：

$$F_{P,Q}(X) = x_n + \sum_{i=1}^{n-1}(x_i - x_{i+1})Q\left(\sum_{j=1}^{i}p_j\right)$$

又因为算术平均集结函数可写成：

$$AA_{P,Q}(X) = x_n + \sum_{i=1}^{n-1}(x_i - x_{i+1})\left(\sum_{j=1}^{i}p_j\right)$$

因此，

$$F_{P,Q}(X) - AA_{P,Q}(x) = \sum_{i=1}^{n-1}(x_i - x_{i+1})\left(Q\left(\sum_{j=1}^{i}p_j\right) - \sum_{j=1}^{i}p_j\right) < 0$$

即：$F_{P,Q}(X) - AA_{P,Q}(x) < 0$。

（3）当 $Q(x) > x$ 时，

证明原理同情形 $Q(x) < x$，略。

定理 5.6 针对基于 RIM 量词分段线性函数的参数化 WOWA 算子，α 是函数 $Q(x)$ 的参数，$E_{P,Q}(X)$ 是期望效用。对于任意 $x(x \in [0,1])$，

（1）如果 $Q(x) = x$，则 $\text{orness}(Q) = \frac{1}{2}$，且 $F_{P,Q}(X) = E_{P,Q}(X)$；

（2）如果 $Q(x) < x$，则 $\text{orness}(Q) < \frac{1}{2}$，且 $F_{P,Q}(X) < E_{P,Q}(X)$；

（3）如果 $Q(x) > x$，则 $\text{orness}(Q) > \frac{1}{2}$，且 $F_{P,Q}(X) > E_{P,Q}(X)$。

证明：

（1）当 $Q(x) = x$ 时，

由式（5.12）得，

$$\text{orness}(Q) = \int_0^1 t\mathrm{d}t = \frac{1}{2}$$

相应地，由式（5.5）得，

$$F_{P,Q}(X) = \sum_{i=1}^{n}p_i x_i = E_{P,Q}(X)$$

即当 $Q(x) = x$ 时，基于 RIM 量词分段线性函数的参数化 WOWA 集结算子等价于期望效用。

（2）当 $Q(x) < x$ 时，

由式（5.12）得，

$$\text{orness}(Q) = \int_0^1 Q(t)\mathrm{d}t < \int_0^1 t\mathrm{d}t = \frac{1}{2}$$

相应地，式（5.5）可改写为

$$F_{P,Q}(X) = x_n + \sum_{i=1}^{n-1}(x_i - x_{i+1})Q\left(\sum_{j=1}^{i} p_j\right)$$

依据相同的方法，期望效用函数可表示为

$$E_{P,Q}(X) = x_n + \sum_{i=1}^{n-1}(x_i - x_{i+1})\sum_{j=1}^{i} p_j$$

因此，

$$F_{P,Q}(X) - E_{P,Q}(X) = \sum_{i=1}^{n-1}(x_i - x_{i+1})\left(Q\left(\sum_{j=1}^{i} p_j\right) - \sum_{j=1}^{i} p_j\right) < 0$$

（3）当 $Q(x) > x$ 时，

证明原理同 $Q(x) < x$，略。

性质 5.2 针对基于 RIM 量词分段线性函数的参数化 WOWA 算子，其概率 p 分布决定权重 ω 大小分布和集结结果的大小。

接下来，本书通过对两种不同的分布（均匀分布和正态分布）来分析概率 p 对权重值大小分布和集结结果值的影响。

本书选取 70 个概率取值点，当概率服从均匀分布时，$p_i = \dfrac{1}{70}$；当概率服从正态分布时，概率 $p_i = \dfrac{1}{\sqrt{2\pi}} e^{-\frac{i^2}{2}}$ $(i \in [-10,10])$。设参数 $\alpha = (0.2, 0.3, 0.5, 0.7, 0.8)$，由式（5.13）~式（5.15）和式（5.6）得，权重 ω 计算结果分别如图 5.4 和图 5.5 所示。

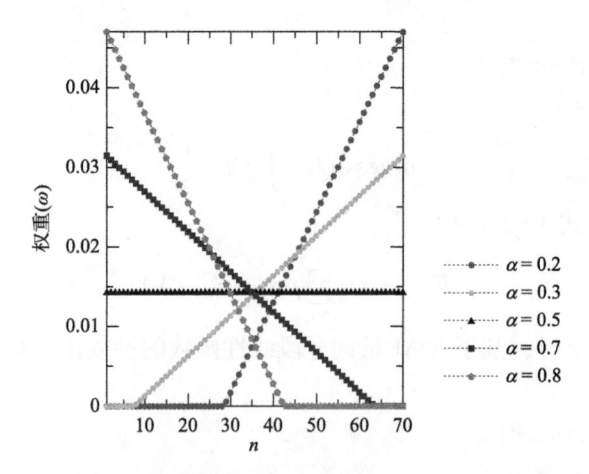

图 5.4 概率 p 均匀分布下对应的权重 ω 分布图

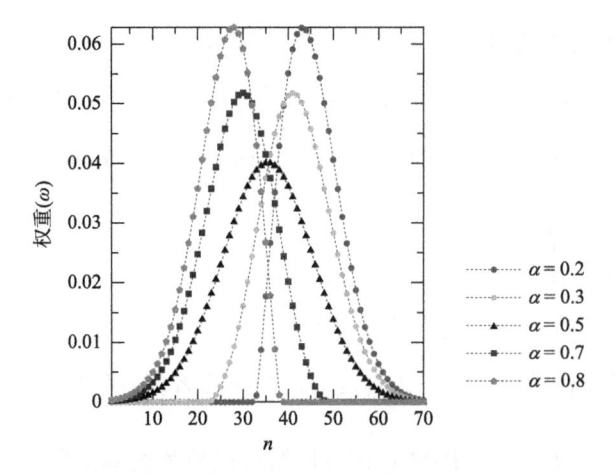

图 5.5 概率 p 正态分布下对应的权重 ω 分布图

对于上述两种概率分布,现将其权重和集结结果分别总结如下。

(1)如图 5.4 所示,当概率 p 服从均匀分布时,权重 ω 随位置下标单调变化,且基于参数 α 的权重值与参数 $1-\alpha$ 对应的权重值对称。

(a)当 $Q(x)=x$ 时,则测度 $orness(Q)=\frac{1}{2}$,且权重大小等于概率值 p_i,此时基于 RIM 量词分段线性函数的参数化 WOWA 算子转化为 $AA_{P,Q}(X)$ 算子。

(b)当 $Q(x)<x$ 时,则测度 $orness(Q)<\frac{1}{2}$,且权重随位置下标单调递增,即较大的集结元素被赋予较小的权重;由定理 5.6 的结论可得,在此条件下的参数化 WOWA 算子集结结果小于 $AA_{P,Q}(X)$ 算子集结结果。

(c)当 $orness(Q)>x$ 时,则测度 $orness(Q)>\frac{1}{2}$,且权重随位置单调递减,即较大的集结元素被赋予较大的权重;由定理 5.6 的结论可得,在此条件下的参数化 WOWA 算子集结结果大于 $AA_{P,Q}(X)$ 算子集结结果。

(2)如图 5.5 所示,当概率 p 服从正态分布时,权重 ω 服从正态分布,且基于参数 α 的权重值与参数 $1-\alpha$ 对应的权重值对称。

(a)当 $orness(Q)=\frac{1}{2}$ 时,权重等于概率值 p_i,即中间位置的集结元素被赋予较大权重,两端位置的元素被赋予较小权重;此时基于 RIM 量词分段线性函数的参数化 WOWA 算子集结结果与期望效用值相等。

(b)当 $orness(Q)<\frac{1}{2}$ 时,前半部分的集结元素被赋予较小权重,后半部分位置的元素被赋予较大权重;此时基于 RIM 量词分段线性函数的参数化 WOWA 算

子集结果小于期望效用值。

（c）当 orness(Q) > $\dfrac{1}{2}$ 时，前半部分的集结元素被赋予较大权重，后半部分位置的元素被赋予较小权重；此时基于 RIM 量词分段线性函数的参数化 WOWA 算子集结结果大于期望效用值。

（3）由图 5.4 和图 5.5 对比可得：

（a）当概率 p 服从均匀分布时，基于 RIM 量词分段线性函数的参数化 WOWA 算子权重值 ω 大小与概率信息无关，但受位置下标和参数值大小的影响。

当 $\alpha = \dfrac{1}{2}$ 时，权重值 $\omega_i = \dfrac{1}{n}$，且没有反映决策者偏好信息。

当 $\alpha \ne \dfrac{1}{2}$ 时，权重 ω 受 RIM 量词分段线性函数和概率信息的综合影响，其值随位置下标呈线性变化趋势，且反映决策者的偏好信息。

（b）当概率 p 服从正态分布时，基于 RIM 量词分段线性函数的参数化 WOWA 算子权重受概率信息的影响。

当 $\alpha = \dfrac{1}{2}$ 时，权重值 ω 等于概率值 p，但没有反映决策者的偏好信息。

当 $\alpha \ne \dfrac{1}{2}$ 时，权重值 ω 反映决策者的偏好信息，且其值大小受 RIM 量词分段线性函数和概率信息的综合影响。

总之，无论概率 p 服从均匀分布还是正态分布，基于参数 α 的权重值与参数为 $1-\alpha$ 时对应的权重值关于点 $(0.5,0.5)$ 呈中心对称分布；且集结结果随参数 α 单调变化。因此，随着参数 α 的变化，决策者偏好特征可划分为三类：折中型、保守型和冒险型，对应的参数值范围分别是：orness(Q) = $\dfrac{1}{2}$，orness(Q) < $\dfrac{1}{2}$ 和 orness(Q) > $\dfrac{1}{2}$。

5.3.3 决策过程

本书以两阶段决策树为分析背景，其中靠近叶子节点的决策阶段为子决策阶段，根节点隶属阶段为终极决策阶段。下面将讨论基于 RIM 量词分段线性函数的参数化 WOWA 算子在动态不确定性决策中的计算步骤。

步骤 1　依据决策者的偏好，选择具体的 RIM 量词分段线性函数 $Q(x)$。

步骤 2　选择一个第一决策阶段的机会节点，把概率值代入式（5.5），根据累计概率值 $\sum_{j<i} p_j$ 的大小，选择相应的 $Q(x_i)$ 表达式，计算第一决策阶段下该机会节点的集结结果 $F_{P,Q}$。

步骤3　重复步骤2,直到第一决策阶段该子决策节点下所有机会节点的集结结果计算完成。

步骤4　比较该子决策节点下所有机会节点的集结结果,最大值即该子决策节点的集结结果。

步骤5　重复步骤2~4,直到所有子决策节点集结结果确定完成。

步骤6　依据第一决策阶段机会节点集结值的计算方法,计算终极决策阶段下该机会节点的集结结果。

步骤7　重复步骤1~6,计算终极决策阶段其他机会节点的集结值。

步骤8　比较终极决策阶段下所有机会节点的集结值,最大值即该决策问题的最优值,且数值计算涉及的节点和圆弧构成该问题的最优策略。

5.3.4　基于 RIM 量词函数的参数化 WOWA 算子算例分析

假定某企业正尝试是否要在市场上推出新产品及如何定价。新产品利润取决于竞争对手是否推出类似的产品及竞争产品的价格。这是一个两阶段决策问题,是否推出新产品和产品如何定价。同样,该企业竞争对手有两个决策事件发生:竞争对手是否推出新产品和产品如何定价。该决策问题用决策树描述,如图5.6所示。

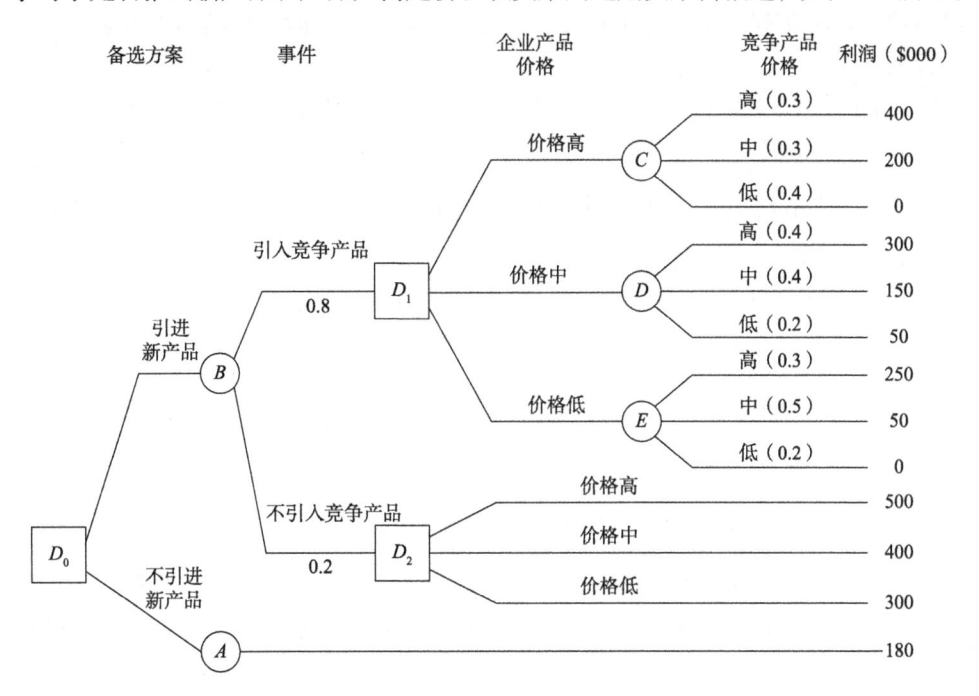

图 5.6　新产品推出和定价问题

依据本章第3节总结的两阶段决策树背景下的基于RIM量词分段线性函数的参数化WOWA算子的计算步骤,当参数 $\alpha = 0.1, 0.2, \cdots, 0.9$ 时,所有决策节点的集结结果如表5.2所示,中括号内数值为最终期望值。

表5.2 基于RIM量词函数的参数化WOWA算子的决策节点集结结果

α	$F_{P,Q}(C)$	$F_{P,Q}(D)$	$F_{P,Q}(E)$	$F_{P,Q}(D_2)$	$F_{P,Q}(B)$	$F_{P,Q}(A)$
0.1	0	51	6	500	51	[180]
0.2	22	94	22	500	94	[180]
0.3	72	127	40	500	132	[180]
0.4	126	159	70	500	163	[180]
0.5	**180**	**190**	**100**	**500**	**[252]**	**180**
0.6	234	221	130	500	[345]	180
0.7	289	252	259	500	[372]	180
0.8	350	283	200	500	[433]	180
0.9	400	300	250	500	[489]	180

为了更加深刻地理解基于RIM量词分段线性函数的WOWA算子在动态多阶段不确定性决策问题中的应用意义,对参数 α 取不同值时给集结结果带来的影响比较如下。

(1)如表5.2所示,所有决策节点的集结值随参数值 α 的增加显著增加,该特征和定理5.6结论一致。

(2)当 $\text{orness}(Q) = \frac{1}{2}$ 时,期望效用成为基于RIM量词分段线性函数的参数化WOWA集结算子的一个特例。

(3)从上述决策树所有机会节点的集结结果得,不同参数值时的集结结果与决策者的偏好特征保持一致。根据参数值的取值范围,决策者风险偏好划分如下:

(a)如果 $\text{orness}(Q) < \frac{1}{2}$,则 $F_{P,Q}(X) < E_{P,Q}(X)$,决策者对风险的态度是保守型。其对应的最优策略是不推出新产品。

(b)如果 $\text{orness}(Q) = \frac{1}{2}$,则 $F_{P,Q}(X) = E_{P,Q}(X)$,决策者对风险的态度是折中型。其对应的最优策略是如果有竞争性产品推出,则推出新产品,且新产品定价为中等水平策略;或者是如果没有竞争性产品推出,则推出新产品,且新产品定价为高水平策略。

(c) 如果 orness$(Q) > \dfrac{1}{2}$，则 $F_{P,Q}(X) > E_{P,Q}(X)$，决策者对风险的态度是冒险型。其对应的最优策略是如果有竞争性产品推出，则推出新产品，且采取高价格水平策略；又或者是如果没有竞争性产品推出，则推出新产品，且采取高价格水平策略。

5.4 基于参数化权重函数的 WOWA 算子

5.4.1 参数化权重函数的一般式

参数化概率权重函数的一般式定义如下：

定义 5.4 设 $W: \omega \to [0,1]$，且 $W(0.5)=0.5$，则参数化权重函数表达式为

$$W(p) = \begin{cases} ap^r, & p < 0.5 \\ 1 - b(1-p)^r, & p \geqslant 0.5 \end{cases} \quad (5.20)$$

其中，p 代表事件发生的概率；r 是控制参数，且满足 $r > 0$；a 和 b 均是固定常数。

因为 $W(p)$ 是连续函数且 $W(0.5)=0.5$，由式（5.18）得，$a = b = 2^{r-1}$。因此，该参数化权重函数可表示为

$$W(p) = \begin{cases} 2^{r-1} p^r, & p < 0.5 \\ 1 - 2^{r-1}(1-p)^r, & p \geqslant 0.5 \end{cases} \quad (5.21)$$

性质 5.3 式（5.3）和式（5.4）的 w^* 和 w^{**} 均为式（5.21）的特例，且对应的参数值分别是 $r = 2$ 和 $r = \dfrac{1}{2}$。

很显然，式（5.21）不仅是 Torra（1997）提出的函数 w^* 和 w^{**} 的一般表达式，并且与前景理论的权重函数式（5.9）有相似之处。接下来，我们将证明式（5.21）满足 WOWA 算子权重函数的必备条件。

定理 5.7 对于参数化权重函数 $W(p)$，式（5.21）是连续单调递增函数，且满足 $W(0) = 0$ 和 $W(1) = 1$。

证明： 该证明过程分两种情形讨论。

情形 1： 当 $p < 0.5$ 时，
由式（5.21）得，函数 $W(p)$ 有关 p 的一阶求导结果为

$$\frac{\partial W(p)}{\partial p} = 2^{r-1} r p^{r-1} \quad (5.22)$$

因为 $0 \leqslant p \leqslant 1$ 且 $r > 0$，所以 $\dfrac{\partial W(p)}{\partial p} > 0$。

情形 2：当 $p \geqslant 0.5$ 时，

由式（5.21）得，函数 $W(p)$ 有关 p 的一阶求导结果为

$$\frac{\partial W(p)}{\partial p} = 2^{r-1} r(1-p)^{r-1} \tag{5.23}$$

因为 $1 - p \geqslant 0$ 且 $r > 0$，所以 $\dfrac{\partial W(p)}{\partial p} > 0$。

又因为 $W(p)$ 是连续函数，由式（5.22）和式（5.23）得，$W(p)$ 是单调递增函数。

把 $p = 0$ 和 $p = 1$ 分别代入式（5.21）得，$W(0) = 0$ 和 $W(1) = 1$。

因此，$W(p)$ 是单调递增函数，且满足 $W(0) = 0$ 和 $W(1) = 1$。

定理 5.8 对于参数化权重函数 $W(p)$，式（5.21）满足求解权重 ω 的式（5.2），且基于参数化权重函数的 WOWA 算子集结公式可表示为

$$\begin{aligned} F_{P,W}(X) &= \sum_{i=1}^{n} x_i \left(W\left(\sum_{j \leqslant i} p_j \right) - W\left(\sum_{j < i} p_j \right) \right) \\ &= x_1 W(p_1) + \sum_{i=2}^{n} x_i \left(W\left(\sum_{j=1}^{i} p_j \right) - W\left(\sum_{j=1}^{i-1} p_j \right) \right) \end{aligned} \tag{5.24}$$

其中，$X = (x_1, x_2, \cdots, x_n)$ 且 $x_1 \geqslant x_2 \geqslant \cdots \geqslant x_n$。

证明：

由式（5.2）得，参数化权重函数 $W(p)$ 有关 p 的一阶求导结果为

$$\frac{\partial W}{\partial p} = \lim_{\Delta p \to 0} \frac{W(p) - W(p - \Delta p)}{\Delta p} \tag{5.25}$$

设 n 是无穷大的数，令 $\Delta p = \dfrac{1}{n}$，则式（5.25）可表示成如下形式。

$$\frac{\partial W}{\partial p} = \lim_{\Delta p \to 0} \frac{W(p) - W\left(p - \dfrac{1}{n} \right)}{1/n} \tag{5.26}$$

设 $p = \dfrac{i}{n}$，式（5.26）可相应地转化为

$$\left. \frac{\partial W}{\partial p} \right|_{p = \frac{i}{n}} = \lim_{n \to +\infty} \frac{W\left(\dfrac{i}{n} \right) - W\left(\dfrac{i-1}{n} \right)}{1/n} = \frac{\omega_i}{1/n}$$

因此，

$$\omega_i = \frac{1}{n}\frac{\partial W}{\partial p}|_{p=i/n}$$

即：$\omega_i = W\left(\frac{i}{n}\right) - W\left(\frac{i-1}{n}\right), i=1,2,\cdots,n$。

又参数化权重函数 W 满足单调性，则有

$$W\left(\frac{i}{n}\right) \geqslant W\left(\frac{i-1}{n}\right), \quad \omega_i \in [0,1]$$

且

$$\sum_{i=1}^{n}\omega_i = \sum_{i=1}^{n}\left(W\left(\frac{i}{n}\right) - W\left(\frac{i-1}{n}\right)\right) = W(1) - W(0) = 1$$

由式（5.1）得，$(\omega_1,\omega_2,\cdots,\omega_n)^\mathrm{T}$ 可被视为 WOWA 算子的 n 维权重向量。将其代入式（5.5），则基于参数化权重函数的 WOWA 算子 $F_{P,W}$ 可表示为

$$\begin{aligned}F_{P,W}(X) &= \sum_{i=1}^{n} x_i\left(W\left(\sum_{j\leqslant i}p_j\right) - W\left(\sum_{j<i}p_j\right)\right)\\ &= x_1 W(p_1) + \sum_{i=2}^{n} x_i\left(W\left(\sum_{j=1}^{i}p_j\right) - W\left(\sum_{j=1}^{i-1}p_j\right)\right)\end{aligned}$$

其中，$X = (x_1, x_2, \cdots, x_n)$ 且 $x_1 \geqslant x_2 \geqslant \cdots \geqslant x_n$。

5.4.2 基于参数化权重函数的 WOWA 算子性质

该参数化权重函数除了满足 WOWA 算子权重函数的条件外，还具备 WOWA 算子的如下基本性质。

定理 5.9 设 $F_{P,W}$ 是基于参数化权重函数的 WOWA 算子集结函数，ω_i 是权重值。

（1）有界性。如果 $\boldsymbol{X} = (x_1,x_2,\cdots,x_n)$ 是被集结元素向量，那么

$$\min_{1\leqslant i\leqslant n}\{x_i\} \leqslant F_{P,W}(x_1,x_2,\cdots,x_n) \leqslant \max_{1\leqslant i\leqslant n}\{x_i\}$$

（2）交换性。如果 x_i 和 $x_i^{(k)}$ 分别是被集结元素向量 $\boldsymbol{X}$ 和 $\boldsymbol{X}^K$ 第 i 个数值，那么

$$F_{P,W}(x_1,x_2,\cdots,x_n) = F_{P,W}(x_1^{(k)},x_2^{(k)},\cdots,x_n^{(k)})$$

其中，$(x_1^{(k)},x_2^{(k)},\cdots,x_n^{(k)})$ 是向量 $(x_1,x_2,\cdots,x_n)$ 的任意一个重新排序。

（3）单调性。如果 x_i 和 $y_i(i=1,2,\cdots,n)$ 分别是被集结向量 $\boldsymbol{X}$ 和 $\boldsymbol{Y}$ 的第 i 个元素，且对于任意 i，满足 $y_i \leqslant x_i$，那么

$$F_{P,W}(y_1,y_2,\cdots,y_n) \leqslant F_{P,W}(x_1,x_2,\cdots,x_n)$$

其中，被集结向量 X 和 Y 对应的权重向量 ω 相同。

（4）等幂性。如果 x_i 是集结向量 X 的第 i 个数值，且满足 $x_i = x(i=1,2,\cdots,n)$，那么

$$F_{P,W}(x_1,x_2,\cdots,x_n) = x$$

证明：略。

定理 5.10 设 $W(p)$ 是 WOWA 算子的参数化权重函数，r 是控制参数，

（1）如果 $r<1$，那么权重函数 $W(p_i)$ 呈反 S 形；

（2）如果 $r=1$，那么权重函数 $W(p_i)$ 服从线性分布，且满足 $W(p_i) = p_i$；

（3）如果 $r>1$，那么权重函数 $W(p_i)$ 呈 S 形。

证明：分三种情形讨论。

情形 1：当 $r<1$ 时，

（a）如果 $p<0.5$，

由式（5.22）得，参数化权重函数 $W(p)$ 关于变量 p 的二阶求导结果为

$$\frac{\partial^2(W(p))}{\partial p^2} = \frac{\partial(2^{r-1}rp^{r-1})}{\partial p} = 2^{r-1}r(r-1)p^{r-2} < 0$$

（b）如果 $p \geqslant 0.5$，

由式（5.23）得，参数化权重函数 $W(p)$ 关于变量 p 的二阶求导结果为

$$\frac{\partial^2(W(p))}{\partial p^2} = \frac{\partial(2^{r-1}r(1-p)^{r-1})}{\partial p} = -2^{r-1}r(r-1)(1-p)^{r-2} > 0$$

因此，$W(p)$ 在前 0.5 累计概率下是凹函数，在后 0.5 累计概率下是凸函数。即当 $r<1$ 时，参数化权重函数 $W(p_i)$ 呈反 S 形。

情形 2：当 $r=1$ 时，则

由式（5.21）得，

$$W(p_i) = p_i, \quad p_i \in [0,1]$$

即参数化权重函数 $W(p_i)$ 呈线性分布，且满足 $W(p_i) = p_i$。

情形 3：当 $r>1$ 时，

该证明原理同情形 1，略。

定理 5.11 设 $W(p)$ 是 WOWA 算子的参数化权重函数，

（1）如果 $W^* = (1,1,\cdots,1)^T$ 是式（5.24）的权重向量，则其对应最优权重向量 $\omega^* = (1,0,\cdots,0)^T$，且集结函数 $F_{P,W}^*(X) = \max\{x_i\}$；

（2）如果 $\overline{W} = \left(\dfrac{1}{n},\dfrac{2}{n},\cdots,1\right)^T$ 是式（5.24）的权重向量，则其对应最优权重向

量 $\bar{\boldsymbol{\omega}} = \left(\dfrac{1}{n}, \dfrac{1}{n}, \cdots, \dfrac{1}{n}\right)^{\mathrm{T}}$，且集结函数 $\bar{F}_{P,W} = \dfrac{1}{n}\sum_{i=1}^{n}x_i$；

（3）如果 $\boldsymbol{W}_* = (0,0,\cdots,1)^{\mathrm{T}}$ 是式（5.24）的权重向量，则其对应最优权重向量 $\boldsymbol{\omega}_* = (0,0,\cdots,1)^{\mathrm{T}}$，且集结函数 $F_{*P,W}(X) = \min\{x_i\}$。

证明：

（1）如果 $\boldsymbol{W}^* = (1,1,\cdots,1)^{\mathrm{T}}$，由式（5.23）得，
$$\omega_1 = W(1) = 1$$
$$\omega_2 = W(2) - W(1) = 1 - 1 = 0$$
$$\cdots$$
$$\omega_n = 0$$

因此，最优权重向量 $\boldsymbol{\omega} = (1,0,\cdots,0)^{\mathrm{T}}$。

又由式（5.22）得，该参数化权重函数 WOWA 算子集结结果为
$$F^*_{P,W}(X) = \max\{x_i\}$$

（2）如果 $\bar{\boldsymbol{W}} = \left(\dfrac{1}{n}, \dfrac{2}{n}, \cdots, 1\right)^{\mathrm{T}}$，

该证明原理同情形 $\boldsymbol{W}^* = (1,1,\cdots,1)^{\mathrm{T}}$，略。

（3）如果 $\boldsymbol{W}_* = (0,0,\cdots,1)^{\mathrm{T}}$，

该证明原理同情形 $\boldsymbol{W}^* = (1,1,\cdots,1)^{\mathrm{T}}$，略。

定理 5.12　期望效用理论是基于参数化权重函数的 WOWA 算子的一个特例，其对应参数 $r = 1$。

证明：

由式（5.21）得，当 $r = 1$ 时，参数化权重函数
$$W(p_i) = p_i, \ i = 1,2,\cdots,n \tag{5.27}$$

将式（5.27）的结果代入式（5.24）得，基于参数化权重函数的 WOWA 算子集结函数
$$F_{P,W}(X) = \sum_{i=1}^{n}x_i p_i = E(X, P)$$

所以，期望效用理论是基于参数化权重函数的 WOWA 算子的一个特例。

定理 5.13　针对基于参数化权重函数的 WOWA 算子，对于给定的参数值 r，函数 $W(p)$ 与 $W(1-p)$ 关于参考点（0.5，0.5）对称。

证明：

（1）当 $p < 0.5$ 时，

$$W(p)+W(1-p)=2^{r-1}p^r+1-2^{r-1}(1-(1-p))^r$$
$$=2^{r-1}p^r+1-2^{r-1}p^r$$
$$=1$$

即
$$0.5-W(p)=W(1-p)-0.5$$

（2）当 $p=0.5$ 时，函数 $W(p)$ 与自身对称。

（3）当 $p>0.5$ 时，
$$W(p)+W(1-p)=1-2^{r-1}(1-p)^r+2^{r-1}(1-p)^r=1$$

即
$$W(p)-0.5=0.5-W(1-p)$$

综上所述，对于给定的参数值 r，函数 $W(p)$ 与 $W(1-p)$ 关于参考点（0.5，0.5）对称。

5.4.3 基于参数化权重函数的 WOWA 算子应用分析

基于参数化权重函数的 WOWA 算子是不确定性和风险性决策的一种新的形式。该形式与最初的 WOWA 算子区别在于，它与前景理论相结合，集结结果能够真实反映决策者在面临不确定环境时的有限理性决策心理。

1）基于参数化权重函数的 WOWA 算子的意义

为了更加清楚地讨论基于参数化权重函数的 WOWA 算子的应用意义，假设 $P=(0.15,0.2,0.3,0.25,0.1)$，参数 $r=(5,4,3,2,1,1/2,1/3,1/4,1/5)$。由式（5.21）得，由参数化权重函数计算得到的权重 ω 如图 5.7 所示，其中权重函数 w^* 和 w^{**}（Torra，1997）分别对应参数 $r=1/2$ 和 2，并均用粗线标注。

参数化权重函数除了 WOWA 算子的基本性质外，还具备前景理论中权重函数的如下基本性质。

性质 5.4 基于参数化权重函数的 WOWA 算子的权重函数 $W(p)$ 具有：

（1）回归性。参数化权重函数值分布在对角线周围，且分别与点（0，0）与点[1，1]首尾相交。

（2）对称性。对于给定的参数值 r，函数 $W(p)$ 与 $W(1-p)$ 关于参考点（0.5，0.5）对称。

（3）S 形和反 S 形。当 $r>1$ 时，参数化权重函数曲线在前 0.5 累计概率下是凸函数，后 0.5 累计概率下是凹函数；当 $r<1$ 时，参数化权重函数曲线在前 0.5 累计概率下是凹函数，后 0.5 累计概率下是凸函数。

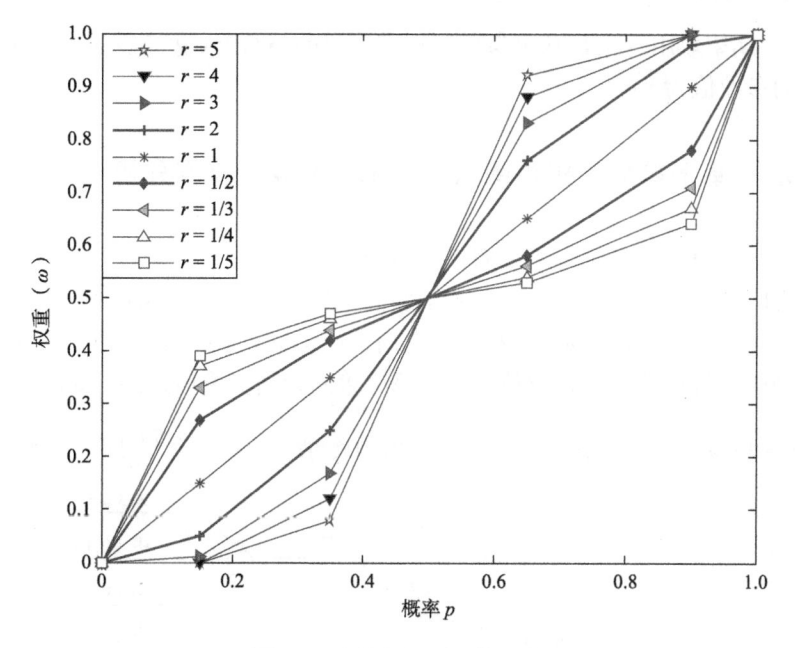

图 5.7 参数化权重函数图例

（4）映射性。对于给定的损失概率或收益概率，均能计算出其相应位置的权重值。

如图 5.7 所示，参数化权重函数曲线反映了决策者在面临不确定性和风险性问题时的三种不同的决策心理。第一种是低估小概率收益而高估大概率收益，其对应参数值 $r>1$；第二种是正确估计收益的概率，其对应参数值 $r=1$；第三种是高估小概率收益而低估大概率收益，其对应参数值 $r<1$。

鉴于前景理论中权重函数描述决策者决策时的心理特点（Kahneman and Tversky, 1979），参数 $r \geqslant 1$ 条件下对应的权重分布能正确反映决策者在有限理性下的决策心理。接下来，本书讨论的基于参数化权重函数 WOWA 算子对应的参数值为 $r \geqslant 1$。

2）基于参数化权重函数的 WOWA 算子的优点

（1）该参数化权重函数反映了决策者在面对不确定性和风险性决策时，往往低估小概率事件而高估大概率事件。该特点恰符合前景理论背景下有限理性的决策者决策心理，从而把信息集结与前景理论结合起来，是一种新的用于求解不确定性和风险性决策问题的求解方法。

（2）该参数化权重函数概括了具体权重函数 w^* 和 w^{**}（Torra, 1997），其对应参数值分别是 $r=2$ 和 $r=1/2$。

（3）通过对权重函数的参数 r 的不同取值，可得到不同的集结结果及风险偏好程度不同的决策者应采取的决策策略，便于决策者灵活选择。

（4）期望效用理论是基于参数化权重函数的 WOWA 集结算子的一个特例，其对应的参数值为 $r=1$。

5.4.4 基于参数化权重函数的 WOWA 算子算例分析

假定某电商企业考虑是否要对产品进行网络广告投放。企业利润取决于竞争对手是否推出类似的广告及广告投放力度。这是一个两阶段决策问题，是否进行网络广告投放和广告投放力度。同样，该电商企业竞争对手有两个决策事件发生：是否进行网络广告投放和广告投放力度。该决策问题用决策树描述，如图 5.8 所示。

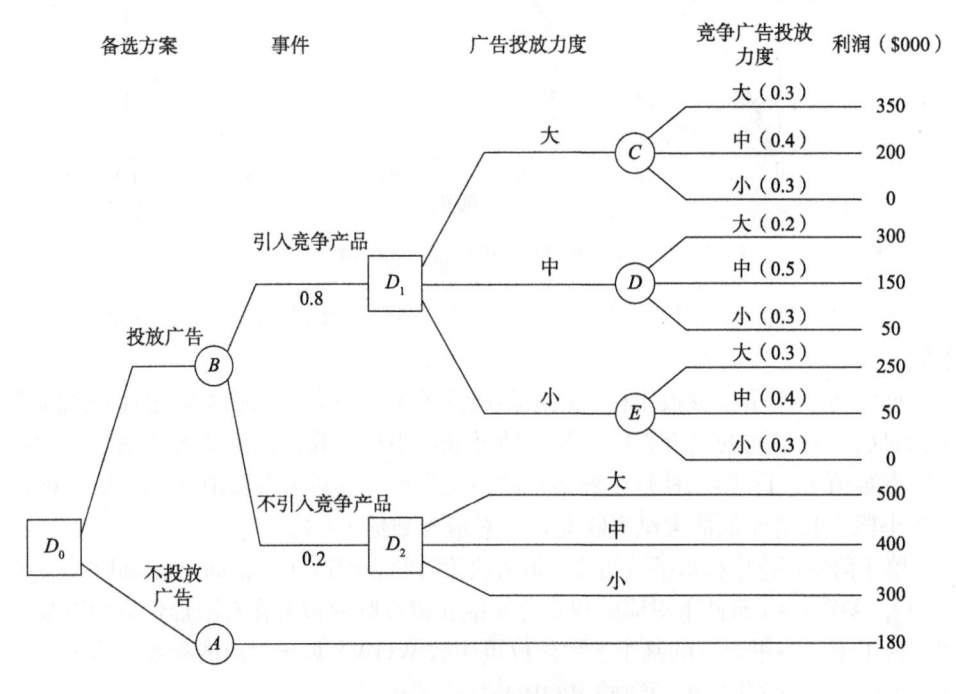

图 5.8 电商企业网络广告投放决策结构

参数 $r=(1/5,1/4,1/3,1/2,1)$，该决策问题集结结果如表 5.3 所示，其中，中括号内数值为最终集结结果，前景理论计算结果和参数 $r=1$ 的参数化权重函数的 WOWA 算子集结结果分别用粗体标注。

表 5.3 基于参数化权重函数的 WOWA 算子集结结果

决策点收益	$F_{P,w}(C)$	$F_{P,w}(D)$	$F_{P,w}(E)$	$F_{P,w}(B)$	$F_{P,w}(A)$	$F_{P,w}(D_0)$
$r=1/5$	177	167	118	179	[180]	180
$r=1/4$	178	166	116	[182]	180	182

续表

决策点收益	$F_{P,w}(C)$	$F_{P,w}(D)$	$F_{P,w}(E)$	$F_{P,w}(B)$	$F_{P,w}(A)$	$F_{P,w}(D_0)$
$r=1/3$	179	163	113	[189]	180	189
$r=1/2$	181	159	108	[207]	180	207
$r=1$	**185**	**150**	**95**	**[248]**	**180**	**248**
期望收益	**185**	**150**	**95**	**[248]**	**180**	**248**

鉴于表 5.3 中基于参数化权重函数的 WOWA 算子信息集结结果,可得如下结论。

(1) 该企业最优策略有两种：一是不进行网络广告投放,该情形下对应的参数值 $r=1/5$,决策者持折中态度；另一种是不管竞争对手是否进行网络广告投放,该电商企业均进行网络广告投放且投放力度较大,该情形对应的参数值 $r<1/5$,决策者是非理性人,其决策心理是低估小概率收益,高估大概率收益。

(2) 基于参数化权重函数的 WOWA 算子集结结果不满足与参数 r 的单调性一致性,也即所有的子节点的集结结果并非随着参数值 r 的变化方向发生一致性变化。

如表 5.3 所示,以机会节点 C 和 D 为例,随着参数 r 值的增加,机会节点 C 的集结结果逐渐降低,而机会节点 D 的集结结果逐渐增加。由此可以看出,所有机会节点的集结结果变化不是随着参数 r 值发生一致性变化,而是分布在期望效用值周围。

(3) 期望效用值是基于参数化权重函数 WOWA 集结算子的一个特例,其对应参数 $r=1$。

如表 5.3 中最后两行粗体数值所示,对于所有的机会节点和决策节点,参数 $r=1$ 时的集结结果和期望效用值完全相同。

(4) 基于参数化权重函数的 WOWA 算子不仅把前景理论和信息集结联系起来,而且概括了 WOWA 算子的权重函数 w^* 和 w^{**} (Torra, 1997),其对应参数值分别是 $r=2$ 和 $1/2$。

5.5 本章小结

本章将 Liu (2006b) 提出的基于 RIM 量词分段线性函数的 WOWA 算子应用于不确定性决策问题,并对概率分布与权重值之间的关系进行了分析。除此之外,根据参数值的区间范围可把决策者的决策态度分为：保守型、折中型和冒险型三类。决策者根据对风险的偏好程度,选择适当的参数值,得到相应的决策结果和决策策略。

本章提出了一种新的 WOWA 算子的参数化权重函数,该权重函数将信息集结算子和前景理论结合起来,为不确定性和风险性决策提供新的方法。除此之外,该参数化权重函数概括了 Torra(1997)提出的 WOWA 算子的两个具体权重函数 w^* 和 w^{**}。与此同时,期望效用理论是该参数化权重函数的 WOWA 算子的一种特例,且对应参数值 $r=1$。

总之,本章分别从理性人和非理性人假设的基础上对 WOWA 算子进行了研究,是 WOWA 算子的进一步扩展。

第6章 基于一型模糊数的多属性决策方法研究

基于一型模糊数的多属性决策问题在现实中具有广泛的应用背景，研究基于一型模糊数的多属性决策理论与方法具有重要的意义。本章围绕决策者是完全理性时的多属性决策问题和决策者是有限理性时的多属性决策问题进行研究。具体来说，对于决策者是完全理性的决策心理，提出了基于一型模糊数的 TOPSIS 解析求解法；对于决策者是有限理性的决策心理，提出了基于一型模糊数的合成的 PROMETHEE-PT 多属性决策方法。

6.1 预备知识

6.1.1 KM 算法基本概念

Karnik-Mendel（KM）算法（Karnik and Mendel，2001）是 IT2 FSs 计算过程中的一种降型方法，最初用于求解 IT2 FSs 的型心。

定义 6.1 （Mendel and Liu，2007）设 IT2 FSs 的型心计算公式为

$$y(w_1, w_2, \cdots, w_n) \equiv \frac{\sum_{i=1}^{n} x_i w_i}{\sum_{i=1}^{n} w_i} \quad (6.1)$$

其中，x_i 是递增的序列，且满足 $w_i \in [0,1]$。

式（6.1），函数 $y(w_1, w_2, \cdots, w_n)$ 关于变量 $w_k (k=1,2,\cdots,n)$ 的一阶求导结果为

$$\frac{\partial y(w_1, w_2, \cdots, w_n)}{\partial w_k} = \frac{\partial}{\partial w_k} \left(\frac{\sum_{i=1}^{n} x_i w_i}{\sum_{i=1}^{n} w_i} \right) = \frac{x_k - y(w_1, w_2, \cdots, w_n)}{\sum_{i=1}^{n} w_i} \quad (6.2)$$

因为 $\sum_{i=1}^{n} w_i > 0$，由式（6.2）得，

$$\frac{\partial y(w_1, w_2, \cdots, w_n)}{\partial w_k} \begin{cases} \geq 0, & 如果 x_k > y(w_1, w_2, \cdots, w_n) \\ < 0, & 如果 x_k < y(w_1, w_2, \cdots, w_n) \end{cases} \quad (6.3)$$

由式（6.3）得，x_k 是转折点，它决定着函数 $y(w_1, w_2, \cdots, w_n)$ 的单调性。也就是说，如果

$$\begin{cases} x_k \geq y(w_1, w_2, \cdots, w_n), & y(w_1, w_2, \cdots, w_n) 增加(减少)随着 x_k 增加(减少) \\ x_k < y(w_1, w_2, \cdots, w_n), & y(w_1, w_2, \cdots, w_n) 增加(减少)随着 x_k 减少(增加) \end{cases} \quad (6.4)$$

设 w_k 的最大值（最小值）简记为 $\overline{w}(\underline{w})$，由式（6.4）的结论得，$y(w_1, w_2, \cdots, w_n)$ 得到最小值（记为 y^L），如果

$$w_k = \begin{cases} \overline{w}, & \forall k \exists x_k < y(w_1, w_2, \cdots, w_n) \\ \underline{w}, & \forall k \exists x_k > y(w_1, w_2, \cdots, w_n) \end{cases} \quad (6.5)$$

以此类推，$y(w_1, w_2, \cdots, w_n)$ 达到最大值（记为 y^U），如果

$$w_k = \begin{cases} \overline{w}, & \forall k \exists x_k > y(w_1, w_2, \cdots, w_n) \\ \underline{w}, & \forall k \exists x_k < y(w_1, w_2, \cdots, w_n) \end{cases} \quad (6.6)$$

再加上式（6.5）和式（6.6）的结果，式（6.1）可转换为分段式非线性规划模型，具体如式（6.7）和式（6.8）所示。

$$y^L = \frac{\sum_{i=1}^{k_L} x_i \overline{w}_i + \sum_{k_L+1}^{n} x_i \underline{w}_i}{\sum_{i=1}^{k_L} \overline{w}_i + \sum_{k_L+1}^{n} \underline{w}_i} \quad (6.7)$$

$$y^U = \frac{\sum_{i=1}^{k_U} x_i \underline{w}_i + \sum_{k_U+1}^{n} x_i \overline{w}_i}{\sum_{i=1}^{k_U} \underline{w}_i + \sum_{k_U+1}^{n} \overline{w}_i} \quad (6.8)$$

其中，k_L 和 k_U 分别是求解型心最小值 y^L 和最大值 y^U 时变量所在位置的转折点。

因此，式（6.7）和式（6.8）是 IT2 FSs 的型心求解表达式，其计算思想被称为 KM 算法，是目前 IT2 FSs 在求解不确定性问题时常用的降型方法。更多关于 KM 算法的理论研究和实际应用，请参考相关文献（Mendel, 2007; Chen and Lee, 2010a; Li, 2010; Liu et al., 2012a, 2012b; Liu and Wang, 2013）。

6.1.2 DEMATEL 方法

DEMATEL 采用因果图来表示准则之间的关系和影响效应的值，通过它把所有要素划分为因果组和影响组。它可以更好地理解系统元素之间的结构关系，并获得所有标准的权重（Chang et al., 2011; Buyukozkan and Cifci, 2012; Lin, 2013）。

假定某评价指标系统包含指标 $C = \{c_1, c_2, \cdots, c_n\}$，则依据 DEMATEL，其权重计算步骤如下：

（1）衡量评价指标之间的关系并生成指标间直接关系矩阵 A。

$$\tilde{A} = [\tilde{a}_{ij}]_{n \times n}$$

（2）标准化直接关系矩阵。

$$\tilde{G} = \frac{n}{\max\limits_{1 \leq i \leq n} \sum\limits_{j=1}^{n} \tilde{a}_{ij}} \times \tilde{A} \quad (6.9)$$

（3）计算总的关系矩阵。

$$\tilde{T} = \tilde{G}(I - \tilde{G})^{-1} \quad (6.10)$$

（4）计算评价指标 C_i 的影响度和受影响度。

设 $\tilde{r}_k = \sum\limits_{l=1}^{m} \tilde{t}_{kl}$ 且 $\tilde{d}_l = \sum\limits_{k=1}^{m} \tilde{t}_{kl}$，若 $k = l = i$，则评价指标 C_i 的影响记为 $\text{Rank}(r_i) - \text{Rank}(d_i)$，评价指标 C_i 的影响程度记为 $\text{Rank}(r_i) + \text{Rank}(d_i)$。具体来说，如果 $\text{Rank}(r_i) - \text{Rank}(d_i)$ 为正，则评价指标 C_i 是净原因，而如果 $\text{Rank}(r_i) - \text{Rank}(d_i)$ 为负，评价指标 C_i 是净接收者。

（5）计算评价指标 C_i 的对应权重 w_i。

$$w_i = \frac{\text{Rank}(r_i) + \text{Rank}(d_i)}{\sum\limits_{k=1}^{n} (\text{Rank}(r_k) + \text{Rank}(d_k))} \quad (6.11)$$

（6）设置阈值以获得因果关系有向图。

为了滤除可忽略的影响，通过计算矩阵 T 中元素的平均值来设置阈值。在这种情况下，只能选择大于阈值的影响并在有向图中显示。可以通过映射数据集（$\text{Rank}(r_i) + \text{Rank}(d_i)$，$\text{Rank}(r_i) - \text{Rank}(d_i)$）来获得有向图。

6.2 基于可能均值和变异系数的一型模糊数排序方法

为了克服基于距离的 T1 FSs 排序方法存在的问题，本节进一步完善基于量（Magnitude）的 T1 FSs 排序方法（Abbasbandy and Hajjari，2009），在原有均值定义的基础上增加方差系数的概念，其公式分别定义如下。

定义 6.2 （Abbasbandy and Hajjari，2009）对于任意 T1 FSs $\tilde{A}=(x_0,y_0,\alpha,\beta)$，参数形式 $\tilde{A}=(\underline{A}(r),\overline{A}(r))$，则其可能均值定义为

$$M(A)=\frac{1}{2}\int_0^1 \left(\underline{A}(r)+\overline{A}(r)+x_0+y_0\right)f(r)\mathrm{d}r \quad (6.12)$$

其中，$f(r)$ 是递增函数，且满足 $f(0)=0$，$f(1)=1$，$\int_0^1 f(r)\mathrm{d}r=1/2$。并且

$$\underline{A}(r)=x_0-\alpha+\alpha r, \quad \overline{A}(r)=y_0+\beta-\beta r \quad (6.13)$$

定义 6.3 对于任意 T1 FSs $\tilde{A}=(x_0,y_0,\alpha,\beta)$，变异系数公式为

$$VC(\tilde{A})=\begin{cases} \dfrac{D(\tilde{A})}{M(\tilde{A})}, & \text{如果} M(\tilde{A})\neq 0 \\[2mm] \dfrac{D(\tilde{A})}{\varepsilon}, & \text{如果} M(\tilde{A})=0 \end{cases} \quad (6.14)$$

其中，ε 是无穷小的数，用于体现可能值 $M(\tilde{A})$ 接近于零的程度；$D(\tilde{A})$ 表示 T1 FSs 的左右偏离程度，计算公式为

$$D(\tilde{A})=\frac{1}{4}\int_0^1 \left(\overline{A}(r)+y_0-\underline{A}(r)-x_0\right)^2 f(r)\mathrm{d}r \quad (6.15)$$

其中，$f(r)$ 是连续递增函数，且满足 $f(0)=0$，$f(1)=1$，$\int_0^1 f(r)\mathrm{d}r=\frac{1}{2}$。

需要注意的是，ε 可以是正无穷小数或负无穷小数。比如说，如果某 T1 FSs $\tilde{A}$ 的均值从正的方向最先接近于零，则其镜像模糊数 $(-\tilde{A})$ 必然从负的方向最先接近于零，对应的无穷小数为 $-\varepsilon$。

本节提出的 T1 FSs 排序方法中，均值反映了隶属度函数信息，变异系数体现了模糊数左右偏离的程度。二者的结合不仅能够反映 T1 FSs 大小，还可区分具有相同模糊均值的不同 T1 FSs，尤其是左右偏离程度不同的对称型模糊数。因此，本节把两个指标综合起来，用于比较模糊数的大小。

基于本节提出的 T1 FSs 排序方法，对于任意 T1 FSs $\tilde{A}$ 和 $\tilde{B}$，其排序准则定义如下。

第 6 章 基于一型模糊数的多属性决策方法研究 ·69·

定义 6.4 （1）如果 $M(\tilde{A}) > M(\tilde{B})$，那么 $\tilde{A} \succ \tilde{B}$；

（2）如果 $M(\tilde{A}) < M(\tilde{B})$，那么 $\tilde{A} \prec \tilde{B}$；

（3）如果 $M(\tilde{A}) = M(\tilde{B})$，那么有以下三种情况：

（a）如果 $VC(\tilde{A}) > VC(\tilde{B})$，那么 $\tilde{A} \succ \tilde{B}$；

（b）如果 $VC(\tilde{A}) < VC(\tilde{B})$，那么 $\tilde{A} \prec \tilde{B}$；

（c）否则 $\tilde{A} \sim \tilde{B}$。

综上所述，对于 T1 FSs $\tilde{A}$ 和 $\tilde{B}$ 的排序，如果均值不等，则通过均值大小确定其排序；如果均值相等，则进一步比较它们的变异系数。

接下来将讨论 T1 FSs 排序方法满足的性质。

定理 6.1 对于任意 T1 FSs $\tilde{A}$，$\tilde{B}$ 和 $\tilde{C}$，则

（1）如果 $\tilde{A} \succeq \tilde{B}$ 且 $\tilde{B} \succeq \tilde{A}$，则 $\tilde{A} \sim \tilde{B}$；

（2）如果 $\tilde{A} \succeq \tilde{B}$ 且 $\tilde{B} \succeq \tilde{C}$，则 $\tilde{A} \succeq \tilde{C}$；

（3）如果 $\tilde{A} \cap \tilde{B} = \varnothing$ 且 $\tilde{A}$ 位于 $\tilde{B}$ 的右边，则 $\tilde{A} \succeq \tilde{B}$；

（4）$\tilde{A}$，$\tilde{B}$ 和 $\tilde{C}$ 的排序不受其他 T1 FSs 的影响；

（5）如果 $\tilde{A} \succeq \tilde{B}$，则 $\tilde{A} + \tilde{C} \succeq \tilde{B} + \tilde{C}$。

其中，$\succeq$ 指"优于"，$\sim$ 指"相等"，$\cap$ 指模糊数的交集。

证明：定理 6.1 中（1）~（4）证明过程简单，本节仅详细介绍定理 6.1 中（5）的证明过程。

设 $\tilde{A} = (x_a, y_a, \sigma_a, \beta_a)$，$\tilde{B} = (x_b, y_b, \sigma_b, \beta_b)$，$\tilde{C} = (x_c, y_c, \sigma_c, \beta_c)$。

鉴于本节提出的 T1 FSs 排序方法中涉及两个指标，即均值和变异系数，故该证明过程要分多种情况讨论。

情形 1：$\tilde{A} \succeq \tilde{B}$ 当且仅当 $M(\tilde{A}) \succeq M(\tilde{B})$。

由式（6.12）得，$\tilde{A} + \tilde{C}$ 和 $\tilde{B} + \tilde{C}$ 的均值计算公式为

$$M(\tilde{A} + \tilde{C}) = \frac{1}{2}\int_0^1 \left(\underline{A}(r) + \underline{C}(r) + \overline{A}(r) + \overline{C}(r) + x_a + x_c + y_a + y_c\right)f(r)\mathrm{d}r$$

$$M(\tilde{B} + \tilde{C}) = \frac{1}{2}\int_0^1 \left(\underline{B}(r) + \underline{C}(r) + \overline{B}(r) + \overline{C}(r) + x_b + x_c + y_b + y_c\right)f(r)\mathrm{d}r$$

所以，

$$M(\tilde{A} + \tilde{C}) - M(\tilde{B} + \tilde{C}) = \frac{1}{2}\int_0^1 \left(\underline{A}(r) + \overline{A}(r) + x_a + y_a - \underline{B}(r) - \overline{B}(r) - x_b - y_b\right)f(r)\mathrm{d}r$$

（6.16）

又因为 $M(\tilde{A}) \succeq M(\tilde{B})$，由式（6.12）得，

$$\frac{1}{2}\int_0^1 \left(\underline{A}(r) + \overline{A}(r) + x_a + y_a - \underline{B}(r) - \overline{B}(r) - x_b - y_b\right)f(r)\mathrm{d}r \geq 0 \quad (6.17)$$

所以，由式（6.16）和式（6.17）得，$M(A+C)-M(B+C)\geqslant 0$。即：
$$\tilde{A}+\tilde{C}\succeq \tilde{B}+\tilde{C}$$

情形 2：$\tilde{A}\succeq \tilde{B}$ 当且仅当 $M(\tilde{A})=M(\tilde{B})$ 且 $VC(\tilde{A})\succeq VC(\tilde{B})$。

因为 $M(\tilde{A})=M(\tilde{B})$，由式（6.12）得，$M(\tilde{A}+\tilde{C})=M(\tilde{B}+\tilde{C})$。

由式（6.15）得，

$$D(\tilde{A}+\tilde{C})=\frac{1}{4}\int_0^1 \left(\overline{A}(r)+y_a-\underline{A}(r)-x_a+\overline{C}(r)+y_c-\underline{C}(r)-x_c\right)^2 f(r)\mathrm{d}r$$

$$D(\tilde{B}+\tilde{C})=\frac{1}{4}\int_0^1 \left(\overline{B}(r)+y_b-\underline{B}(r)-x_b+\overline{C}(r)+y_c-\underline{C}(r)-x_c\right)^2 f(r)\mathrm{d}r$$

所以，

$$D(\tilde{A}+\tilde{C})-D(\tilde{B}+\tilde{C})$$
$$=\frac{1}{4}\int_0^1 \left(\overline{A}(r)+y_a-\underline{A}(r)-x_a+\overline{B}(r)+y_b-\underline{B}(r)-x_b+2\left(\overline{C}(r)+y_c-\underline{C}(r)-x_c\right)\right)\left(\overline{A}(r)+y_a-\underline{A}(r)-x_a-\left(\overline{B}(r)+y_b-\underline{B}(r)-x_b\right)\right)f(r)\mathrm{d}r$$

又因为 $M(\tilde{A})=M(\tilde{B})$ 且 $VC(\tilde{A})\succeq VC(\tilde{B})$，由式（6.14）得，$D(\tilde{A})\geqslant D(\tilde{B})$。即

$$D(\tilde{A})-D(\tilde{B})=\frac{1}{4}\int_0^1 \left(\overline{A}(r)+y_a-\underline{A}(r)-x_a+\overline{B}(r)+y_b-\underline{B}(r)-x_b\right)$$
$$\left(\overline{A}(r)+y_a-\underline{A}(r)-x_a-\left(\overline{B}(r)+y_b-\underline{B}(r)-x_b\right)\right)f(r)\mathrm{d}r \quad （6.18）$$
$$\geqslant 0$$

因为 $\overline{A}(r)+y_a-\underline{A}(r)-x_a+\overline{B}(r)+y_b-\underline{B}(r)-x_b\geqslant 0$，所以，
$$\overline{A}(r)+y_a-\underline{A}(r)-x_a-(\overline{B}(r)+y_b-\underline{B}(r)-x_b)\geqslant 0$$

式（6.18）中，因为
$$(\overline{A}(r)+y_a-\underline{A}(r)-x_a+\overline{B}(r)+y_b-\underline{B}(r)-x_b+2(\overline{C}(r)+y_c-\underline{C}(r)-x_c))\geqslant 0$$

所以，$D(\tilde{A}+\tilde{C})-D(\tilde{B}+\tilde{C})\geqslant 0$，即
$$\tilde{A}+\tilde{C}\succeq \tilde{B}+\tilde{C}$$

除此之外，本节还将继续讨论该 T1 FSs 排序方法的其他性质，如数乘和模糊数与其镜像模糊数排序间的关系。

定理 6.2 设 T1 FSs $\tilde{A}$，λ 是实数，则 $M(\lambda\tilde{A})=\lambda M(\tilde{A})$，$VC(\lambda\tilde{A})=\lambda VC(\tilde{A})$。

证明：因为 $\lambda\tilde{A}=(\lambda x_a,\lambda y_a,\lambda \sigma_a,\lambda \beta_a)$，由式（6.12）得，

$$M(\lambda\tilde{A})=\frac{1}{2}\int_0^1 \left(\lambda\underline{A}(r)+\lambda\overline{A}(r)+\lambda x_0+\lambda y_0\right)f(r)\mathrm{d}r$$
$$=\frac{\lambda}{2}\int_0^1 \left(\underline{A}(r)+\overline{A}(r)+x_0+y_0\right)f(r)\mathrm{d}r$$
$$=\lambda M(\tilde{A})$$

第6章 基于一型模糊数的多属性决策方法研究

又由式（6.15）得，

$$D(\lambda \tilde{A}) = \frac{1}{4}\int_0^1 \left(\lambda \overline{A}(r) + \lambda y_0 - \lambda \underline{A}(r) - \lambda x_0\right)^2 f(r)\mathrm{d}r$$

$$= \frac{\lambda^2}{4}\int_0^1 \left(\overline{A}(r) + y_0 - \underline{A}(r) - x_0\right)^2 f(r)\mathrm{d}r$$

$$= \lambda^2 D(\tilde{A})$$

因此，结合式（6.14），可得如下结论：

$$VC(\lambda \tilde{A}) = \frac{D(\lambda \tilde{A})}{M(\lambda \tilde{A})} = \frac{\lambda^2 D(\tilde{A})}{\lambda M(\tilde{A})} = \lambda VC(\tilde{A})$$

定理 6.3 设 T1 FSs $\tilde{A}$，$\tilde{B}$ 和 $\tilde{C}$，如果 $\tilde{A} \succeq \tilde{B} \succeq \tilde{C}$，那么 $-\tilde{C} \succeq -\tilde{B} \succeq -\tilde{A}$，其中，$\succeq$ 指 "优先于"。

证明：设 $\tilde{A} = (x_a, y_a, \alpha_a, \beta_a)$ 和 $\tilde{C} = (x_c, y_c, \alpha_c, \beta_c)$。

鉴于本节提出的 T1 FSs 排序方法中涉及均值和变异系数两个变量，故该定理证明分如下四个情形。

情形 1：$\tilde{A} \succeq \tilde{B} \succeq \tilde{C}$ 当且仅当 $M(\tilde{A}) \succeq M(\tilde{B}) \succeq M(\tilde{C})$。

由定理 6.2 的结论得，$M(-\tilde{A}) = -M(\tilde{A})$，$M(-\tilde{B}) = -M(\tilde{B})$，$M(-\tilde{C}) = -M(\tilde{C})$。又因为 $M(\tilde{A}) \succeq M(\tilde{B}) \succeq M(\tilde{C})$，所以 $-M(\tilde{C}) \succeq -M(\tilde{B}) \succeq -M(\tilde{A})$。即

$$-\tilde{C} \succeq -\tilde{B} \succeq -\tilde{A}$$

情形 2：$\tilde{A} \succeq \tilde{B} \succeq \tilde{C}$ 当且仅当 $M(\tilde{A}) = M(\tilde{B}) \succeq M(\tilde{C})$，且 $VC(\tilde{A}) \succeq VC(\tilde{B})$。

由定理 6.2 的结论得，$M(-\tilde{A}) = -M(\tilde{A})$，$M(-\tilde{B}) = -M(\tilde{B})$，$M(-\tilde{C}) = -M(\tilde{C})$，$VC(-\tilde{A}) = -VC(\tilde{A})$ 和 $VC(-\tilde{B}) = -VC(\tilde{B})$。

又因为 $M(\tilde{B}) \succeq M(\tilde{C})$，所以，$-\tilde{C} \succeq -\tilde{B}$。

又 $VC(\tilde{A}) \succeq VC(\tilde{B})$，所以，$-VC(\tilde{B}) \succeq -VC(\tilde{A})$，$-\tilde{B} \succeq -\tilde{A}$。即：$-\tilde{C} \succeq -\tilde{B} \succeq -\tilde{A}$。

情形 3：$\tilde{A} \succeq \tilde{B} \succeq \tilde{C}$ 当且仅当 $M(\tilde{A}) \succeq M(\tilde{B}) = M(\tilde{C})$，且 $VC(\tilde{B}) \succeq VC(\tilde{C})$。

证明原理同定理 6.3 情形 2，略。

情形 4：$\tilde{A} \succeq \tilde{B} \succeq \tilde{C}$ 当且仅当 $M(\tilde{A}) = M(\tilde{B}) = M(\tilde{C})$ 且 $VC(\tilde{A}) \succeq VC(\tilde{B}) \succeq VC(\tilde{C})$。

由定理 6.2 的结论得，$VC(-\tilde{A}) = -VC(\tilde{A})$，$VC(-\tilde{B}) = -VC(\tilde{B})$，$VC(-\tilde{C}) = -VC(\tilde{C})$。

因为 $M(\tilde{A}) = M(\tilde{B}) = M(\tilde{C})$ 且 $VC(\tilde{A}) \succeq VC(\tilde{B}) \succeq VC(\tilde{C})$，所以，$-VC(\tilde{C}) \succeq -VC(\tilde{B}) \succeq -VC(\tilde{A})$。即

$$-C \succeq -B \succeq -A$$

6.3 基于一型模糊数的 TOPSIS 集成解析法

6.3.1 基于一型模糊数的 TOPSIS 集成解析求解过程

本节以 KM 算法为原理，借助对中间函数的解析求解，提出基于截距变量 α 的模糊 TOPSIS 解析方法。该方法首先通过计算截距变量 α 的最优转折点，然后找出所有评价方案的相对相似形函数。它不仅计算结果准确，还降低了计算工作量。

定理 6.4 说明模糊 TOPSIS 与中间函数之间的关系，并证明通过求解中间函数解析法获取 TOPSIS 解析法的合理性。

定理 6.4 对于模糊 TOPSIS 法，$\tilde{R}\tilde{C}(\tilde{r})$ 是模型（3.12）的最优相似函数，$\tilde{r}$ 是决策者给出的评价信息。设

$$\tilde{f}(\tilde{r}) = \frac{\sum_{j=1}^{m}\left(w_j(\tilde{r}_j - 1)\right)^2}{\sum_{j=1}^{m}(w_j\tilde{r}_j)^2} \tag{6.19}$$

当模糊数 $\tilde{r}$ 的下限 r^L 取最小值（最大值）时，下限函数 $f^L(r^L)$ 是最大值（最小值），且相对距离函数下限 $RC^L(r^L)$ 取最小值（最大值）；当 $\tilde{r}$ 的上限 r^U 取最大值（最小值）时，上限函数 $f^U(r^U)$ 是最小值（最大值），且相对距离函数上限 $RC^U(r^U)$ 取最大值（最小值）。

证明：

设

$$\rho(y) = \left(\frac{1}{y} - 1\right)^2 \tag{6.20}$$

其中，y 是连续变量，且 $y \in [0,1]$。

由式（6.20）得，函数 $\rho(y)$ 关于 $y(y \in (0,1])$ 的一阶求导函数为

$$\frac{\partial \rho(y)}{\partial y} = -\frac{1}{y^2}\left(\frac{1}{y} - 1\right) \leqslant 0 \tag{6.21}$$

即，$\rho(y)$ 是关于 y 的单调递减函数。

令 $y \equiv \tilde{R}\tilde{C}$，根据模型（3.12）得，则

$$\rho(\tilde{R}\tilde{C}) = \left(\frac{1}{\tilde{R}\tilde{C}} - 1\right)^2 = \frac{\sum_{i=1}^{m}(w_i(r_i - 1))^2}{\sum_{i=1}^{m}(w_i r_i)^2} = f(r)$$

由式（6.19）得，函数 $\tilde{f}(\tilde{r})$ 关于 $\tilde{r}(r \in [0,1])$ 的一阶求导函数为

$$\frac{\partial f(\tilde{r})}{\partial \tilde{r}} = \frac{2w_j^2(\tilde{r}_j - 1)\sum_{j=1}^{m}(w_j \tilde{r}_j)^2 - 2w_j^2 \tilde{r}_j \sum_{j=1}^{m}(w_j(\tilde{r}_j - 1))^2}{\left(\sum_{j=1}^{m}(w_j \tilde{r}_j)^2\right)^2} \leq 0 \quad (6.22)$$

即，$\tilde{f}(\tilde{r})$ 是关于 $\tilde{r}$ 的单调递减函数。

由式（6.20）和式（6.21）的结论得，当模糊数 $\tilde{r}$ 的下限 r^L 为最小值（最大值）时，下限函数 $f^L(r^L)$ 为最大值（最小值），且下限函数 $RC^L(r^L)$ 为最小值（最大值）；当模糊数 $\tilde{r}$ 的上限 r^U 为最小值（最大值）时，上限函数 $f^U(r^U)$ 为最大值（最小值），且上限函数 $RC^U(r^U)$ 为最小值（最大值）。

由定理 6.4 的结论得，相对相似函数 $RC(r)$ 的极值可通过间接求解函数 $f(r)$ 的极值实现。接下来，本节借助中间函数 $f(r)$ 推导函数 $RC(r)$ 的解析法。

相应地，模型（3.13）和模型（3.14）可转化为

$$f^{*L} = \min_{w_i \in [W_i^L(\alpha), W_i^U(\alpha)]} \frac{\sum_{j=1}^{m}(w_j(r_j^L(\alpha) - 1))^2}{\sum_{j=1}^{m}(w_j r_j^L(\alpha))^2} \quad (6.23)$$

s.t. $(w_j^L)_\alpha \leq w_j \leq (w_j^U)_\alpha, \ j = 1, 2, \cdots, m$

$$f^{*U} = \max_{w_i \in [W_i^L(\alpha), W_i^U(\alpha)]} \frac{\sum_{j=1}^{m}(w_j(r_j^U(\alpha) - 1))^2}{\sum_{j=1}^{m}(w_j r_j^U(\alpha))^2} \quad (6.24)$$

s.t. $(w_j^L)_\alpha \leq w_j \leq (w_j^U)_\alpha, \ j = 1, 2, \cdots, m$

为了计算下限函数 f^{*L} 和上限函数 f^{*U} 的极值，式（6.19）中函数 $f(w_j)$ 关于权重变量 w_j 的关系表达式为

$$f(w_1, w_2, \cdots, w_n) = \frac{\sum_{j=1}^{m}(w_j(\tilde{r}_j - 1))^2}{\sum_{j=1}^{m}(w_j \tilde{r}_j)^2} \quad (6.25)$$

则函数 $f(w_1, w_2, \cdots, w_n)$ 关于 w_i 的一阶求导函数为

$$\frac{\partial f(w_1, w_2, \cdots, w_n)}{\partial w_k} = \frac{2w_k(r_k-1)^2 - 2w_k r_k^2 f(w_1, w_2, \cdots, w_n)}{\sum_{j=1}^{m}(w_j r_j)^2} \quad (6.26)$$

其中，$k \in [1, n]$。

由式（6.26）得，$\dfrac{\partial f(w_1, w_2, \cdots, w_n)}{\partial w_i}$ 的取值为

$$\frac{\partial f(w_1, w_2, \cdots, w_n)}{\partial w_i} \begin{cases} \geq 0, & \text{如果} \dfrac{(r_k-1)^2}{r_k^2} \geq f(w_1, w_2, \cdots, w_n) \\ < 0, & \text{如果} \dfrac{(r_k-1)^2}{r_k^2} < f(w_1, w_2, \cdots, w_n) \end{cases} \quad (6.27)$$

因此，函数 $f(w_1, w_2, \cdots, w_n)$ 的极值可通过改变 w_k 的方向实现。

如果 $\dfrac{(r_k-1)^2}{r_k^2} \geq f(w_1, w_2, \cdots, w_n)$，当 $w_k = w_k^U(\alpha)(w_k = w_k^L(\alpha))$ 时，$f(w_1, w_2, \cdots, w_n)$ 的上限函数 f^{*U}（下限函数 f^{*L}）实现其最大值（最小值）。

如果 $\dfrac{(r_k-1)^2}{r_k^2} < f(w_1, w_2, \cdots, w_n)$，当 $w_k = w_k^L(\alpha)(w_k = w_k^U(\alpha))$ 时，$f(w_1, w_2, \cdots, w_n)$ 的上限函数 f^{*U}（下限函数 f^{*L}）实现其最小值（最大值）。

因此，如果我们计算下限值 (f^{*L}) 和上限值 f^{*U}，w_k 在 $w_k^U(\alpha)$ 和 $w_k^L(\alpha)$ 之间只需变换一次即可实现。也即：函数 $f(w_1, w_2, \cdots, w_n)$ 的上下限函数求解极值问题分别转换为求解权重变量 $w_i = w_k^U(\alpha)$ 和 $w_i = w_k^L(\alpha)$ 的极值转折点问题。

由 KM 算法得，如果上下限函数 $r_i^U(\alpha)$ 和 $r_i^L(\alpha)$ 分别是递增数列，则函数 $f(\alpha)$ 的求解转换为识别 $k_L(\alpha)$ 和 $k_U(\alpha)$ 的转折点。

综上所述，式（6.23）和式（6.24）可分别转换为

$$\begin{aligned} f^{*L} &= f^L(\alpha, k) \equiv \min_{w_i \in [w_i^L(\alpha), w_i^U(\alpha)]} \frac{\sum_{i=1}^{m}\left(w_j(r_i^L(\alpha)-1)\right)^2}{\sum_{i=1}^{m}\left(w_j r_i^L(\alpha)\right)^2} \\ &= \frac{\sum_{i=1}^{k_L}\left(w_i^U(\alpha)(r_i^L(\alpha)-1)\right)^2 + \sum_{i=k_L+1}^{n} w_i^L(\alpha)\left(r_i^L(\alpha)-1\right)^2}{\sum_{i=1}^{k_L}\left(w_i^U(\alpha)r_i^L(\alpha)\right)^2 + \sum_{i=k_L+1}^{n}\left(w_i^L(\alpha)r_i^L(\alpha)\right)^2} \end{aligned} \quad (6.28)$$

第 6 章 基于一型模糊数的多属性决策方法研究

$$f^{*U} = f^{U}(\alpha,k) \equiv \max_{w_i \in [w_i^L(\alpha), w_i^U(\alpha)]} \frac{\sum_{i=1}^{m}(w_j(r_i^U(\alpha)_j - 1))^2}{\sum_{i=1}^{m}(w_j r_i^U(\alpha))^2}$$

$$= \frac{\sum_{i=1}^{k_U}(w_i^L(\alpha)(r_i^U(\alpha)-1))^2 + \sum_{i=k_U+1}^{n}(w_i^U(\alpha)(r_i^U(\alpha)-1))^2}{\sum_{i=1}^{k_U}(w_i^L(\alpha)r_i^U(\alpha))^2 + \sum_{i=k_U+1}^{n}(w_i^U(\alpha)r_i^U(\alpha))^2} \quad (6.29)$$

其中，转折点 $k_L \equiv k_L(\alpha)$，$k_U \equiv k_U(\alpha)$，且满足

$$r_{k_L}^L(\alpha) \leqslant f^{*L} \leqslant r_{k_L+1}^L(\alpha), \quad r_{k_U}^U(\alpha) \leqslant f^{*U} \leqslant r_{k_U+1}^U(\alpha)$$

因此，式（6.28）和式（6.29）的转折点 $k=k_L$ 和 $k=k_U$ 分别是式（6.30）和式（6.31）的最优转折点。

$$f^L(\alpha) = \min_{k=0,1,\cdots,n} f(\alpha,k) \quad (6.30)$$

$$f^U(\alpha) = \max_{k=0,1,\cdots,n} f(\alpha,k) \quad (6.31)$$

由定理 6.4 得，式（6.30）和式（6.31）的最优转折点 $k=k_L$ 和 $k=k_U$ 分别对应式（6.32）和式（6.33）的最优解。

$$RC^L(\alpha) = \frac{1}{1+\sqrt{f^L(\alpha)}} = \min_{k=0,1,\cdots,n} RC(\alpha,k) \quad (6.32)$$

$$RC^U(\alpha) = \frac{1}{1+\sqrt{f^U(\alpha)}} = \max_{k=0,1,\cdots,n} RC(\alpha,k) \quad (6.33)$$

接下来，定理 6.5 是有关函数 $f(x)$ 求解的一个重要性质，用于识别式（6.28）和式（6.29）的最优转折点 k_L 和 k_U。

定理 6.5 式（6.28）和式（6.29）关于 $k=k_L$ 和 $k=k_U$ 的最优化求解方法可分别由式（6.34）和式（6.35）决定。

（1）设

$$d_l(\alpha,k) = \sum_{i=1}^{k}(r_{k+1}^L(\alpha) - r_i^L(\alpha))(2r_{k+1}^L(\alpha)r_i^L(\alpha) - r_{k+1}^L(\alpha) - r_i^L(\alpha))(w_i^U(\alpha))^2$$
$$+ \sum_{i=k+2}^{n}(r_{k+1}^L(\alpha) - r_i^L(\alpha))(2r_{k+1}^L(\alpha)r_i^L(\alpha) - r_{k+1}^L(\alpha) - r_i^L(\alpha))(w_i^L(\alpha))^2$$

$$(6.34)$$

$d_l(\alpha,k)$ 是关于变量 $k(k=0,1,\cdots,n-1)$ 的递减函数，且存在 $k=k^*(k^*=1,2,\cdots,n-1)$，使得 $d_l(\alpha,k^*-1) \geqslant 0$ 和 $d_l(\alpha,k^*) < 0$。因此，k^* 是式（6.30）的最优解，记为：$k_L = k^*$。当 $k=0,1,\cdots,k_L$ 时，$f(\alpha,k)$ 是关于 k 的递增函数，当 $k=k_L,k_L+1,\cdots,n$

时，$f(\alpha,k)$ 是关于 k 的递减函数。因此，k_L 是式（6.30）的全局最大值，且满足 $f^L(\alpha) = f(\alpha,k_L)$。

（2）设

$$d_r(\alpha,k) = -\sum_{i=1}^{k}(r_{k+1}^U(\alpha)-r_i^U(\alpha))(2r_{k+1}^U(\alpha)r_i^U(\alpha)-r_{k+1}^U(\alpha)-r_i^U(\alpha))(w_i^L(\alpha))^2$$
$$-\sum_{i=k+2}^{n}(r_{k+1}^U(\alpha)-r_i^U(\alpha))(2r_{k+1}^U(\alpha)r_i^U(\alpha)-r_{k+1}^U(\alpha)-r_i^U(\alpha))(w_i^U(\alpha))^2$$

（6.35）

$d_r(\alpha,k)$ 是关于变量 $k(k=0,1,\cdots,n-1)$ 的递减函数，且存在 $k=k^*(k^*=1,2,\cdots,n-1)$，使得 $d_r(\alpha,k^*-1\leqslant 0)$ 和 $d_r(\alpha,k^*)>0$。因此，k^* 是式（6.31）的最优解，记为：$k_U=k^*$。当 $k=0,1,\cdots,k_U$ 时，$f(\alpha,k)$ 是关于 k 的递减函数；当 $k=k_U,k_U+1,\cdots,n$ 时，$f(\alpha,k)$ 是关于变量 k 的递增函数。因此，k_U 是式（6.31）的全局最小值，且满足 $f^U(\alpha)=f(\alpha,k_U)$。

证明：

在此证明过程中，变量 $r_i^L(\alpha)$，$r_i^U(\alpha)$，$w_i^L(\alpha)$ 和 $w_i^U(\alpha)$ 将分别简化为 $\underline{r_i}$，$\overline{r_i}$，$\underline{w_i}$ 和 $\overline{w_i}$。

根据 KM 算法的规定，向量 $r_i^L(\alpha)$ 和 $r_i^U(\alpha)$ 均为递增序列，即 $\underline{r_1}\leqslant\underline{r_2}\leqslant\underline{r_3}\cdots\leqslant\underline{r_n}$ 和 $\overline{r_1}\leqslant\overline{r_2}\leqslant\overline{r_3}\cdots\leqslant\overline{r_n}$。KM 算法将式（6.34）和式（6.35）的求解概括为对转折点 k_L 和 k_U 的求解，具体如式（6.36）和式（6.37）所示。

$$f^L \equiv \min_{w_i\in[\underline{w_i},\overline{w_i}]} \frac{\sum_{i=1}^{n}(w_i(\underline{r_i}-1))^2}{\sum_{i=1}^{n}(w_i\underline{r_i})^2} = \frac{\sum_{i=1}^{k_L}(\overline{w_i}(\underline{r_i}-1))^2 + \sum_{i=k_L+1}^{n}(\underline{w_i}(\underline{r_i}-1))^2}{\sum_{i=1}^{k_L}(\overline{w_i}\underline{r_i})^2 + \sum_{i=k_L+1}^{n}(\underline{w_i}\underline{r_i})^2} \quad (6.36)$$

$$f^U \equiv \max_{w_i\in[\underline{w_i},\overline{w_i}]} \frac{\sum_{i=1}^{n}(w_i(\overline{r_i}-1))^2}{\sum_{i=1}^{n}(w_i\overline{r_i})^2} = \frac{\sum_{i=1}^{k_U}(\underline{w_i}(\overline{r_i}-1))^2 + \sum_{i=k_U+1}^{n}(\overline{w_i}(\overline{r_i}-1))^2}{\sum_{i=1}^{k_U}(\underline{w_i}\overline{r_i})^2 + \sum_{i=k_U+1}^{n}(\overline{w_i}\overline{r_i})^2} \quad (6.37)$$

记式（6.36）和式（6.37）为

$$\varphi(k) = \frac{\sum_{i=1}^{k}(\overline{w_i}(\underline{r_i}-1))^2 + \sum_{i=k+1}^{n}(\underline{w_i}(\underline{r_i}-1))^2}{\sum_{i=1}^{k}(\overline{w_i}\underline{r_i})^2 + \sum_{i=k+1}^{n}(\underline{w_i}\underline{r_i})^2} \quad (6.38)$$

$$\psi(k) = \frac{\sum_{i=1}^{k}(\underline{w_i}(\overline{r_i}-1))^2 + \sum_{i=k+1}^{n}\left(\overline{w_i}(\underline{r_i}-1)\right)^2}{\sum_{i=1}^{k}(\underline{w_i}\overline{r_i})^2 + \sum_{i=k+1}^{n}(\overline{w_i}\underline{r_i})^2} \tag{6.39}$$

则式（6.28）和式（6.29）的最优解求解可转化为

$$f^L = \min_{k=0,1,\cdots,n} \varphi(k) \tag{6.40}$$

$$f^U = \max_{k=0,1,\cdots,n} \psi(k) \tag{6.41}$$

相应地，式（6.32）和式（6.33）的最优解可记为

$$RC^L = \min_{k=0,1,\cdots,n} \frac{1}{1+\sqrt{\varphi(k)}} = \min_{k=0,1,\cdots,n} RC(k) \tag{6.42}$$

$$RC^U = \max_{k=0,1,\cdots,n} \frac{1}{1+\sqrt{\psi(k)}} = \max_{k=0,1,\cdots,n} RC(k) \tag{6.43}$$

为简化符号，式（6.34）和式（6.35）可化简为

$$d_l(k) = \sum_{i=1}^{k}(\underline{r_{k+1}}-\underline{r_i})(2\overline{r_{k+1}r_i} - \underline{r_{k+1}} - \underline{r_i})\overline{w_i}^2 + \sum_{i=k+2}^{n}(\overline{r_{k+1}}-\overline{r_i})(2\underline{r_{k+1}r_i} - \overline{r_{k+1}} - \overline{r_i})\underline{w_i}^2 \tag{6.44}$$

$$d_r(k) = -\sum_{i=1}^{k}(\overline{r_{k+1}}-\overline{r_i})(2\underline{r_{k+1}r_i} - \overline{r_{k+1}} - \overline{r_i})\underline{w_i}^2 - \sum_{i=k+2}^{n}(\underline{r_{k+1}}-\underline{r_i})(2\overline{r_{k+1}r_i} - \underline{r_{k+1}} - \underline{r_i})\overline{w_i}^2 \tag{6.45}$$

（1）定理6.5第（1）部分证明。

当 $k = 1,2,\cdots,n-1$ 时，由式（6.38）得，

$$\varphi(k) = \frac{\sum_{i=1}^{k}(\overline{w_i}(\underline{r_i}-1))^2 + \sum_{i=k+1}^{n}(\underline{w_i}(\overline{r_i}-1))^2}{\sum_{i=1}^{k}(\overline{w_i}\underline{r_i})^2 + \sum_{i=k+1}^{n}(\underline{w_i}\overline{r_i})^2}$$

$$\varphi(k+1) = \frac{\sum_{i=1}^{k+1}(\overline{w_i}(\underline{r_i}-1))^2 + \sum_{i=k+2}^{n}(\underline{w_i}(\overline{r_i}-1))^2}{\sum_{i=1}^{k+1}(\overline{w_i}\underline{r_i})^2 + \sum_{i=k+2}^{n}(\underline{w_i}\overline{r_i})^2}$$

$$\varphi(k+1)-\varphi(k)$$

$$=\frac{\sum_{i=1}^{k+1}\left(\overline{w_i}(\underline{r_i}-1)\right)^2+\sum_{i=k+2}^{n}\left(\underline{w_i}(\overline{r_i}-1)\right)^2}{\sum_{i=1}^{k+1}(\overline{w_i}\underline{r_i})^2+\sum_{i=k+2}^{n}(\underline{w_i}\overline{r_i})^2}-\frac{\sum_{i=1}^{k}\left(\overline{w_i}(\underline{r_i}-1)\right)^2+\sum_{i=k+1}^{n}\left(\underline{w_i}(\overline{r_i}-1)\right)^2}{\sum_{i=1}^{k}(\overline{w_i}\underline{r_i})^2+\sum_{i=k+1}^{n}(\underline{w_i}\overline{r_i})^2}$$

$$=\left\{\left[\sum_{i=1}^{k+1}\left(\overline{w_i}(\underline{r_i}-1)\right)^2+\sum_{i=k+2}^{n}\left(\underline{w_i}(\overline{r_i}-1)\right)^2\right]\left[\sum_{i=1}^{k}(\overline{w_i}\underline{r_i})^2+\sum_{i=k+1}^{n}(\underline{w_i}\overline{r_i})^2\right]\right.$$

$$\left.-\left[\sum_{i=1}^{k}\left(\overline{w_i}(\underline{r_i}-1)\right)^2+\sum_{i=k+1}^{n}\left(\underline{w_i}(\overline{r_i}-1)\right)^2\right]\left[\sum_{i=1}^{k+1}(\overline{w_i}\underline{r_i})^2+\sum_{i=k+2}^{n}(\underline{w_i}\overline{r_i})^2\right]\right\}$$

$$\bigg/\left\{\left[\sum_{i=1}^{k+1}(\overline{w_i}\underline{r_i})^2+\sum_{i=k+2}^{n}(\underline{w_i}\overline{r_i})^2\right]\left[\sum_{i=1}^{k}(\overline{w_i}\underline{r_i})^2+\sum_{i=k+1}^{n}(\underline{w_i}\overline{r_i})^2\right]\right\}$$

因为

$$\left[\sum_{i=1}^{k+1}\left(\overline{w_i}(\underline{r_i}-1)\right)^2+\sum_{i=k+2}^{n}\left(\underline{w_i}(\overline{r_i}-1)\right)^2\right]\left[\sum_{i=1}^{k}(\overline{w_i}\underline{r_i})^2+\sum_{i=k+1}^{n}(\underline{w_i}\overline{r_i})^2\right]$$

$$-\left[\sum_{i=1}^{k}\left(\overline{w_i}(\underline{r_i}-1)\right)^2+\sum_{i=k+1}^{n}\left(\underline{w_i}(\overline{r_i}-1)\right)^2\right]\left[\sum_{i=1}^{k+1}(\overline{w_i}\underline{r_i})^2+\sum_{i=k+2}^{n}(\underline{w_i}\overline{r_i})^2\right]$$

$$=\left(\left(\overline{w_{k+1}}(\underline{r_{k+1}}-1)\right)^2-\left(\underline{w_i}(\overline{r_i}-1)\right)^2\right)\left[\sum_{i=1}^{k+1}(\overline{w_i}\underline{r_i})^2+\sum_{i=k+2}^{n}(\underline{w_i}\overline{r_i})^2\right]$$

$$+\left((w_{k+1}r_{k+1})^2-(\overline{w_{k+1}r_{k+1}})^2\right)\left[\sum_{i=1}^{k}\left(\overline{w_i}(\underline{r_i}-1)\right)^2+\sum_{i=k+2}^{n}\left(\underline{w_i}(\overline{r_i}-1)\right)^2\right]$$

$$=(\overline{w_{k+1}^2}-\underline{w_{k+1}^2})\left[\sum_{i=1}^{k}(\underline{r_{k+1}}-\underline{r_i})(2\underline{r_{k+1}r_i}-\underline{r_{k+1}}-\underline{r_i})\overline{w_i^2}+\sum_{i=k+2}^{n}(\overline{r_{k+1}}-\overline{r_i})(2\overline{r_{k+1}r_i}-\overline{r_{k+1}}-\overline{r_i})\underline{w_i^2}\right]$$

则

$$\varphi(k+1)-\varphi(k)$$

$$=(\overline{w_{k+1}^2}-\underline{w_{k+1}^2})\left[\sum_{i=1}^{k}(\underline{r_{k+1}}-\underline{r_i})(2\underline{r_{k+1}r_i}-\underline{r_{k+1}}-\underline{r_i})\overline{w_i^2}+\sum_{j=k+2}^{n}(\overline{r_{k+1}}-\overline{r_i})(2\overline{r_{k+1}r_i}-\overline{r_{k+1}}-\overline{r_i})\underline{w_i^2}\right]$$

$$\bigg/\left\{\left[\sum_{i=1}^{k+1}(\overline{w_i}\underline{r_i})^2+\sum_{i=k+2}^{n}(\underline{w_i}\overline{r_i})^2\right]\left[\sum_{i=1}^{k}(\overline{w_i}\underline{r_i})^2+\sum_{i=k+1}^{n}(\underline{w_i}\overline{r_i})^2\right]\right\}$$

又因为 $\underline{w_i}\in[0,1]$， $\overline{w_i}\in[0,1]$ 且 $\overline{w_{k+1}^2}>\underline{w_{k+1}^2}$，则 $\varphi(k+1)-\varphi(k)$ 的符号可由式（6.46）决定。

$$\sum_{i=1}^{k}(\underline{r_{k+1}}-\underline{r_i})(2\underline{r_{k+1}r_i}-\underline{r_{k+1}}-\underline{r_i})\overline{w_i^2}+\sum_{i=k+2}^{n}(\overline{r_{k+1}}-\overline{r_i})(2\overline{r_{k+1}r_i}-\overline{r_{k+1}}-\overline{r_i})\underline{w_i^2} \quad (6.46)$$

为简化证明过程中用到的符号，$d_i(k)$ 可简记为

$$d_l(k) = \sum_{i=1}^{k}(r_{k+1}-\underline{r_i})(2r_{k+1}\underline{r_i}-r_{k+1}-\underline{r_i})\overline{w_i^2} + \sum_{i=k+2}^{n}(r_{k+1}-\underline{r_i})(2r_{k+1}\underline{r_i}-r_{k+1}-\underline{r_i})w_i^2$$

因为 $\underline{r_1} \leqslant \cdots \leqslant \underline{r_n}$，所以，

$$d_l(k) - d_l(k-1)$$
$$= (r_{k+1}-\underline{r_k})(2r_{k+1}\underline{r_k}-r_{k+1}-\underline{r_k})(\overline{w_{k+1}^2}+w_{k+1}^2) + \sum_{i=1}^{k-1}\left((r_{k+1}-\underline{r_i})((2\underline{r_i}-1)(r_{k+1}-\underline{r_i})-2\underline{r_i}^2)\overline{w_i^2}\right)$$
$$+ \sum_{j=k+2}^{n}\left((r_{k+1}-\underline{r_i})((2\underline{r_i}-1)(r_{k+1}-\underline{r_i})-2\underline{r_i}^2)w_i^2\right)$$

针对 $(r_{k+1}-\underline{r_k})(2r_{k+1}\underline{r_k}-r_{k+1}-\underline{r_k})(\overline{w_{k+1}^2}+w_{k+1}^2)$，因为 r_i 是递增序列，所以，$r_{k+1}-\underline{r_k} > 0$。当 $i=1,2,\cdots,n$ 时，$r_i \in [0,1]$，所以，$r_i^2 \leqslant r_i$ 且 $\overline{r_i} \geqslant \underline{r_i}$。
因此，

$$2r_{k+1}\underline{r_k} - r_{k+1} - \underline{r_k} < 2r_{k+1}\underline{r_k} - r_{k+1}^2 - \underline{r_k}^2 = -(r_{k+1}-\underline{r_k})^2 \leqslant 0$$

即：$(r_{k+1}-\underline{r_k})(2r_{k+1}\underline{r_k}-r_{k+1}-\underline{r_k})(\overline{w_{k+1}^2}+w_{k+1}^2) \leqslant 0$。

同时，

$$(2\underline{r_i}-1)(r_{k+1}-\underline{r_i})-2\underline{r_i}^2$$
$$= 2\underline{r_i}^2 + 2\underline{r_i}(r_{k+1}+\underline{r_i}) - (r_{k+1}+\underline{r_i})$$
$$= -2\left[\underline{r_i}^2 - (r_{k+1}+\underline{r_i})\underline{r_i} + \frac{(r_{k+1}+x_i)^2}{4} + \frac{(r_{k+1}+\underline{r_i})^2}{2} - (r_{k+1}+\underline{r_i})\right]$$
$$= -2\left(\underline{r_i} - \frac{r_{k+1}+\underline{r_i}}{2}\right)^2 - \left(1 - \frac{r_{k+1}+x_i}{2}\right)(x_{k+1}+x_i)$$

因为 $0 \leqslant \underline{r_k} < r_{k+1} \leqslant 1$，所以，$0 \leqslant \frac{r_{k+1}+\underline{r_i}}{2} \leqslant 1$，且 $1 - \frac{r_{k+1}+\underline{r_i}}{2} \geqslant 0$。

因此，$(2\underline{r_i}-1)(r_{k+1}-\underline{r_i})-2\underline{r_i}^2 \leqslant 0$，显然，
$$((2\underline{r_i}-1)(r_{k+1}-\underline{r_i})-2\underline{r_i}^2)w_i^2 \leqslant 0$$

以上述结论得，
$$\sum_{i=1}^{k-1}(r_{k+1}-\underline{r_i})((2\underline{r_i}-1)(r_{k+1}-\underline{r_i})-2\underline{r_i}^2)w_i^2 \leqslant 0$$

也就是说，$d_l(k) - d_l(k-1) \leqslant 0$，即：$d_l(k)$ 是关于变量 k 的单调递减函数。
相应地，$\varphi(k+1) - \varphi(k)$ 可表示为

$$\varphi(k+1) - \varphi(k) = c_l(k)d_l(k) \tag{6.47}$$

其中，

$$c_l(k) = (\overline{w_{k+1}^2} - \underline{w_{k+1}^2}) \bigg/ \left\{ \left[\sum_{i=1}^{k+1} (\overline{w_i}\underline{r_i})^2 + \sum_{i=k+2}^{n} (\underline{w_i}\,\underline{r_i})^2 \right] \left[\sum_{i=1}^{k} (\overline{w_i}\underline{r_i})^2 + \sum_{i=k+1}^{n} (\underline{w_i}\,\underline{r_i})^2 \right] \right\} \geq 0$$

因为

$$d_l(0) = \sum_{i=2}^{n} (\underline{r_1} - \underline{r_i})(2\underline{r_1}\,\underline{r_i} - \underline{r_1} - \underline{r_i})\underline{w_i^2} \geq 0$$

$$d_l(n-1) = \sum_{i=1}^{n-1} (\underline{r_n} - \underline{r_i})(2\underline{r_n}\,\underline{r_i} - \underline{r_n} - \underline{r_i})\overline{w_i^2} \leq 0$$

由于 $d_l(k)$ 是关于变量 k 的单调递减函数，则必然存在点 $k = k^*$ ($k^* = 1, 2, \cdots, n-1$)，使得 $d_l(k^*-1) \geq 0$ 和 $d_l(k^*) < 0$。也即当 $k = 0, 1, \cdots, k^*$ 时，$d_l(k) \geq 0$；当 $k = k^*, k^*+1, \cdots, n-1$ 时，$d_l(k^*) < 0$。

由式（6.47）得，当 $k = 0, 1, \cdots, k^*$ 时，$\varphi(k+1) - \varphi(k) \geq 0$；当 $k = k^*, k^*+1, \cdots, n-1$ 时，$\varphi(k+1) - \varphi(k) < 0$。因此，$\varphi(k^*)$ 是函数 $\varphi(k)$ 的全局最大值，且满足 $k = k_L^*$。

（2）定理 6.5 的第（2）部分证明。

同理，当 $k = 0, 1, \cdots, n-1$ 时，由式（6.35）得，

$$\psi(k+1) - \psi(k)$$
$$= -(\overline{w_{k+1}^2} - \underline{w_{k+1}^2}) \left[\sum_{i=1}^{k} (\overline{r_{k+1}} - \overline{r_i})(2\overline{r_{k+1}}\,\overline{r_i} - \overline{r_{k+1}} - \overline{r_i})\underline{w_i^2} + \sum_{i=k+2}^{n} (\overline{r_{k+1}} - \overline{r_i})(2\overline{r_{k+1}}\,\overline{r_i} - \overline{r_{k+1}} - \overline{r_i})\overline{w_i^2} \right]$$
$$\bigg/ \left\{ \left[\sum_{i=1}^{k+1} (\underline{w_i}\overline{r_i})^2 + \sum_{i=k+2}^{n} (\overline{w_i}\,\overline{r_i})^2 \right] \left[\sum_{i=1}^{k} (\underline{w_i}\overline{r_i})^2 + \sum_{i=k+1}^{n} (\overline{w_i}\,\overline{r_i})^2 \right] \right\}$$

因为 $\overline{w_{k+1}^2} \geq \underline{w_{k+1}^2}$，$\underline{w_i} \in [0,1]$ 且 $\overline{w_i} \in [0,1]$，所以 $\varphi(k+1) - \varphi(k)$ 的符号方向由式（6.48）决定。

$$-\sum_{i=1}^{k} (\overline{r_{k+1}} - \overline{r_i})(2\overline{r_{k+1}}\,\overline{r_i} - \overline{r_{k+1}} - \overline{r_i})\underline{w_i^2} - \sum_{i=k+2}^{n} (\overline{r_{k+1}} - \overline{r_i})(2\overline{r_{k+1}}\,\overline{r_i} - \overline{r_{k+1}} - \overline{r_i})\overline{w_i^2} \quad (6.48)$$

为了简化证明过程中的符号，$d_r(k)$ 可定义为

$$d_r(k) = -\sum_{i=1}^{k} (\overline{r_{k+1}} - \overline{r_i})(2\overline{r_{k+1}}\,\overline{r_i} - \overline{r_{k+1}} - \overline{r_i})\underline{w_i^2} - \sum_{i=k+2}^{n} (\overline{r_{k+1}} - \overline{r_i})(2\overline{r_{k+1}}\,\overline{r_i} - \overline{r_{k+1}} - \overline{r_i})\overline{w_i^2}$$

因为 $\overline{r_1} \leq \overline{r_2} \leq \cdots \leq \overline{r_n}$，所以 $d_r(k) - d_r(k-1)$ 的符号方向与 $d_l(k) - d_l(k-1)$ 方向相反。因此，$d_r(k)$ 是关于变量 k 的单调递增函数。

相应地，$\psi(k+1) - \psi(k)$ 可表示为

$$\psi(k+1) - \psi(k) = c_r(k)d_r(k) \quad (6.49)$$

其中，

$$c_r(k) = (\overline{w_{k+1}^2} - \underline{w_{k+1}^2}) \bigg/ \left\{ \left[\sum_{i=1}^{k+1} (\underline{w_i}\overline{r_i})^2 + \sum_{i=k+2}^{n} (\overline{w_i}\,\overline{r_i})^2 \right] \left[\sum_{i=1}^{k} (\underline{w_i}\overline{r_i})^2 + \sum_{i=k+1}^{n} (\overline{w_i}\,\overline{r_i})^2 \right] \right\} \geq 0$$

因为

$$d_r(0) = -\sum_{i=2}^{n}(\overline{r_1}-\overline{r_i})(2\overline{r_1 r_i}-\overline{r_1}-\overline{r_i})\overline{r_i}^2 < 0$$

$$d_r(n-1) = -\sum_{i=1}^{n-1}(\overline{r_n}-\overline{r_i})(2\overline{x_n r_i}-\overline{r_n}-\overline{r_i})\underline{w_i}^2 > 0$$

$d_r(k)$ 是关于变量 k 的单调递增函数，则存在 $k=k^*(k^*=1,2,\cdots,n-1)$，使得 $d_r(k^*-1) \le 0$ 且 $d_r(k^*) > 0$。也即当 $k=0,1,\cdots,k^*$ 时，$d_r(k) \le 0$；当 $k=k^*,k^*+1,\cdots,n-1$ 时，$d_r(k) > 0$。

由式（6.49）得，当 $k=0,1,\cdots,k^*$ 时，$\psi(k+1)-\psi(k) \le 0$；当 $k=k^*,k^*+1,\cdots,n-1$ 时，$\psi(k+1)-\psi(k) > 0$。因此，k^* 是函数 $\psi(k)$ 的全局最小值，且满足 $k=k_U^*$。

基于 KM 算法，基于变量 α 的模糊 TOPSIS 解析法求解步骤如表 6.1 所示。

表 6.1 基于 T1 FSs 的模糊 TOPSIS 解析法求解步骤

步骤	$RC^L(\alpha)$ 求解算法	$RC^U(\alpha)$ 求解算法
1	标准化评价决策矩阵 X 和评价指标对应权重向量 W，并确定其正理想解和负理想解。	
2	将 T1 FSs $x_i(\alpha) = \bigcup_{\alpha \in [0,1]}[x_i^L(\alpha), x_i^U(\alpha)]$，$\omega_i = \bigcup_{\alpha \in [0,1]}[\omega_i^L(\alpha), \omega_i^U(\alpha)]$ 书写为关于变量 α（$\alpha \in [0,1]$）的函数表达式。	
3	将评价值 $x_i^L(\alpha)(i=1,2,\cdots,n)$ 按递增顺序排列。如果 $x_i^L(\alpha)(i=1,2,\cdots,n)$ 存在交叉，则按照交叉点把评价 IT2 FSs $x_i^L(\alpha)$ 划分为多个子区间，然后分别对每个子区间的 $x_i^L(\alpha)$ 进行递增排序，转步骤 4。	将评价值 $x_i^U(\alpha)(i=1,2,\cdots,n)$ 按递增顺序排列。如果 $x_i^U(\alpha)(i=1,2,\cdots,n)$ 存在交叉，则按照交叉点把评价 IT2 FSs $x_i^U(\alpha)$ 划分为多个子区间，然后分别对每个子区间的 $x_i^U(\alpha)$ 进行递增排序，转步骤 4。
4	针对特定的 $x_i^L(\alpha)$ 子区间，匹配原来对应的权重向量 $\omega_i^L(\alpha)$。	针对特定的 $x_i^U(\alpha)$ 子区间，匹配原来对应的权重向量 $\omega_i^U(\alpha)$。
5	依据式（6.34），分别构造左限差函数 $d_l(\alpha,k)(k=0,1,\cdots,n-1)$。	依据式（6.35），分别构造右限差函数 $d_r(\alpha,k)(k=0,1,\cdots,n-1)$。
6	对于 $d_l(\alpha,k)(k=0,1,\cdots,n-1)$，根据定理 6.5，求出最优转折点 $k_L^*(k_L^*=1,2,\cdots,n-1)$。	对于 $d_r(\alpha,k)(k=0,1,\cdots,n-1)$，根据定理 6.5，求出最优转折点 $k_U^*(k_U^*=1,2,\cdots,n-1)$。
7	把 k_L^* 代入式（6.38）中，得函数 $\varphi(k)$ 表达式。	把 k_U^* 代入式（6.39）中，得函数 $\psi(k)$ 表达式。
8	由式（6.42）得函数 $RC^L(\alpha)$ 表达式。	由式（6.43）得函数 $RC^U(\alpha)$ 表达式。
9	重复步骤 4~8，直至所有子区间的 $RC^L(\alpha)$ 表达式计算完成。	重复步骤 4~8，直至所有子区间的 $RC^U(\alpha)$ 表达式计算完成。
10	合并所有子区间的 $RC^L(\alpha)$ 函数表达式。	合并所有子区间的 $RC^U(\alpha)$ 函数表达式。
11	合并 $RC^L(\alpha)$ 和 $RC^U(\alpha)$ 的函数表达式，从而得到完整的相对相似性函数解析式。	

6.3.2 算例分析

为了证实基于变量 α 的模糊 TOPSIS 解析法的准确性和高效性，本节采用文献（Chen，2000）中的算例加以说明。设某软件开发公司拟招聘一名系统分析工程师，现有 A_1，A_2 和 A_3 三个候选人。三个决策专家（D_1,D_2,D_3）面试该三名候选人，候选人考核指标为：情绪稳定性（C_1），口头表达能力（C_2），性格（C_3），工作经验（C_4）和自信心（C_5）。评价指标等级定义如表 6.2 所示。

表 6.2　评价标准的语言变量集合

语言变量	一型模糊数
非常差(VP)	(0, 0, 1; 1)
差(P)	(0, 1, 3; 1)
稍微有点差(MP)	(1, 3, 5; 1)
一般(F)	(3, 5, 7; 1)
稍微有点好(MG)	(5, 7, 9; 1)
好(G)	(7, 9, 10; 1)
非常好(VG)	(9, 10, 10; 1)

三位专家分别给出 5 个评价标准的相对重要性，具体数据如表 6.3 所示。平均权重计算公式是 $\overline{w}_j = (\tilde{w}_j^1 + \tilde{w}_j^2 + \tilde{w}_j^3)/3$，$\tilde{w}_j^k$ 指第 k 个决策专家给第 j 个指标赋予的权重。

表 6.3　决策专家对指标赋予权重值

指标	D_1	D_2	D_3	平均一型模糊数
C_1	H	VH	MH	(0.7, 0.87, 0.97; 1)
C_2	VH	VH	VH	(0.9, 1, 1; 1)
C_3	VH	H	H	(0.77, 0.93, 1; 1)
C_4	VH	VH	VH	(0.9, 1, 1; 1)
C_5	M	MH	MH	(0.43, 0.63, 0.83; 1)

决策专家依据评价指标对所有候选人打分，结果如表 6.4 所示。平均评价值计算公式为：$\overline{x}_{ij} = (\tilde{x}_{ij}^1 + \tilde{x}_{ij}^2 + \tilde{x}_{ij}^3)/3$，且 $\tilde{x}_{ij}^k$ 指第 k 个决策专家给候选人 i 的第 j 个指标打分结果。

表 6.4　决策专家评价矩阵

指标	候选人	D_1	D_2	D_3	平均一型模糊数
C_1	A_1	MG	G	MG	(5.67, 7.67, 9.33; 1)
	A_2	G	G	MG	(6.33, 8.33, 9.67; 1)

续表

指标	候选人	D_1	D_2	D_3	平均一型模糊数
C_1	A_3	VG	G	F	(6.33, 8, 9; 1)
C_2	A_1	G	MG	F	(5, 7, 8.67; 1)
	A_2	VG	VG	VG	(7, 8.67, 9.67; 1)
	A_3	MG	G	VG	(7, 8.67, 9.67; 1)
C_3	A_1	F	G	G	(5.67, 7.67, 9; 1)
	A_2	VG	VG	G	(8.33, 9.67, 10; 1)
	A_3	G	MG	VG	(7, 8.67, 9.67; 1)
C_4	A_1	VG	G	VG	(8.33, 9.67, 10; 1)
	A_2	VG	VG	VG	(9, 10, 10; 1)
	A_3	G	VG	MG	(7, 8.67, 9.67; 1)
C_5	A_1	F	F	F	(3, 5, 7; 1)
	A_2	VG	MG	G	(7, 8.67, 9.67; 1)
	A_3	G	G	MG	(6.33, 8.33, 9.67; 1)

现将模糊 TOPSIS 相对相似性解析法求解过程列举如下。

（1）计算候选人 A_3 最小相对相似性 $RC^L(\alpha)$。

步骤 1 标准化评价决策矩阵，并找出其正理想解和负理想解，具体如表 6.5 所示。

表 6.5 标准化的决策矩阵

	C_1	C_2	C_3	C_4	C_5
A_1	(0.59, 0.79, 0.97; 1)	(0.5, 0.7, 0.87; 1)	(0.57, 0.77, 0.9; 1)	(0.83, 0.97, 1; 1)	(0.31, 0.52, 0.72; 1)
A_2	(0.66, 0.86, 1; 1)	(0.9, 1, 1; 1)	(0.83, 0.97, 1; 1)	(0.9, 1, 1; 1)	(0.72, 0.9, 1; 1)
A_3	(0.66, 0.82, 0.93; 1)	(0.7, 0.87, 0.97; 1)	(0.7, 0.87, 0.97; 1)	(0.7, 0.87, 0.97; 1)	(0.66, 0.86, 1; 1)
A^*	(1, 1, 1; 1)	(1, 1, 1; 1)	(1, 1, 1; 1)	(1, 1, 1; 1)	(1, 1, 1; 1)
A^-	(0, 0, 0; 1)	(0, 0, 0; 1)	(0, 0, 0; 1)	(0, 0, 0; 1)	(0, 0, 0; 1)

步骤 2 以候选人 A_3 为例，分别写出平均评价向量 $\tilde{x}_i(\alpha)(i=1,2,\cdots,5)$ 和平均权重向量 $\tilde{w}_i(\alpha)(i=1,2,\cdots,5)$ 的表达式。

$$\tilde{x}_1(\alpha) = \left[x_1^L(\alpha), x_1^U(\alpha)\right] = (0.66+0.16\alpha, 0.93-0.11\alpha),$$

$$\tilde{x}_2(\alpha) = \left[x_2^L(\alpha), x_2^U(\alpha)\right] = (0.7 + 0.17\alpha, 0.97 - 0.1\alpha),$$

$$\tilde{x}_3(\alpha) = \left[x_3^L(\alpha), x_3^U(\alpha)\right] = (0.7 + 0.17\alpha, 0.97 - 0.1\alpha),$$

$$\tilde{x}_4(\alpha) = \left[x_4^L(\alpha), x_4^U(\alpha)\right] = (0.7 + 0.17\alpha, 0.97 - 0.1\alpha),$$

$$\tilde{x}_5(\alpha) = \left[x_5^L(\alpha), x_5^U(\alpha)\right] = (0.66 + 0.2\alpha, 1 - 0.14\alpha),$$

$$\tilde{w}_1(\alpha) = \left(w_1^L(\alpha), w_1^U(\alpha)\right) = (0.7 + 0.17\alpha, 0.97 - 0.1\alpha),$$

$$\tilde{w}_2(\alpha) = \left(w_2^L(\alpha), w_2^U(\alpha)\right) = (0.9 + 0.1\alpha, 1),$$

$$\tilde{w}_3(\alpha) = \left(w_3^L(\alpha), w_3^U(\alpha)\right) = (0.77 + 0.16\alpha, 1 - 0.07\alpha),$$

$$\tilde{w}_4(\alpha) = \left(w_4^L(\alpha), w_4^U(\alpha)\right) = (0.9 + 0.1\alpha, 1),$$

$$\tilde{w}_5(\alpha) = \left(w_5^L(\alpha), w_5^U(\alpha)\right) = (0.43 + 0.2\alpha, 0.83 - 0.2\alpha)。$$

步骤3　将评价值 x_i 的下限函数 $x_i^L(\alpha)$ 按递增排序。

如图6.1所示，对于 $\forall \alpha \in [0,1]$，存在 $x_1^L(\alpha) \leqslant x_5^L(\alpha) \leqslant x_2^L(\alpha) = x_3^L(\alpha) = x_4^L(\alpha)$。设 $r_i^L(\alpha)$ 是第 i 个最小的 $x_i^L(\alpha)$，简记为 $\underline{r_i}$。即：$\underline{r_1} = x_1^L(\alpha)$，$\underline{r_2} = x_5^L(\alpha)$，$\underline{r_3} = x_2^L(\alpha)$，$\underline{r_4} = x_3^L(\alpha)$，$\underline{r_5} = x_4^L(\alpha)$。

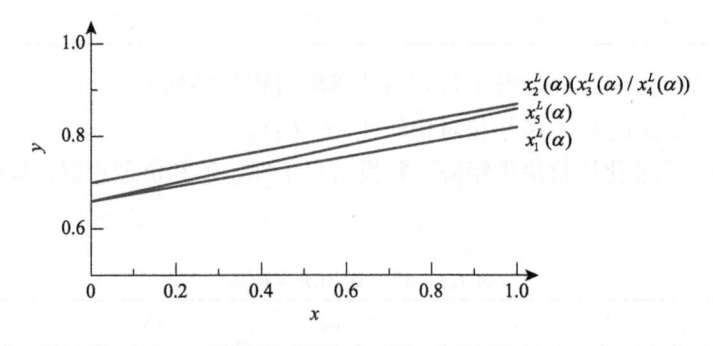

图6.1　候选人 A_3 的 $x_i^L(\alpha)$ 图

步骤4　匹配 $x_i^L(\alpha)(i=1,2,\cdots,5)$ 对应的权重值 $w_i^L(\alpha)(i=1,2,\cdots,5)$。

步骤5　构造候选人 A_3 的下限差函数 $d_l(\alpha, k)(k=0,1,\cdots,4)$。

根据式（6.34）得，差函数可分别表示为

$$d_l(\alpha, 0) = \sum_{i=2}^{5}(\underline{r_1} - \underline{r_i})(2\underline{r_1}\underline{r_i} - \underline{r_1} - \underline{r_i})\underline{w_i}^2$$

$$= (\underline{x_1} - \underline{x_5})(2\underline{x_1}\underline{x_5} - \underline{x_1} - \underline{x_5})\underline{w_5}^2 + (\underline{x_1} - \underline{x_2})(2\underline{x_1}\underline{x_2} - \underline{x_1} - \underline{x_2})\underline{w_2}^2$$

$$+ (\underline{x_1} - \underline{x_3})(2\underline{x_1}\underline{x_3} - \underline{x_1} - \underline{x_3})\underline{w_3}^2 + (\underline{x_1} - \underline{x_4})(2\underline{x_1}\underline{x_4} - \underline{x_1} - \underline{x_4})\underline{w_4}^2$$

$$= 0.0386 - 0.0001\alpha^5 - 0.0011\alpha^4 - 0.0038\alpha^3 - 0.0046\alpha^2 + 0.013\alpha$$

$$d_l(\alpha,1) = \sum_{i=1}^{1}(r_2 - \underline{r_i})(2\underline{r_2 r_i} - r_2 - \underline{r_i})\overline{w_i^2} + \sum_{i=3}^{5}(r_2 - \underline{r_i})(2\underline{r_2 r_i} - r_2 - \underline{r_i})w_i^2$$

$$= (x_5 - \underline{x_1})(2\underline{x_5 x_1} - x_5 - \underline{x_1})\overline{w_1^2} + (x_5 - x_2)(2x_5 x_2 - x_5 - x_2)w_2^2$$

$$+ (x_5 - x_3)(2x_5 x_3 - x_5 - x_3)w_3^2 + (x_5 - x_4)(2x_5 x_4 - x_5 - x_4)w_4^2$$

$$= 0.0386 + 0.0001\alpha^5 + 0.0008\alpha^4 + 0.0058\alpha^3 + 0.0003\alpha^2 - 0.0472\alpha$$

$$d_l(\alpha,2) = \sum_{i=1}^{2}(r_3 - \underline{r_i})(2\underline{r_3 r_i} - r_3 - \underline{r_i})\overline{w_i^2} + \sum_{i=4}^{5}(r_3 - \underline{r_i})(2\underline{r_3 r_i} - r_3 - \underline{r_i})w_i^2$$

$$= (\underline{x_2} - \underline{x_1})(2\underline{x_2 x_1} - \underline{x_2} - \underline{x_1})\overline{w_1^2} + (\underline{x_2} - x_5)(2\underline{x_2} x_5 - \underline{x_2} - x_5)\overline{w_5^2}$$

$$+ (\underline{x_2} - \underline{x_3})(2\underline{x_2 x_3} - \underline{x_2} - \underline{x_3})w_3^2 + (\underline{x_2} - x_4)(2\underline{x_2} x_4 - \underline{x_2} - x_4)w_4^2$$

$$= -0.0284 + 0.0006\alpha^4 - 0.0004\alpha^3 - 0.0048\alpha^2 + 0.0222\alpha$$

$$d_l(\alpha,3) = d_l(\alpha,4) = d_l(\alpha,5)$$

步骤 6 识别差函数 $d_l(\alpha, k_L^*)$ 的最优转折点 k_L^*。

如图 6.2 所示，显然当 $\alpha \in [0, 0.98]$ 时，$d_l(\alpha,1) \geq 0$ 且 $d_l(\alpha,2) < 0$；当 $\alpha \in (0.98,1]$ 时，$d_l(\alpha,0) \geq 0$ 且 $d_l(\alpha,1) < 0$。因此，当 $\alpha \in [0, 0.98]$ 时，$k_L^* = 2$；当 $\alpha \in (0.98,1]$ 时，$k_L^* = 1$。

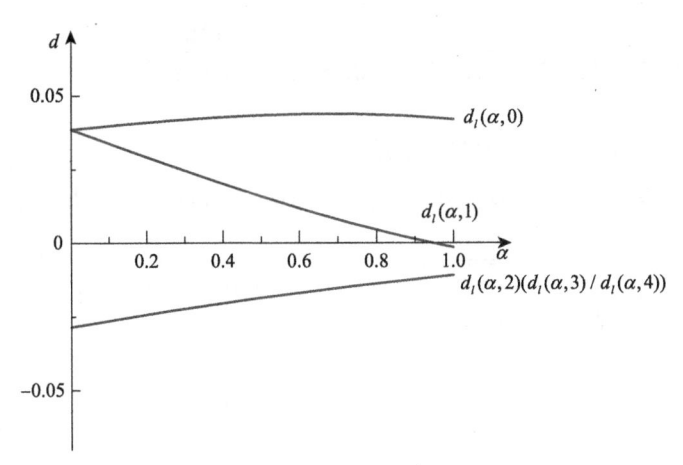

图 6.2 候选人 A_3 的差函数 $d_l(\alpha, k)$ 图

步骤 7 求 $\varphi^L(\alpha)$ 的最优封闭解析式。

由式（6.38）得，当 $\alpha \in [0, 0.98]$ 时，$\varphi^L(\alpha)$ 的最优封闭解析式是

$$\varphi^L(\alpha) = \frac{\sum_{j=1}^{2}(\overline{w_j}(\underline{r_j}-1))^2 + \sum_{j=3}^{5}(\underline{w_j}(r_j-1))^2}{\sum_{j=1}^{2}(\overline{w_j}\underline{r_j})^2 + \sum_{j=3}^{5}(\underline{w_j}r_j)^2}$$

$$= \frac{(\overline{w_1}(\underline{x_1}-1))^2 + (\overline{w_5}(\underline{x_5}-1))^2 + (\underline{w_2}(x_2-1))^2 + (\underline{w_3}(x_3-1))^2 + (\underline{w_4}(x_4-1))^2}{(\overline{w_1}\underline{x_1})^2 + (\overline{w_5}\underline{x_5})^2 + (\underline{w_2}x_2)^2 + (\underline{w_3}x_3)^2 + (\underline{w_4}x_4)^2}$$

$$= \frac{0.277 + 0.004\alpha^4 + 0.017\alpha^3 - 0.015\alpha^2 - 0.202\alpha}{1.378 + 0.004\alpha^4 + 0.058\alpha^3 + 0.376\alpha^2 + 1.155\alpha}$$

(6.50)

当 $\alpha \in (0.98,1]$ 时，$\varphi^L(\alpha)$ 的最优封闭解析式是

$$\varphi^L(\alpha) = \frac{\sum_{j=1}^{1}(\overline{w_j}(\underline{r_j}-1))^2 + \sum_{j=2}^{5}(\underline{w_j}(r_j-1))^2}{\sum_{j=1}^{1}(\overline{w_j}\underline{r_j})^2 + \sum_{j=2}^{5}(\underline{w_j}r_j)^2}$$

$$= \frac{(\overline{w_5}(\underline{x_5}-1))^2 + (\underline{w_2}(x_2-1))^2 + (\underline{w_3}(x_3-1))^2 + (\underline{w_1}(x_1-1))^2 + (\underline{w_4}(x_4-1))^2}{(\overline{w_5}\underline{x_5})^2 + (\underline{w_2}x_2)^2 + (\underline{w_3}x_3)^2 + (\underline{w_1}x_1)^2 + (\underline{w_4}x_4)^2}$$

$$= \frac{0.329 + 0.003\alpha^4 + 0.008\alpha^3 + 0.041\alpha^2 - 0.301\alpha}{1.575 + 0.003\alpha^4 + 0.043\alpha^3 + 0.288\alpha^2 + 1.062\alpha}$$

(6.51)

步骤 8 写出 $RC^L(\alpha)$ 的最优封闭解析式。

由式（6.49）得，当 $\forall \alpha \in [0,1]$ 时，$RC^L(\alpha)$ 的最优封闭解析式是

$$RC^L(\alpha) = \begin{cases} \dfrac{1}{1+\sqrt{\dfrac{0.277 + 0.004\alpha^4 + 0.017\alpha^3 - 0.015\alpha^2 - 0.202\alpha}{1.378 + 0.004\alpha^4 + 0.058\alpha^3 + 0.376\alpha^2 + 1.155\alpha}}}, & 0 \leqslant \alpha \leqslant 0.98, \\[2em] \dfrac{1}{1+\sqrt{\dfrac{0.329 + 0.003\alpha^4 + 0.008\alpha^3 + 0.041\alpha^2 - 0.301\alpha}{1.575 + 0.003\alpha^4 + 0.043\alpha^3 + 0.288\alpha^2 + 1.062\alpha}}}, & 0.98 < \alpha \leqslant 1 \end{cases}$$

(6.52)

（2）计算候选人 A_3 的最大相对相似性 $RC^U(\alpha)$。

步骤 1~3 对 x_i^U 按递增排序。

如图 6.3 所示，由于 $x_1^U(\alpha)$ 和 $x_2^U(\alpha)$（$x_3^U(\alpha) / x_4^U(\alpha)$）在点 (0.75,0.9) 存在交叉，故 x_i^U 排序分 $\alpha \in [0,0.75]$ 和 $\alpha \in [0.75,1]$ 两个子区间，即候选人 A_3 的最大相对相似性要分两阶段计算，即：$\alpha \in [0,0.75]$ 和 $\alpha \in [0.75,1]$。

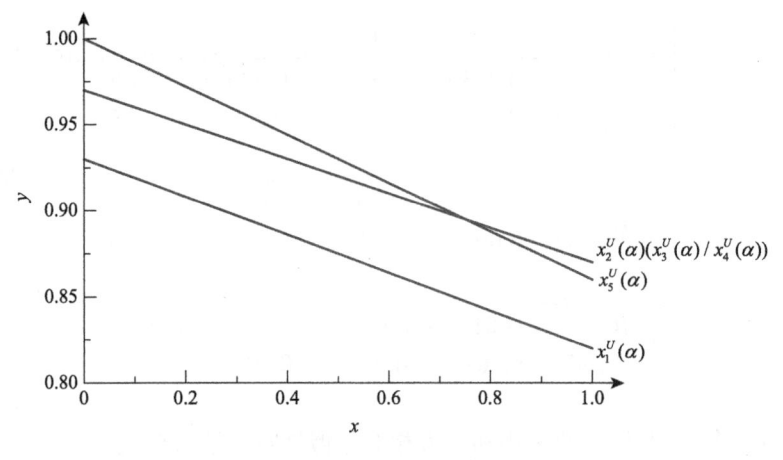

第 6 章 基于一型模糊数的多属性决策方法研究

图 6.3 候选人 A_3 的 $x^U(\alpha)$ 图

步骤 4~8 当 $\alpha \in [0,0.75]$ 时，候选人 A_3 的封闭解 $RC_1^U(\alpha)$ 解析式为

$$RC_1^U(\alpha) = \cfrac{1}{1+\sqrt{\cfrac{0.005+0.001\alpha^4-0.005\alpha^3+0.052\alpha^2+0.027\alpha}{3.935+0.001\alpha^4-0.023\alpha^3+0.19\alpha^2-1.133\alpha}}}, \quad \alpha \in [0,0.75]$$

（6.53）

步骤 9 同理，当 $\alpha \in [0.75,1]$ 时，候选人 A_3 的封闭解 $RC_2^U(\alpha)$ 解析式为

$$RC_2^U(\alpha) = \cfrac{1}{1+\sqrt{\cfrac{0.005+0.001\alpha^4-0.005\alpha^3+0.052\alpha^2+0.027\alpha}{3.935+0.001\alpha^4-0.023\alpha^3+0.19\alpha^2-1.133\alpha}}}, \quad \alpha \in [0.75,1]$$

（6.54）

巧合的是，候选人 A_3 的封闭解 $RC_1^U(\alpha)$ 和 $RC_2^U(\alpha)$ 解析式相同。

步骤 10 合并候选人 A_3 的最大相对相似性解析式 $RC^U(\alpha)$。
由式（6.53）和式（6.54）得，

$$RC^U(\alpha) = \cfrac{1}{1+\sqrt{\cfrac{0.005+0.001\alpha^4+0.005\alpha^3+0.052\alpha^2+0.027\alpha}{3.935+0.001\alpha^4-0.023\alpha^3+0.19\alpha^2-1.133\alpha}}}, \quad \alpha \in [0,1]$$

（6.55）

步骤 11 构建候选人 A_3 的相对相似性封闭解解析式 $\tilde{RC}(\alpha)$。
由式（6.52）和式（6.55）得，

$$RC^L(\alpha) = \begin{cases} \dfrac{1}{1+\sqrt{\dfrac{0.353+0.003\alpha^4-0.007\alpha^3+0.096\alpha^2-0.365\alpha}{1.576+0.003\alpha^4+0.025\alpha^3+0.259\alpha^2+1.108\alpha}}}, \alpha \in [0,0.98] \\ \dfrac{1}{1+\sqrt{\dfrac{0.329+0.003\alpha^4+0.008\alpha^3+0.041\alpha^2-0.301\alpha}{1.575+0.003\alpha^4+0.043\alpha^3+0.288\alpha^2+1.062\alpha}}}, \alpha \in [0.98,1] \end{cases}$$

$$RC^U(\alpha) = \dfrac{1}{1+\sqrt{\dfrac{0.005+0.001\alpha^4-0.005\alpha^3+0.052\alpha^2+0.027\alpha}{3.935+0.001\alpha^4-0.023\alpha^3+0.19\alpha^2-1.133\alpha}}}, \alpha \in [0,1]$$

(6.56)

（3）计算候选人 A_2 的最小和最大相对相似性封闭解解析式。

根据候选人 A_3 的最小和最大相对相似性封闭解解析式计算方法，候选人 A_2 的最小相对相似性封闭解解析式 $RC^L(\alpha)$ 和最大相对相似性封闭解解析式 $RC^U(\alpha)$ 分别是

$$RC^L(\alpha) = \dfrac{1}{1+\sqrt{\dfrac{0.196+0.002\alpha^4-0.017\alpha^3+0.134\alpha^2-0.296\alpha}{2.488+0.002\alpha^4+0.012\alpha^3+0.131\alpha^2+1.061\alpha}}}, \alpha \in [0,1]$$

$$RC^U(\alpha) = \dfrac{1}{1+\sqrt{\dfrac{0.001\alpha^4+0.006\alpha^3+0.012\alpha^2}{3.675+0.001\alpha^4-0.01\alpha^3-0.006\alpha^2+0.036\alpha}}}, \alpha \in [0,1]$$

(6.57)

（4）计算候选人 A_1 的最小和最大相对相似性封闭解解析式。

候选人 A_1 的最小相对相似性封闭解解析式 $RC^L(\alpha)$ 和最大相对相似性封闭解解析式 $RC^U(\alpha)$ 分别是

$$RC^L(\alpha) = \dfrac{1}{1+\sqrt{\dfrac{0.838+0.003\alpha^4-0.026\alpha^3+0.24\alpha^2-0.801\alpha}{1.33+0.003\alpha^4+0.008\alpha^3+0.177\alpha^2+0.903\alpha}}}, \alpha \in [0,1]$$

$$RC^U(\alpha) = \begin{cases} \dfrac{1}{1+\sqrt{\dfrac{0.035+0.003\alpha^4+0.016\alpha^3+0.102\alpha^2+0.099\alpha}{2.901+0.003\alpha^4-0.013\alpha^3+0.025\alpha^2-0.495\alpha}}}, \alpha \in [0,0.16] \\ \dfrac{1}{1+\sqrt{\dfrac{0.039+0.002\alpha^4+0.009\alpha^3+0.098\alpha^2+0.106\alpha}{3.231+0.002\alpha^4-0.015\alpha^3+0.106\alpha^2-0.903\alpha}}}, \alpha \in [0.16,1] \end{cases}$$

(6.58)

由式（6.56）~式（6.58）得，三位候选人完整的相对相似性如图 6.4 所示。

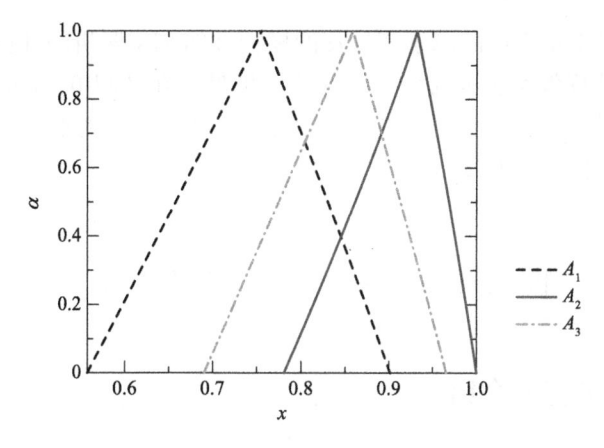

图 6.4 候选人完整的相对相似性

根据本章提出的基于可能均值和变异系数的 T1 FSs 排序方法，由式（6.12）和式（6.15）得，$M(x_1)=0.751$，$M(x_2)=0.926$，$M(x_3)=0.854$，即 $A_2 \succ A_3 \succ A_1$，该排序结果与 Wang 和 Elhag（2006）计算方法的排序结果一致，再次证明该方法的合理性。

为了与 Wang 和 Elhag（2006）的计算结果相比较，本书对基于变量 α 的封闭解解析式进行粒度切分，所得相对相似性区间如表 6.6 所示。

表 6.6 候选人评价结果比较

α	解析式			α 切割法		
	A_1	A_2	A_3	A_1	A_2	A_3
0	[0.56, 0.90]	[0.78, 1.00]	[0.69, 0.97]	[0.55, 0.90]	[0.78, 1.00]	[0.68, 0.96]
0.1	[0.58, 0.89]	[0.80, 0.99]	[0.71, 0.96]	[0.58, 0.89]	[0.80, 0.99]	[0.70, 0.95]
0.2	[0.60, 0.87]	[0.81, 0.99]	[0.72, 0.95]	[0.60, 0.87]	[0.81, 0.99]	[0.72, 0.94]
0.3	[0.62, 0.86]	[0.83, 0.98]	[0.74, 0.93]	[0.62, 0.86]	[0.83, 0.98]	[0.73, 0.93]
0.4	[0.64, 0.84]	[0.85, 0.98]	[0.76, 0.92]	[0.64, 0.85]	[0.85, 0.98]	[0.75, 0.92]
0.5	[0.66, 0.83]	[0.86, 0.97]	[0.77, 0.91]	[0.66, 0.83]	[0.86, 0.97]	[0.77, 0.91]
0.6	[0.68, 0.82]	[0.88, 0.96]	[0.79, 0.90]	[0.68, 0.82]	[0.88, 0.96]	[0.79, 0.90]
0.7	[0.70, 0.80]	[0.89, 0.95]	[0.81, 0.89]	[0.70, 0.80]	[0.89, 0.95]	[0.81, 0.89]
0.8	[0.72, 0.79]	[0.91, 0.95]	[0.82, 0.88]	[0.72, 0.79]	[0.91, 0.95]	[0.82, 0.88]
0.9	[0.74, 0.77]	[0.92, 0.94]	[0.84, 0.87]	[0.74, 0.77]	[0.92, 0.94]	[0.84, 0.87]
1	[0.76, 0.76]	[0.93, 0.93]	[0.86, 0.86]	[0.76, 0.76]	[0.93, 0.93]	[0.86, 0.86]

如表 6.6 所示，对于相同的切割水平 α，两种方法的相对相似性计算结果几

乎完全相同。但本章提出的基于变量 α 的模糊 TOPSIS 解析法计算结果准确，且大大提高了其计算效率。因为该方法计算结果是 α 在区间[0, 1]的相对相似性函数，而不是通过 α 在区间[0, 1]的切割粒度决定计算结果的准确性。并且该方法可得到相对相似性整体的 T1 FSs 图形。

6.4 基于综合模糊多准则决策方法的电动公交车充电站选址

6.4.1 研究背景介绍

随着碳中和目标的提出，减少碳排放（carbon emission，CE）成为众多学者关注的焦点（He et al., 2018；Karasan et al., 2020；Liang et al., 2021）。在中国，交通部门的二氧化碳排放量占能源总排放量的 20%~30%。因此，如何降低交通部门的碳排放成为中国的一个重要问题（Zhao and Li, 2016）。由于电动公交车具有较高的舒适性和显著的降低碳排放效果，因此它成为降低城市交通碳排放的可行且重要的起点。近年来，中国政府出台了各种政策法规来促进电动公交车应用。在南京市，已有超过 8 000 辆纯电动公交车投入公共交通系统。电动公交车的效用虽然在二氧化碳排放、噪声控制、乘客舒适度等方面具有显著优势，但在里程、充电地点和时间安排等方面给城市交通管理带来了不可避免的挑战（Wu et al., 2017）。无论是从电动公交车里程管理和充电站时间安排的日常管理，还是从设备投资和维护的长期管理来看，EBCS 选址决策都成为一个必不可少且不可避免的问题。

尽管电动公交车已在多个城市成功应用，但由于 EBCS 与城市交通、车站投资成本、运营成本、城市路网规划协调等存在错综复杂的关系，如何进行 EBCS 的选址决策仍是一个悬而未决的难题。此外，一些相关因素（如，与城市道路网络规划的协调、对生态环境的影响）难以用清晰的数字进行量化。

为了克服 EBCS 的选址问题，已有的研究成果可以为我们提供启示。Zadeh（1965）提出的模糊集理论可用于改进对 EBCS 选址问题中不确定因素的评估。在选址评价过程中，不同评价指标之间的优先关系是一个不可避免的关键问题（Ju et al., 2019；Liang et al., 2020）。PROMETHEE 是一种处理成对比较标准优先关系的有效方法（Wang et al., 2020）。其主要思想是通过偏好函数确定标准之间的优先级关系。在传统的 PROMETHEE 方法中，评价指标值被定义为清晰的数字。模糊数可以描述为三角模糊数，它是处理主观评估的不精确性或模糊性的适当方法。它被广泛用于解决位置选择问题中的优先级关系（Zhan et al., 2020；Zapletal,

2021)。因此，本书计划提出一种扩展的模糊 PROMETHEE 方法来确定电动公交车应用的最佳充电站站点（Wu et al.，2016）。

另外，由于许多评价指标对 EBCS 站点位置的选择有不同的影响，因此应为这些评价指标分配不同的权重。DEMATEL 是一种分析评价指标之间相互依赖关系的有用方法（Gül，2020；Li et al.，2020；Qi et al.，2020）。它不仅通过研究评价指标之间的相互关系来提取评价指标之间的因果依赖关系，而且还确定了它们的权重。因此，本书使用模糊 DEMATEL 来模拟 EBCS 站点位置评价指标之间的依赖关系，并确定它们在选择过程中的相对权重。

此外，由于决策者的非理性决策心理，决策者的行为将在 EBCS 站点位置选择中发挥重要作用。前景理论是心理学中最广泛的行为理论之一，它假设个体在面临未来风险时，会表现出对收益的风险规避倾向和对损失的风险寻求倾向（Fang et al.，2018）。因此，在通过偏好函数确定标准之间的优先关系时，拟结合决策心理。

上述原因促使笔者将模糊 DEMATEL、模糊 PROMETHEE 与前景理论相结合，为公交公司选择最佳 EBCS 站点位置。本文的主要贡献在于三个方面：首先，通过扩展模糊 PROMETHEE 方法，提出了一种用于 EBCS 站点定位的 MCDM 方法。其次，使用模糊 PROMETHEE 方法、前景理论和 DEMATEL 方法开发不确定条件下 EBCS 站点位置的排名框架。最后，基于多个指标分析 EBCS 站点位置的含义和比较。

6.4.2 EBCS 选址评价标准体系

1）交通方面

（a）总投资成本（C_4）。

投资成本以固定资产投资为成本预测的主要对象，包括静态费用和动态费用。对于 EBCS 站点位置的构建，静态投资包括建设工程费用、设备采购费用、安装工程费用和其他费用（Chung and Kwon，2015）。动态成本包括利差准备金成本和建设期贷款利息。充电站建在现有停车场上，不包括征地和场地平整费用。假设所有费用都由公交公司垫付，没有贷款。因此，固定资产投资可以简化为静态成本估算。

假设一台充电主机器有两个充电桩，公交车与充电桩的比例为 1：2。一个充电设备加两个充电桩的成本是 20 万元。此外，一个充电器需要配备一个变压器箱，费用为 50 万元。其他相关费用为 50 万元。

（b）运作成本（C_5）。

由于所有费用均由公交公司垫付，EBCS 的运营成本主要包括运营维护成本、充电站运营过程中的电损费等。为提高车桩比，EBCS需配备专人负责充电调度管理。因此，专用充电站的运营成本还应包括运营和管理成本（Uslu and Kaya, 2021）。

运行维护成本包括设备维修维护成本和备件，可按充电站固定资产总额的2%~5%计算。

在功率损耗计算方面，整个充电站的功率效率计算为0.85。购电成本按"优惠大工业用电（1~10千伏）"计算，即正常期：0.622 2元/千瓦·时，高峰期：0.911 9元/千瓦·时，低谷期：0.332 5元/千瓦·时。由于现有电动公交车的续航里程约为200千米，主要充电时间将在夜间返回公交车始发站、终点站或停车场后进行充电。从节省成本的角度来看，充电时间基本上是24：00到早上6：00。计算公式如下：

功率损耗（元）= 0.322 5 ×（1−0.85）× 充电桩数量 × 6 × 350

其中，6表示每个电动公交车每天的充电时间；350表示充电站每年运行的天数。

经营管理费用主要是指管理人员的工资。一般情况下，充电站配备1名工作人员，年薪预计6万元。

充电成本是指充电过程中用电的成本，其计算公式为

充电成本 = 充电桩数量 × 0.5 × 200 × 电价 × 350

其中，0.5表示公交车与充电桩的比值；200表示每个电动公交车的日均行驶里程；350表示充电站每年运营的天数。

（c）环境效益（C_6）。

环境效益是指在消耗某些自然资源的条件下，污染物的排放所引起的环境结构和功能发生变化，从而影响人们的生活和生产环境。传统公交车在运营过程中，二氧化碳一直被认为是造成城市空气污染的主要原因之一，污染物减排实际上可以有效改善城市空气质量。据统计，柴油车百千米二氧化碳排放量为84.7千克，天然气汽车百千米二氧化碳排放量为78.9千克。由于现有公交车既有柴油又有天然气，二氧化碳排放量为两者的平均值，为81.8千克（Uslu and Kaya, 2021）。

因此，每个公交车站每年的环境效益值可以表示为

环境效益值（元）= 0.023（元/千克）× 81.8（千克）× 2 × 公交车数量

其中，0.023是中国二氧化碳的环境价值。

2）技术方面

（a）变电站容量（C_7）。

在某地建立EBCS后将影响电网的安全运行。原有的电网结构可能需要修改，如需要新的输电线路和变压器。变电站容量是指公交车站所能满足的最大充电负荷和用电量（García-Álvarez et al., 2018）。

（b）与城市道路网络规划的协调性（C_8）。

从城市规划的角度来看，EBCS 的选址需要充分考虑城市交通网络布局的约束，如城市主要干线的交会处、主要出入口道路和高速公路的交会处，城市、重要人口居住区和城市规划的主要功能区划（Guo and Zhao，2015）。

（c）与城市电网规划的协调性（C_9）。

从电网规划来看，作为低压配电系统的重要组成部分，EBCS 的选址应结合配电系统的现状、近期和远期规划、电网建设和改造。该中心还应满足负载均衡、电能质量和供电可靠性的要求（He et al.，2018；Hussain et al.，2020）。

3）环境方面

（a）对周边居民生活的影响（C_{10}）。

对周边居民生活的影响，指电动公交车充电过程中产生的噪声、电磁场对周围居民的干扰，废水、有害气体、固体废物等（Sang and Liu，2016；Liu et al.，2019）。

（b）对周边生态环境的影响（C_{11}）。

对周边生态环境的影响，包括开发 EBCS 造成的水土流失、植被破坏、建筑垃圾和建筑污水等各种影响（Wu et al.，2016；Wu et al.，2017；Karasan et al.，2020）。

6.4.3 计算过程

基于综合 PROMETHEE-PT 和 DEMATEL 的方法及其在 EBCS 选址中的应用计算过程如下：

步骤 1 构建和模糊化决策矩阵

假设 $\tilde{\tilde{x}}_{ji} = (a_{ji}, b_{ji}, d_{ji}; 1)$ 为一型模糊数，规范化过程可以如下进行：

$$\tilde{\tilde{x}}_{ji} = \left(\frac{a_{ji} - e_{ji}^-}{d_{ji}^* - a_{ji}^-}, \frac{b_{ji} - a_{ji}^-}{d_{ji}^* - a_{ji}^-}, \frac{d_{ji} - a_{ji}^-}{d_{ji}^* - a_{ji}^-}; 1 \right), i \in \Omega_b \quad (6.59)$$

$$\tilde{\tilde{x}}_{ji} = \left(\frac{d_{ji}^* - d_{ji}}{d_{ji}^* - a_{ji}^-}, \frac{d_{ji}^* - b_{ji}}{d_{ji}^* - a_{ji}^-}, \frac{d_{ji}^* - a_{ji}}{d_{ji}^* - a_{ji}^-}; 1 \right), i \in \Omega_c \quad (6.60)$$

其中，Ω_b 指收益型指标；Ω_c 指成本型指标，且 $d_i^* = \max_j d_{ji}, i \in \Omega_b$，$a_i^- = \min_j a_{ji}$，$i \in \Omega_c$。

步骤 2 用模糊 DEMATEL 方法计算评价指标的权重。

步骤 3 用模糊平均决策矩阵计算 EBCS 站点位置的排序值。

根据式（6.12）~式（6.15），可以得到带有模糊平均决策矩阵的 EBCS 站点位置的排序值。

步骤 4 用前景理论计算期望值。

将式（3.21）代入式（5.9）得，收益和损失的计算表达式可转化为如下形式：

$$p_c(A_j, A_i) = \begin{cases} (d(\tilde{x}_{jc}, \tilde{x}_{ic}))^\alpha, & \text{如果} \operatorname{Rank}(\tilde{x}_{jc}) > \operatorname{Rank}(\tilde{x}_{ic}) \\ -\lambda(d(\tilde{x}_{ic}, \tilde{x}_{jc}))^\beta, & \text{如果} \operatorname{Rank}(\tilde{x}_{jc}) < \operatorname{Rank}(\tilde{x}_{ic}) \\ 0, & \text{其他} \end{cases} \quad (6.61)$$

其中，$d(\tilde{x}_{jc}, \tilde{x}_{ic})$ 是由公式计算的 $\tilde{x}_{jc}$ 和 $\tilde{x}_{ic}$ 之间的距离。

步骤 5　计算整体模糊前景值。

将式（6.61）代入式（3.22）得，每个备选方案的全局偏好可以改写为

$$\tilde{\pi}(\tilde{x}_m, \tilde{x}_n) = \sum_{i=k}^{n} P_i(\tilde{x}_m, \tilde{x}_n)\tilde{w}_i \quad (6.62)$$

步骤 6　计算正和负控制流量。

式（3.23）~式（3.24）中替代方案的正优先流和负优先流可相应修改为

$$\phi^+(\tilde{x}_m) = \frac{1}{n-1}\operatorname{Rank}\left(\sum_{x \in A} \pi(\tilde{x}_m, \tilde{x}_n)\right) \quad (6.63)$$

$$\phi^-(\tilde{x}_m) = \frac{1}{n-1}\operatorname{Rank}\left(\sum_{x \in A} \pi(\tilde{x}_n, \tilde{x}_m)\right) \quad (6.64)$$

步骤 7　使用 PROMETHEE 方法对备选方案进行排名。

（1）对于 PROMETHEE Ⅰ方法，根据式（3.25）可以列出预排序的交集。

（2）对于 PROMETHEE Ⅱ方法，计算净排名流量公式如下所示：

$$\phi(\tilde{x}_m) = \phi^+(\tilde{x}_m) - \phi^-(\tilde{x}_m) \quad (6.65)$$

$\phi(\tilde{x}_m)$ 越大，该替代方案就越好。

6.4.4　案例分析

1）问题介绍

作为六朝古都，南京不仅历史文化悠久，而且是最早实施新能源公交车的城市之一。据悉，南京主城区已基本实现电动公交车全覆盖。其中面积最大、地区生产总值最大的江宁区也积极响应政府号召，现拟就 EBCS 在某一区域的选址做出决定。假设有替代的 EBCS 站点位置，所有站点都是巴士始发站、终点站和停靠场。由于资金限制，公交公司需要对江宁区 6 个备选电动公交车充电站选址（$A_1—A_6$）进行排序。

2）数据收集

本案例研究中有两种类型的数据集用于 EBCS 位置：

（a）定性评价指标。它们由决策者提供用于评估指标 $C_{1-2,4-7}$，语言变量选自表 6.7。

第 6 章 基于一型模糊数的多属性决策方法研究

表 6.7 评价值的语言变量

语言变量	模糊数
非常低（VL）	(0, 0, 0.25; 1)
低（L）	(0, 0.25, 0.5; 1)
中等（M）	(0.25, 0.5, 0.75; 1)
高（H）	(0.5, 0.75, 1; 1)
非常高（VH）	(0.75, 1, 1; 1)

（b）定量评价指标。它们来自特定数据源或通过公式计算所得。评价指标包括 $C_{3,8-11}$，数据见表 6.8。

表 6.8 指标评价值

评价指标	备选方案	平均评价值	标准化平均值
公交车数量 C_1	A_1	(112, 112, 112; 1)	(0.74, 0.74, 0.74; 1)
	A_2	(65, 65, 65; 1)	(0.35, 0.35, 0.35; 1)
	A_3	(143, 143, 143; 1)	(1, 1, 1; 1)
	A_4	(23, 23, 23; 1)	(0, 0, 0; 1)
	A_5	(24, 24, 24; 1)	(0.01, 0.01, 0.01; 1)
	A_6	(24, 24, 24; 1)	(0.01, 0.01, 0.01; 1)
公交车线路数 C_2	A_1	(11, 11, 11; 1)	(0.75, 0.75, 0.75; 1)
	A_2	(6, 6, 6; 1)	(0.33, 0.33, 0.33; 1)
	A_3	(14, 14, 14; 1)	(1, 1, 1; 1)
	A_4	(2, 2, 2; 1)	(0, 0, 0; 1)
	A_5	(4, 14, 14; 1)	(0.17, 0.17, 0.17; 1)
	A_6	(3, 2, 2; 1)	(0.08, 0.08, 0.08; 1)
交通便利性 C_3	A_1	(0, 0.25, 0.5; 1)	(0, 0.25, 0.5; 1)
	A_2	(0.5, 0.75, 1; 1)	(0.5, 0.75, 1; 1)
	A_3	(0.5, 0.75, 1; 1)	(0.5, 0.75, 1; 1)
	A_4	(0.25, 0.5, 0.75; 1)	(0.25, 0.5, 0.75; 1)
	A_5	(0, 0.25, 0.5; 1)	(0, 0.25, 0.5; 1)
	A_6	(0.25, 0.5, 0.75; 1)	(0.25, 0.5, 0.75; 1)
…	…	…	…

续表

评价指标	备选方案	平均评价值	标准化平均值
对居民生活影响 C_{10}	A_1	(0.75, 1, 1; 1)	(0.75, 1, 1; 1)
	A_2	(0.25, 0.5, 0.75; 1)	(0.25, 0.5, 0.75; 1)
	A_3	(0.5, 0.75, 1; 1)	(0.5, 0.75, 1; 1)
	A_4	(0.08, 0.33, 0.58; 1)	(0.08, 0.33, 0.58; 1)
	A_5	(0.08, 0.25, 0.5; 1)	(0.08, 0.25, 0.5; 1)
	A_6	(0.08, 0.33, 0.58; 1)	(0.08, 0.33, 0.58; 1)
对生态环境的影响 C_{11}	A_1	(0, 0.25, 0.5; 1)	(0.5, 0.75, 1; 1)
	A_2	(0.5, 0.75, 1; 1)	(0, 0.25, 0.5; 1)
	A_3	(0.5, 0.75, 1; 1)	(0, 0.25, 0.5; 1)
	A_4	(0.25, 0.5, 0.75; 1)	(0.25, 0.5, 0.75; 1)
	A_5	(0, 0.25, 0.5; 1)	(0.5, 0.75, 1; 1)
	A_6	(0.25, 0.5, 0.75; 1)	(0.25, 0.5, 0.75; 1)

在以上评价标准中，C_{4-5} 和 C_{10-11} 是成本型指标，其余都是效益型指标。为保护数据机密性，企业名称已更改为无意义的符号数据。

3）权重的确定

模糊 DEMATEL 中提出的权重确定方法将应用于这部分。

（a）生成和规范化直接关系矩阵。

三位专家对交通、经济、技术、环境等 11 个标准进行评价，生成三个模糊的直接影响矩阵。假设专家权重相同，则由式（6.9）得到归一化直接关系矩阵，如表 6.9 所示。

表 6.9 标准化的直接关系矩阵

	C_1	C_2	…	C_9	C_{10}	C_{11}
C_1	(0, 0, 0.25; 1)	(0.5, 0.75, 0.92; 1)	…	(0.25, 0.42, 0.67; 1)	(0.42, 0.67, 0.92; 1)	(0.17, 0.33, 0.58; 1)
C_2	(0.5, 0.75, 1; 1)	(0, 0, 0.25; 1)	…	(0.17, 0.33, 0.58; 1)	(0.33, 0.58, 0.83; 1)	(0.17, 0.33, 0.58; 1)
C_3	(0.33, 0.58, 0.83; 1)	(0.33, 0.58, 0.83; 1)	…	(0.25, 0.42, 0.67; 1)	(0.42, 0.67, 0.83; 1)	(0.08, 0.33, 0.58; 1)
C_4	(0.5, 0.75, 1; 1)	(0.42, 0.67, 0.92; 1)	…	(0.25, 0.5, 0.75; 1)	(0.25, 0.5, 0.75; 1)	(0.08, 0.25, 0.5; 1)
C_5	(0.5, 0.75, 1; 1)	(0.5, 0.75, 1; 1)	…	(0.08, 0.33, 0.58; 1)	(0.33, 0.58, 0.83; 1)	(0.17, 0.42, 0.67; 1)
C_6	(0.42, 0.67, 0.92; 1)	(0.58, 0.83, 1; 1)	…	(0.25, 0.5, 0.75; 1)	(0.33, 0.58, 0.83; 1)	(0.25, 0.5, 0.75; 1)
C_7	(0.5, 0.75, 0.92; 1)	(0.5, 0.75, 1; 1)	…	(0.42, 0.67, 0.92; 1)	(0.25, 0.42, 0.67; 1)	(0, 0.08, 0.33; 1)

续表

	C_1	C_2	...	C_9	C_{10}	C_{11}
C_8	(0.75, 1, 1; 1)	(0.67, 0.92, 1; 1)	...	(0.25, 0.5, 0.75; 1)	(0.17, 0.42, 0.67; 1)	(0.17, 0.33, 0.58; 1)
C_9	(0.58, 0.83, 0.92; 1)	(0.5, 0.75, 0.92; 1)	...	(0, 0, 0.25; 1)	(0.25, 0.5, 0.75; 1)	(0.25, 0.42, 0.58; 1)
C_{10}	(0.5, 0.75, 0.92; 1)	(0.5, 0.75, 0.92; 1)	...	(0.33, 0.58, 0.75; 1)	(0, 0, 0.25; 1)	(0.08, 0.17, 0.42; 1)
C_{11}	(0.58, 0.83, 1; 1)	(0.58, 0.83, 1; 1)	...	(0.58, 0.83, 0.92; 1)	(0.75, 1, 1; 1)	(0, 0, 0.25; 1)

（b）计算总关系矩阵。

由式（6.10）得，总关系决策矩阵如表 6.10 所示。

表 6.10 总关系决策矩阵

	C_1	C_2	...	C_9	C_{10}	C_{11}
C_1	(0.47, 1.90, 5.13; 1)	(0.94, 2.89, 6.04; 1)	...	(0.65, 1.94, 4.85; 1)	(0.78, 2.35, 5.22; 1)	(0.22, 1, 3.49; 1)
C_2	(0.71, 2.24, 5.23; 1)	(0.42, 2.03, 5.35; 1)	...	(0.51, 1.63, 4.48; 1)	(0.65, 2.11, 4.91; 1)	(0.21, 0.95, 3.35; 1)
C_3	(0.71, 2.24, 5.23; 1)	(0.42, 2.03, 5.35; 1)	...	(0.51, 1.63, 4.48; 1)	(0.65, 2.11, 4.91; 1)	(0.21, 0.95, 3.35; 1)
C_4	(0.67, 2.18, 5.16; 1)	(0.70, 2.49, 5.64; 1)	...	(0.51, 1.71, 4.52; 1)	(0.58, 2.06, 4.90; 1)	(0.13, 0.86, 3.28; 1)
C_5	(0.74, 2.30, 5.24; 1)	(0.74, 2.63, 5.72; 1)	...	(0.49, 1.82, 4.63; 1)	(0.5, 1.94, 4.71; 1)	(0.15, 1.04, 3.40; 1)
C_6	(0.85, 2.66, 5.87; 1)	(1.03, 3.17, 6.44; 1)	...	(0.72, 2.21, 5.24; 1)	(0.87, 2.68, 5.65; 1)	(0.26, 1.17, 3.77; 1)
C_7	(0.82, 2.42, 5.36; 1)	(0.84, 2.73, 5.85; 1)	...	(0.68, 1.92, 4.74; 1)	(0.59, 2, 4.9; 1)	(0.12, 0.96, 3.46; 1)
C_8	(1.03, 2.9, 5.51; 1)	(1.03, 3.24, 6.03; 1)	...	(0.67, 2.12, 4.84; 1)	(0.69, 2.43, 5.17; 1)	(0.21, 1.19, 3.63; 1)
C_9	(0.93, 2.74, 5.47; 1)	(0.97, 3.07, 5.97; 1)	...	(0.56, 1.76, 4.61; 1)	(0.78, 2.44, 5.1; 1)	(0.29, 1.22, 3.56; 1)
C_{10}	(0.97, 2.68, 5.41; 1)	(1.06, 3.09, 5.92; 1)	...	(0.72, 1.99, 4.63; 1)	(0.4, 1.69, 4.58; 1)	(0.16, 1.02, 3.44; 1)
C_{11}	(1.24, 2.63, 5.28; 1)	(1.49, 3.85, 6.42; 1)	...	(1.17, 2.75, 5.17; 1)	(1.25, 2.94, 5.29; 1)	(0.14, 0.82, 3.36; 1)

（c）计算评价指标 C_j 的影响度和被影响度，如表 6.11 所示。

表 6.11 评价指标的影响度和被影响度

评价指标	C_1	C_2	C_3	C_4	C_5	C_6	C_7	C_8	C_9	C_{10}	C_{11}
影响度	5.42	5.38	5.59	5.61	5.37	5.68	5.61	5.56	5.69	5.53	5.16
被影响度	−0.88	−0.02	−0.09	0.25	0.33	−0.58	0.15	−0.58	0.81	−0.2	0.43

（d）计算评价指标 C_i 对应的权重 w_i。

由式（6.11）得，表 6.11 描述了 11 个评价指标的影响程度和被影响程度，可以根据影响程度（r+d）对它们的重要性进行排序，如图 6.5 所示。

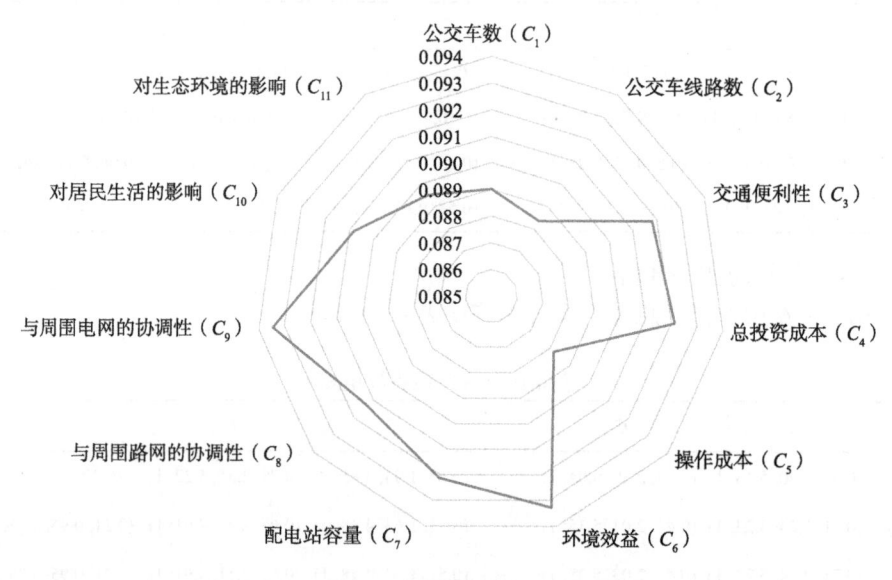

图 6.5 评价指标的权重

根据表 6.11 的数据，所有评价指标的权重大小排序为

$$C_9 > C_6 > C_4 = C_7 > C_3 > C_8 > C_{10} > C_{11} > C_1 > C_2 > C_5$$

（e）计算因果关系图。

选取矩阵 T 中每个元素的平均值作为阈值，值为 2.47。相应地，11 个评价标准之间因果关系的有向图如图 6.6 所示。

4）EBCS 站点位置选择

由于获得了评价标准的定量和定性指标的数据，下面列出 EBCS 选址过程。

步骤 1　标准化决策矩阵 $\tilde{X}$。

对于模糊变量，平均评价值可通过对三个决策者的模糊意见求平均得到，即 $\tilde{x}_{ji} = \frac{1}{3}\sum_{k=1}^{3}\tilde{x}_{ji}^{k}$，其中，$\tilde{x}_{ji}^{k}$ 是第 k 个决策者就备选对象 X_i 第 j 个评价指标给出的评价值。然后，我们利用式（6.59）和式（6.60）分别对收益型指标和成本型指标进行标准化。

步骤 2　计算模糊平均决策矩阵中 EBCS 站点位置评价的排序值。

假设模糊数排序计算公式中的参数 $f(\alpha) = \alpha$，根据式（6.12）~式（6.15）得，备选 EBCS 站点位置的归一化评价标准值的排序值如表 6.12 所示。

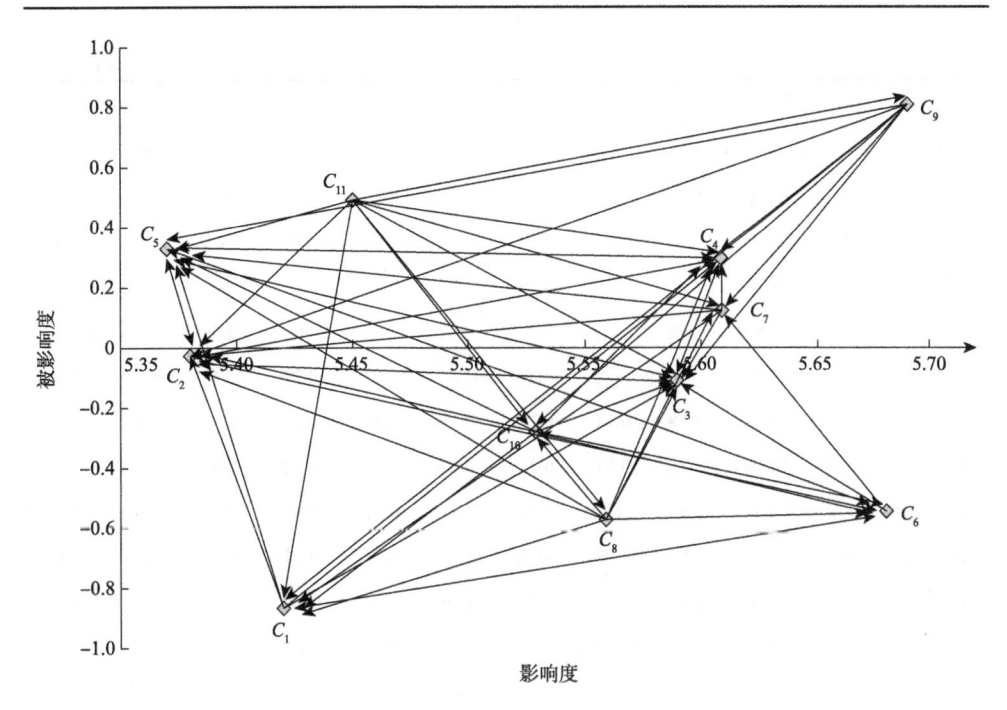

第 6 章 基于一型模糊数的多属性决策方法研究

图 6.6 评价指标间的因果关系图

表 6.12 标准化后评价值的排序值

备选方案	C_1	C_2	C_3	C_4	C_5	C_6	C_7	C_8	C_9	C_{10}	C_{11}
A_1	0.74	0.75	1	0.31	0.78	0.74	0.8	0.92	0.83	0.33	0
A_2	0.35	0.33	0.5	0.5	0.89	0.35	0.4	0.58	0.75	0.75	0.75
A_3	1	1	0.75	0	0.7	1	1	0.75	0.5	0.5	0.25
A_4	0	0	0.33	0.81	1	0	0	0.58	0.33	0.33	0.5
A_5	0.01	0.17	0.25	0.81	1	0.01	0	0.33	0.42	0.42	0.33
A_6	0.01	0.08	0.33	0.81	1	0.01	0	0.5	0.67	0.67	0.25

步骤 3 计算替代 EBCS 站点位置之间的收益和损失值。

对于每个评估值，根据式（6.61）计算的收益和损失值如表 6.13 所示。

表 6.13 备选方案间的收益或损失值

损失（收益）	C_1	C_2	C_3	C_4	C_5	C_6	C_7	C_8	C_9	C_{10}	C_{11}
$P(A_1, A_2)$	0.44	0.47	0.54	-0.52	-0.32	0.44	0.45	0	0.38	-1.04	-1.75
$P(A_2, A_1)$	-0.98	-1.04	-1.22	0.23	0.14	-0.99	-1.01	0	-0.86	0.46	0.78
$P(A_1, A_3)$	-0.69	-0.66	0.3	0.36	0.11	-0.55	-0.55	-1.22	0.21	-0.47	-0.66

续表

损失（收益）	C_1	C_2	C_3	C_4	C_5	C_6	C_7	C_8	C_9	C_{10}	C_{11}
$P(A_3, A_1)$	0.31	0.3	−0.66	−0.8	−0.24	0.24	0.24	0.54	−0.46	0.21	0.3
$P(A_1, A_4)$	0.77	0.78	0.7	−1.22	−0.59	0.77	0.82	−1.22	0.46	0	−1.22
$P(A_4, A_1)$	−1.73	−1.75	−1.58	0.54	0.26	−1.73	−1.85	0.54	−1.04	0	0.54
$P(A_1, A_5)$	0.76	0.62	0.77	−1.22	−0.59	0.76	0.82	0	0.62	−0.25	−0.86
$P(A_5, A_1)$	−1.71	−1.39	−1.75	0.54	0.26	−1.71	−1.85	0	−1.4	0.11	0.38
$P(A_1, A_6)$	0.76	0.7	0.7	−1.22	−0.59	0.76	0.82	−1.22	0.54	−0.86	−0.66
$P(A_6, A_1)$	−1.71	−1.58	−1.58	0.54	0.26	−1.71	−1.85	0.54	−1.22	0.38	0.3
$P(A_2, A_3)$	−1.54	−1.58	−0.66	0.54	0.23	−1.54	−1.44	−1.22	−0.46	0.3	0.54
$P(A_3, A_2)$	0.68	0.7	0.3	−1.22	−0.52	0.68	0.64	0.54	0.21	−0.66	−1.22
$P(A_2, A_4)$	0.4	0.38	0.21	−0.8	−0.32	0.4	0.45	−1.22	0.11	0.46	0.3
$P(A_4, A_2)$	−0.89	−0.85	−0.47	0.36	0.14	−0.89	−1.01	0.54	−0.25	−1.04	−0.66
$P(A_2, A_5)$	0.39	0.2	0.3	−0.8	−0.32	0.39	0.45	0	0.3	0.38	0.46
$P(A_5, A_2)$	−0.87	−0.45	−0.66	0.36	0.14	−0.87	−1.01	0	−0.66	−0.86	−1.04
$P(A_2, A_6)$	0.39	0.3	0.21	−0.8	−0.32	0.39	0.45	−1.22	0.21	0.11	0.54
$P(A_6, A_2)$	−0.87	−0.66	−0.47	0.36	0.14	−0.87	−1.01	0.54	−0.46	−0.25	−1.22
$P(A_3, A_4)$	1	1	0.46	−1.87	−0.78	0.39	0.45	−1.22	0.3	0.21	−0.66
$P(A_4, A_3)$	−2.25	−2.25	−1.04	0.83	0.35	−2.25	−2.25	0	−0.66	−0.47	0.3
$P(A_3, A_5)$	0.99	0.85	0.54	−1.87	−0.78	0.99	1	0.54	0.46	0.11	−0.25
$P(A_5, A_3)$	−2.23	−1.91	−1.22	0.83	0.35	−2.23	−2.25	−1.22	−1.04	−0.25	0.11
$P(A_3, A_6)$	0.99	0.93	0.46	−1.87	−0.78	0.99	1	0	0.38	−0.47	0
$P(A_6, A_3)$	−2.23	−2.09	−1.04	0.83	0.35	−2.23	−2.25	0	−0.86	0.21	0
$P(A_4, A_5)$	−0.04	−0.47	0.11	0	0	−0.04	0	0.54	0.21	−0.25	0.21
$P(A_5, A_4)$	0.02	0.21	−0.25	0	0	0.02	0	−1.22	−0.46	0.11	−0.47
$P(A_4, A_6)$	−0.04	−0.24	0	0	0	−0.04	0	0	0.11	−0.86	0.3
$P(A_6, A_4)$	0.02	0.11	0	0	0	0.02	0	0	−0.25	0.38	−0.66
$P(A_5, A_6)$	0	0.12	−0.25	0	0	0	0	−1.22	−0.25	−0.66	0.11
$P(A_6, A_5)$	0	−0.27	0.11	0	0	0	0	0.54	0.11	0.3	−0.25

步骤4 计算备选方案的正、负序流量。

根据式（6.63）~式（6.65）得，备选 EBCS 站点位置的正序流量、负序流量和净排序流量的结果如表 6.14 所示。

表 6.14　备选 EBCS 站点位置的流量值

流量值	A_1	A_2	A_3	A_4	A_5	A_6
$\Phi^+(A_i)$	−0.29	−0.04	0.56	−0.6	−0.89	−0.48
$\Phi^-(A_i)$	−0.37	−0.53	−1.31	0.09	0.36	0.03
$\Phi^+(A_i)-\Phi^-(A_i)$	0.08	0.49	1.87	−0.69	−1.25	−0.51

步骤 5　对备选 EBCS 站点位置进行排序。

（a）使用 PROMETHEE Ⅰ 方法对 EBCS 站点位置进行排序。

根据表 6.14 中的计算结果和偏序规则，可以找到备选 EBCS 站点位置的首选顺序如下：

$$A_3 \succ^I A_2, \quad A_2 \succ^I A_1, \quad A_1 \succ^I A_6, \quad A_6 \succ^I A_4, \quad A_4 \succ^I A_5$$

由 PROMETHEE Ⅰ 方法得出的部分预排序见图 6.7（a）。

（b）使用 PROMETHEE Ⅱ 方法对 EBCS 站点位置进行排名。

根据表 6.13 的计算结果，备选 EBCS 站点位置的总关系可以表示为

$$A_3 \succ A_2 \succ A_1 \succ A_6 \succ A_4 \succ A_5$$

其排序关系如图 6.7（b）所示。

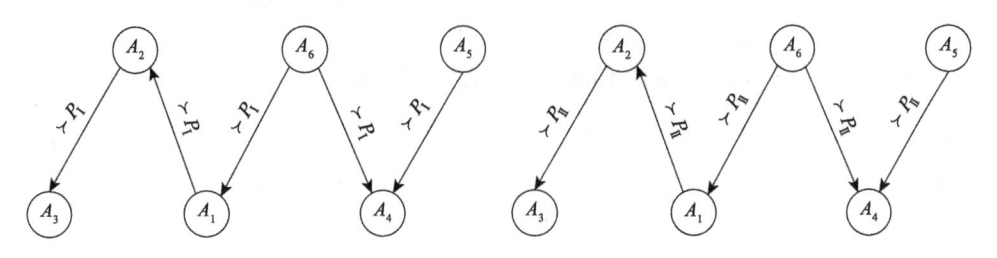

（a）部分 PROMETHEE Ⅰ 关系　　　　（b）总的 PROMETHEE Ⅱ 关系

图 6.7　基于 PROMETHEE Ⅰ（Ⅱ）方法的 EBCS 站点位置排序

5）比较分析

为证明所提出的扩展模糊 PROMETHEE 方法的可行性和有效性，本书用 PROMETHEE 方法和 ELECTRE 方法对同一案例的计算结果进行比较分析。

ELECTRE 方法的基本思想是通过构建一系列弱支配关系来消除不良方案，直到决策者可以选择最满意的方案。其中，PROMETHEE Ⅰ 和 ELECTRE Ⅰ 方法用于解决基于部分流的排序问题。PROMETHEE Ⅱ 和 ELECTRE Ⅲ 方法用于解决基于净流量的排序问题。

为简单起见，本书忽略了 ELECTRE 方法的计算过程和表达式。其最终计算的综合优势度矩阵的结果如表 6.15 所示。

表 6.15 最终综合优势度矩阵

	A_1	A_2	A_3	A_4	A_5	A_6
A_1		1	0	0	0	1
A_2	0		0	0	1	0
A_3	1	1		1	0	0
A_4	0	0	0		0	1
A_5	0	0	0	0		1
A_6	0	0	0	0	0	

（a）使用 ELECTRE Ⅰ 方法对备选 EBCS 站点位置进行排名。

依据表 6.14 中的结果可得，替代 EBCS 站点位置的预排序结果如下所示。

$$A_1 \succ^{E_I} A_2, \quad A_1 \succ^{E_I} A_6, \quad A_2 \succ^{E_I} A_5, \quad A_3 \succ^{E_I} A_1,$$
$$A_3 \succ^{E_I} A_2, \quad A_3 \succ^{E_I} A_4, \quad A_4 \succ^{E_I} A_6, \quad A_5 \succ^{E_I} A_6。$$

基于 ELECTRE Ⅰ 的部分预排序见图 6.8（a）。

（b）使用 ELECTRE Ⅲ 方法对替代 EBCS 站点位置进行排序。

依据表 6.14 中的结果，备选 EBCS 站点位置的总排序关系可以表示为

$\sigma(A_1)=1$，$\sigma(A_2)=-1$，$\sigma(A_3)=3$，$\sigma(A_4)=\sigma(A_5)=0$，$\sigma(A_6)=-3$。

相应地，基于 ELECTRE Ⅰ 的总排序见图 6.8（b）。

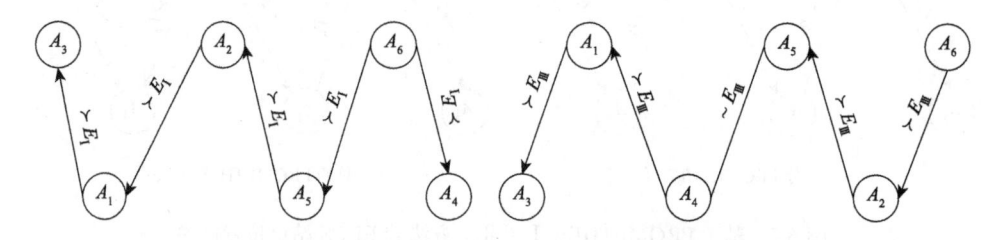

（a）ELECTRE Ⅰ 部分排序关系　　　　（b）ELECTRE Ⅲ 总排序关系

图 6.8　基于 ELECTRE Ⅰ（Ⅲ）方法的 EBCS 站点位置排序

从图 6.8 可以看出，备选方案 A_3 是最佳 EBCS 站点位置，其偏序流量和净流量最大。这与所提出的模糊 PROMETHEE 方法和模糊 ELECTRE 方法获得的排序结果一致。此外，备选方案 A_4 和 A_5 之间的排名无法通过模糊 ELECTRE Ⅰ 和模糊 ELECTRE Ⅲ 方法清楚地区分。然而，它们的排名顺序可以通过提出的模糊 PROMETHEE 方法看出。

因此，本书提出的扩展模糊 PROMETHEE 方法比其他方法更适合解决 EBCS 选址问题。

6）启示

理论启示：

（a）对于所提出的扩展 PROMETHEE 方法，它们反映了决策者在决策过程中的决策行为。

备选 EBCS 站点位置之间的前景值是通过基于成对比较汇总收益（损失）来计算的，这考虑了决策者的非理性决策行为。并且，利用累积的前景值来表示优等流，使得被评价的优等关系对决策者的微小修改更加敏感。

（b）提出的扩展 PROMETHEE Ⅰ 方法提供部分预排序。由于这种排序关系是可传递的，因此它也可以用来表示备选方案之间的不可比性。

幸运的是，本书中所有可选的 EBCS 站点位置都可以使用 PROMETHEE Ⅰ 方法进行排序和比较。

（c）提出的扩展 PROMETHEE Ⅱ 方法提供了决策者可以接受的 6 个替代 EBCS 站点位置的完整排序，但该结果丢失了一些关于替代方案不可比性的有用信息。

从表 6.13 显示的结果来看，备选方案 A_3 具有最大的正净流量，可以认为是最佳 EBCS 站点位置。

基于以上分析，显然本书提出的扩展模糊 PROMETHEE 方法为 EBCS 选址提供了较好的解决方案，可应用于考虑决策者决策行为的 MCDM 问题。然而，很难说所提出的模糊 PROMETHEE 方法中的哪一个更好，因为使用每个模型计算的结果具有可比性和不可比性。不同的 PROMETHEE 方法通常给出不同的解决方案。

管理启示：

与城市电网规划的协调是 EBCS 选址决策过程中最重要的评价指标。决策者必须考虑如何在 EBCS 和城市电网规划之间选择最大化电力容量。因此，有必要充分了解和分析城市电网规划，及时与电力公司沟通，确保 EBCS 选址决策的合理性和容错性，促进 EBCS 选址的长期可持续发展。

挑战常识的是，评价指标的权重表明，EBCS 日常运营成本的权重在 11 个考虑的标准中是最小的。也就是说，与日常运行成本等微观和短期特征的标准相比，EBCS 选址决策更应关注相对宏观和长期的影响因素，如与电网规划的协调、总投资成本等。

从评价之间的网络关系来看，总投资成本、运营成本、变电站容量、与城市电网规划的协调及对生态环境的影响是根本原因，而公交车数量、公交专用道数量、交通便利、环境成本、与城市路网规划的协调及对居民生活的影响是净接收者。与净接收者准则相比，决策者在 EBCS 选择的决策过程中更应关注净因准则。

虽然交通便利在 11 个标准中仅排在第五位，但它与公交专用道数量、总投资成本和运营成本相互影响。也就是说，交通便利性可能对公交专用道数量、总投资成本和运营成本有很大影响。这表明在 EBCS 站点选址的决策过程中，交通便利性比其权重排名更重要。因此，EBCS 选址决策者不仅要考虑基于权重排序的优先级较高的标准，还应关注相互影响强的评价指标。

6.5 本章小结

一方面，本章在 Asady（2011）提出的基于最小距离的 T1 FSs 排序方法的基础上，提出基于可能均值和变异系数的 T1 FSs 排序方法。该方法不仅能够区分几乎所有的 T1 FSs，尤其是顶点相同而左右跨度不等的对称性 T1 FSs，而且还具备 T1 FSs 排序与其镜像的排序之间的逻辑一致性。除此之外，还满足 T1 FSs 排序的基本性质。其次，本章在 Wang 和 Elhag（2006）提出的基于 T1 FSs 的 α 等截距 TOPSIS 法的基础上，提出基于 T1 FSs 的 TOPSIS 解析法。该方法计算效率高，计算结果准确，能得到基于 T1 FSs 的 TOPSIS 求解结果。再利用本章提到的基于可能均值和变异系数的 T1 FSs 排序方法，对 TOPSIS 求解结果进行排序和评价，得到最终可供决策者使用的决策结果。

另一方面，EBCS 的选址决策对 EBCS 的日常管理和长期管理都有重要的促进作用，因此它是一个必不可少且不可避免的问题。为了便于科学决策，本书提出了基于 PROMETHEE 方法、前景理论和 DEMATEL 的扩展 MCDM 框架来选择最佳 EBCS 站点位置。该方法不仅可以用模糊理论有效地处理决策者的歧义和不同语言评价，而且可以构建因果关系图，用模糊 DEMATEL 分析标准之间的复杂相互作用。此外，考虑到决策者的心理，基于 PROMETHEE 和前景理论的扩展 MCDM 方法，可以找到最佳 EBCS 站点位置。最后，介绍南京市 EBCS 站点位置的案例研究，以说明所提出的扩展 MCDM 方法的适用性。

第7章 基于区间二型模糊数的多属性决策方法研究

基于区间二型模糊数的多属性决策方法是一个值得关注的研究课题，其在现实中具有广泛的研究背景。本章基于区间二型模糊数的多属性决策理论与方法进行研究。首先，基于决策者的完全理性心理，构建基于区间二型模糊数的 TOPSIS 集成解析法和基于可能性-概率信息融合下的区间二型模糊多属性决策方法；其次，基于决策者有限理性的决策心理，构建基于区间二型模糊集的 TODIM 的多属性决策方法。

7.1 区间二型模糊数的排序方法

本节将 T1 FSs 排序的概念推广到 IT2 FSs 环境下，利用可能均值和变异系数的组合来判断 IT2 FSs 顺序。但本节提出的 IT2 FSs 排序方法并不仅仅是两个 T1 FSs 的上、下限函数的可能均值和变异系数计算结果的简单求均值，而是对变异系数公式作了调整，使之更加符合 IT2 FSs 排序的特点。均值和变异系数公式如定义 7.1 和定义 7.2 所示。

定义 7.1 对于 IT2 FSs $\tilde{\tilde{A}} = ((\alpha_1, a, b, \beta_1), (\alpha_2, c, d, \beta_2); H_1(x_1), H_2(x_2))$，其均值定义为

$$M(\tilde{\tilde{A}}) = \frac{M(\tilde{A}^U) + M(\tilde{A}^L)}{2} \qquad (7.1)$$

其中，上限函数和下限函数均值定义公式为

$$M(\tilde{A}^U) = \frac{1}{2} \int_0^{H_2(x_2)} (\underline{u}^U(r) + \overline{u}^U(r) + c + d) f(r) \mathrm{d}r \qquad (7.2)$$

$$M(\tilde{A}^L) = \frac{1}{2}\int_0^{H_1(x_1)}(\underline{u}^L(r)+\overline{u}^L(r)+a+b)f(r)\mathrm{d}r \quad (7.3)$$

$f(r)$ 是递增函数，满足 $f(0)=0$，$f(1)=1$ 和 $\int_0^1 f(r)\mathrm{d}r=\frac{1}{2}$。

定义 7.2 对于 IT2 FSs $\tilde{\tilde{A}}=((\alpha_1,a,b,\beta_1),(\alpha_2,c,d,\beta_2);H_1(x_1),H_2(x_2))$，其变异系数公式定义为

$$VC(\tilde{\tilde{A}}) = \begin{cases} \dfrac{D(\tilde{\tilde{A}})}{M(\tilde{\tilde{A}})}, & \text{如果} \quad M(\tilde{\tilde{A}})\neq 0 \\ \dfrac{D(\tilde{\tilde{A}})}{\varepsilon}, & \text{如果} \quad M(\tilde{\tilde{A}})=0 \end{cases} \quad (7.4)$$

其中，ε 是接近于零的无穷小数；$D(\tilde{\tilde{A}})$ 是偏差，其公式定义为

$$D(\tilde{\tilde{A}}) = \sqrt{D(\tilde{A}^U)D(\tilde{A}^L)} \quad (7.5)$$

和

$$D(\tilde{A}^U) = \frac{1}{4}\int_0^{H_1(x_1)}(\overline{u}^U(r)+d-\underline{u}^U(r)-c)^2 f(r)\mathrm{d}r \quad (7.6)$$

$$D(\tilde{A}^L) = \frac{1}{4}\int_0^{H_2(x_1)}(\overline{u}^L(r)+b-\underline{u}^L(r)-a)^2 f(r)\mathrm{d}r \quad (7.7)$$

$f(r)$ 是递增函数，且满足 $f(0)=0$，$f(1)=1$ 和 $\int_0^1 f(r)\mathrm{d}r=\frac{1}{2}$。

ε 可以是接近于零的正无穷小数或负无穷小数。比如说，如果 IT2 FSs $\tilde{\tilde{A}}$ 的均值是从正数的方向最快接近于零，则其镜像 IT2 FSs $(-\tilde{\tilde{A}})$ 则从负数的方向最快接近于零，即均值为 $-\varepsilon$。

对于本节提到的 IT2 FSs 排序公式，可能均值反映了从上限函数到下限函数区域内代表的模糊信息量，变异系数体现了 IT2 FSs 的左右偏离程度。二者的结合不仅能够用于反映 IT2 FSs 大小，还可区分具有相同模糊均值的 IT2 FSs，而左右偏离程度不同的对称型模糊数，比较准则如下所示。

定义 7.3 设 $\tilde{\tilde{A}}$ 和 $\tilde{\tilde{B}}$ 为两个任意 IT2 FSs，

（1）如果 $M(\tilde{\tilde{A}})>M(\tilde{\tilde{B}})$，那么 $\tilde{\tilde{A}} \succ \tilde{\tilde{B}}$；

（2）如果 $M(\tilde{\tilde{A}})<M(\tilde{\tilde{B}})$，那么 $\tilde{\tilde{A}} \prec \tilde{\tilde{B}}$；

（3）如果 $M(\tilde{\tilde{A}})=M(\tilde{\tilde{B}})$，那么

（a）如果 $VC(\tilde{\tilde{A}})>VC(\tilde{\tilde{B}})$，那么 $\tilde{\tilde{A}} \succ \tilde{\tilde{B}}$；

（b）如果 $VC(\tilde{\tilde{A}})<VC(\tilde{\tilde{B}})$，那么 $\tilde{\tilde{A}} \prec \tilde{\tilde{B}}$；

（c）否则，$\tilde{\tilde{A}} \sim \tilde{\tilde{B}}$。

综上所述，对于 IT2 FSs $\tilde{\tilde{A}}$ 和 $\tilde{\tilde{B}}$ 的排序，如果均值不等，则通过均值大小确定其排序；如果均值相等，则进一步比较它们的变异系数。

接下来将讨论 IT2 FSs 排序方法满足的性质。

定理 7.1 对于 IT2 FSs $\tilde{\tilde{A}}$，$\tilde{\tilde{B}}$ 和 $\tilde{\tilde{C}}$，

（1）如果 $\tilde{\tilde{A}} \succeq \tilde{\tilde{B}}$ 且 $\tilde{\tilde{B}} \succeq \tilde{\tilde{A}}$，那么 $\tilde{\tilde{A}} \sim \tilde{\tilde{B}}$；

（2）如果 $\tilde{\tilde{A}} \succeq \tilde{\tilde{B}}$ 且 $\tilde{\tilde{B}} \succeq \tilde{\tilde{C}}$，那么 $\tilde{\tilde{A}} \succeq \tilde{\tilde{C}}$；

（3）如果 $\tilde{\tilde{A}} \cap \tilde{\tilde{B}} = \phi$，且 $\tilde{\tilde{A}}$ 在 $\tilde{\tilde{B}}$ 的右边，则 $\tilde{\tilde{A}} \succeq \tilde{\tilde{B}}$；

（4）$\tilde{\tilde{A}}$ 和 $\tilde{\tilde{B}}$ 的排序不受其他 IT2 FSs 的影响；

其中，$\succeq$ 指"优于或等于"，$\sim$ 指"相等"，$\cap$ 指模糊数的交集。

证明：略。

备注 7.1 相对于 T1 FSs 排序方法，IT2 FSs 的排序方法计算过程更加复杂，故该方法仅满足定理 7.1（1）~（4）。

除此之外，该排序方法还具备其他性质，如数乘和 IT2 FSs 排序与其镜像排序之间的一致性关系。

定理 7.2 对于 IT2 FSs $\tilde{\tilde{A}}$，若 λ 是实数，则有 $M(\lambda \tilde{\tilde{A}}) = \lambda M(\tilde{\tilde{A}})$ 和 $VC(\lambda \tilde{\tilde{A}}) = \lambda VC(\tilde{\tilde{A}})$。

证明：设 IT2 FSs $\tilde{\tilde{A}} = ((\alpha_1, a, b, \beta_1), (\alpha_2, c, d, \beta_2); H_1(x_1), H_2(x_2))$。

因为 $\lambda \tilde{\tilde{A}} = ((\lambda\alpha_1, \lambda a, \lambda b, \lambda\beta_1), (\lambda\alpha_2, \lambda c, \lambda d, \lambda\beta_2); H_1(x_1), H_2(x_2))$，由式（7.2）和式（7.3）得，

$$\begin{aligned} M(\lambda \tilde{A}^U) &= \frac{1}{2}\int_0^{H_2(x_2)} (\lambda \underline{u}^U(r) + \lambda \overline{u}^U(r) + \lambda c + \lambda d) f(r) \mathrm{d}r \\ &= \lambda \frac{1}{2}\int_0^{H_2(x_2)} (\underline{u}^U(r) + \overline{u}^U(r) + c + d) f(r) \mathrm{d}r \quad (7.8) \\ &= \lambda M(\tilde{A}^U) \end{aligned}$$

$$\begin{aligned} M(\lambda \tilde{A}^L) &= \frac{1}{2}\int_0^{H_1(x_1)} (\lambda \underline{u}^L(r) + \lambda \overline{u}^L(r) + \lambda a + \lambda b) f(r) \mathrm{d}r \\ &= \lambda \frac{1}{2}\int_0^{H_1(x_1)} (\underline{u}^L(r) + \overline{u}^L(r) + a + b) f(r) \mathrm{d}r \quad (7.9) \\ &= \lambda M(\tilde{A}^L) \end{aligned}$$

把式（7.8）和式（7.9）代入式（7.1）得，

$$M(\lambda\tilde{\tilde{A}}) = \frac{M(\lambda\tilde{A}^U) + M(\lambda\tilde{A}^L)}{2}$$
$$= \frac{\lambda M(\tilde{A}^U) + \lambda M(\tilde{A}^L)}{2} \quad (7.10)$$
$$= \lambda M(\tilde{\tilde{A}})$$

由式（7.6）和式（7.7）得，

$$D(\lambda\tilde{A}^U) = \frac{1}{4}\int_0^{H_1(x_1)}(\lambda\overline{u}^U(r) + \lambda d - \lambda\underline{u}^U(r) - \lambda c)^2 f(r)\mathrm{d}r$$
$$= \frac{\lambda^2}{4}\int_0^{H_1(x_1)}(\overline{u}^U(r) + d - \underline{u}^U(r) - c)^2 f(r)\mathrm{d}r \quad (7.11)$$
$$= \lambda^2 D(\tilde{A}^U)$$

$$D(\lambda\tilde{A}^L) = \frac{1}{4}\int_0^{H_2(x_1)}(\lambda\overline{u}^L(r) + \lambda b - \lambda\underline{u}^L(r) - \lambda a)^2 f(r)\mathrm{d}r$$
$$= \frac{\lambda^2}{4}\int_0^{H_2(x_1)}(\overline{u}^L(r) + b - \underline{u}^L(r) - a)^2 f(r)\mathrm{d}r \quad (7.12)$$
$$= \lambda^2 D(\tilde{A}^L)$$

把式（7.11）和式（7.12）代入式（7.5）得，

$$D(\lambda\tilde{\tilde{A}}) = \sqrt{D(\lambda\tilde{A}^U)D(\lambda\tilde{A}^L)} = \sqrt{\lambda^2 D(\tilde{A}^U)\lambda^2 D(\tilde{A}^L)} \quad (7.13)$$
$$= \lambda^2\sqrt{D(\tilde{A}^U)D(\tilde{A}^L)}$$

因此，把式（7.10）和式（7.13）代入式（7.4）得，

$$VC(\lambda\tilde{\tilde{A}}) = \frac{D(\lambda\tilde{\tilde{A}})}{M(\lambda\tilde{\tilde{A}})} = \frac{\lambda^2 D(\tilde{\tilde{A}})}{\lambda M(\tilde{\tilde{A}})}$$
$$= \lambda VC(\tilde{\tilde{A}})$$

定理 7.3 设 IT2 FSs $\tilde{\tilde{A}}$，$\tilde{\tilde{B}}$ 和 $\tilde{\tilde{C}}$，如果 $\tilde{\tilde{A}} \succeq \tilde{\tilde{B}} \succeq \tilde{\tilde{C}}$，那么 $-\tilde{\tilde{C}} \succeq -\tilde{\tilde{B}} \succeq -\tilde{\tilde{A}}$。
证明：证明原理同定理 6.3，略。

7.2 基于区间二型模糊数的 TOPSIS 集成解析法

7.2.1 背景介绍

作为一种有效表示不确定信息的方法，T1 FSs 已被成功地用于解决一些实际决策问题。然而将 T1 FSs 直接用于处理不确定信息时仍有一定的局限性，因为在

现实社会中,相同的语言对于不同的人来说,可能会表达不同的含义,且 T1 FSs 集合隶属度作为一个精确值被用于描述与处理不确定信息时,也会存在一定的信息丢失。T2 FSs 是在 T1 FSs 基础上的扩展,其特点是:不仅能描述信息的不确定性,而且还能描述不同人对同一语言信息理解的隶属度函数的不确定性。因此,T2 FSs 具有更大的优势来描述信息的不确定性,降低了信息的丢失率。IT2 FSs 是 T2 FSs 的特例,它比 T1 FSs 更能体现信息的不确定性,计算过程又比一般的 T2 FSs 简单,目前已被广泛应用于不确定信息的决策问题求解。本章将模糊 TOPSIS 法拓展到 IT2 FSs 环境下,并提出求解的解析法。与 Chen 和 Lee(2010b)提出的基于 IT2 FSs 的 TOPSIS 方法相比较,二者之间存在明显区别:首先,该方法充分体现 IT2 FSs 在求解过程中特有的特点,避免了模糊信息的丢失,从而实现了真正意义上的基于 IT2 FSs 的模糊 TOPSIS 在多属性决策中的应用;而 Chen 和 Lee(2010b)的方法是首先计算所有决策专家给备选方案打分的平均评价矩阵,然后通过 IT2 FSs 的排序方法计算每个评价值的排序值,然后运用传统的 TOPSIS 方法计算最终的相对相似性,没有充分体现 IT2 FSs 在多属性决策中的优点。其次,该方法计算结果准确,因为计算结果通过方程式求解,而不是只考虑 IT2 FSs 的顶点。再次,实现了从 TOPSIS 求解到结果排序整个过程的解析法求解,且计算效率大大提高。

7.2.2 基于区间二型模糊 TOPSIS 集成法的非线性规划模型

设 IT2 FSs $\tilde{x}_i^L(\alpha)(\tilde{w}_i^L(\alpha))$ 和 $\tilde{x}_i^U(\alpha)(\tilde{w}_i^U(\alpha))$ 的隶属度函数分别为:$h_{\tilde{x}_i(\alpha)}^L(h_{\tilde{w}_i(\alpha)}^L)$ 和 $h_{\tilde{x}_i(\alpha)}^U(h_{\tilde{w}_i(\alpha)}^U)$,则其对应最大隶属度函数值 $h_{\max}$ 和最小隶属度函数值 $h_{\min}$ 分别为

$$h_{\max} = \max_{\forall i \in [1,n]} h_{\tilde{x}_i(\alpha)}^U = \max_{\forall i \in [1,n]} h_{\tilde{w}_i(\alpha)}^U$$

$$h_{\min} = \min_{\forall i \in [1,n]} h_{\tilde{x}_i(\alpha)}^L = \min_{\forall i \in [1,n]} h_{\tilde{w}_i(\alpha)}^L$$

由式(3.12)得,基于 IT2 FSs 的模糊 TOPSIS 相对相似性可通过如下非线性规划模型求解。

$$RC_i = \frac{\sqrt{\sum_{j=1}^{m}(\tilde{\tilde{w}}_j \tilde{\tilde{x}}_{ij})^2}}{\sqrt{\sum_{j=1}^{m}(\tilde{\tilde{w}}_j \tilde{\tilde{x}}_{ij})^2} + \sqrt{\sum_{j=1}^{m}(\tilde{\tilde{w}}_j (\tilde{\tilde{x}}_{ij} - 1))^2}}$$

$$\text{s.t. } (\tilde{w}_j)^L(\alpha) \leqslant \tilde{\tilde{w}}_j \leqslant (\tilde{w}_j)^U(\alpha), j = 1, 2, \cdots, m \quad (7.14)$$

$$(\tilde{x}_{ij})^L(\alpha) \leqslant \tilde{\tilde{x}}_{ij} \leqslant (\tilde{x}_{ij})^U(\alpha), i = 1, 2, \cdots, n$$

基于 IT2 FSs 的相对相似性如图 7.1 所示。

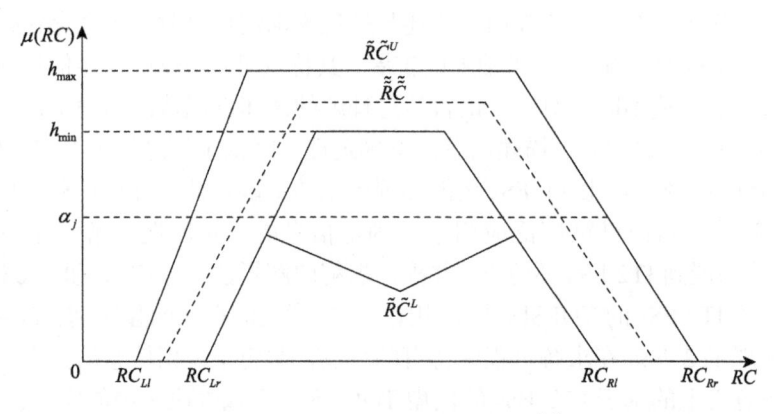

图 7.1 基于区间二型模糊数的 $\tilde{\tilde{R}}\tilde{\tilde{C}}$

设 $\tilde{\tilde{R}}\tilde{\tilde{C}}_i(\alpha) \in [\tilde{R}\tilde{C}_i^L(\alpha), \tilde{R}\tilde{C}_i^R(\alpha)]$，$\tilde{R}\tilde{C}_i^L(\alpha) \in [RC_{iLl}(\alpha), RC_{iRr}(\alpha)]$ 和 $\tilde{R}\tilde{C}_i^R(\alpha) \in [RC_{iLr}(\alpha), RC_{iRl}(\alpha)]$，因为 $\tilde{\tilde{R}}\tilde{\tilde{C}}_i(\alpha)$ 是个区间值，则其左右区域可通过如下分段非线性规划模型求解。

$$\tilde{R}\tilde{C}_i^L(\alpha) \equiv \min \frac{\sqrt{\sum_{j=1}^m (w_j \tilde{x}_{ij}^L(\alpha))^2}}{\sqrt{\sum_{j=1}^m (w_j \tilde{x}_{ij}^L(\alpha))^2} + \sqrt{\sum_{j=1}^m (w_j (\tilde{x}_{ij}^L(\alpha)-1))^2}} \quad (7.15)$$

s.t. $\tilde{w}_j^L(\alpha) \leqslant w_j \leqslant \tilde{w}_j^R(\alpha), j=1,2,\cdots,m$

$$\tilde{R}\tilde{C}_i^R(\alpha) \equiv \max \frac{\sqrt{\sum_{j=1}^m (w_j \tilde{x}_{ij}^R(\alpha))^2}}{\sqrt{\sum_{j=1}^m (w_j \tilde{x}_{ij}^R(\alpha))^2} + \sqrt{\sum_{j=1}^m (w_j (\tilde{x}_{ij}^R(\alpha)-1))^2}} \quad (7.16)$$

s.t. $\tilde{w}_j^L(\alpha) \leqslant w_j \leqslant \tilde{w}_j^R(\alpha), j=1,2,\cdots,m$

其中，$\tilde{\tilde{x}}_{ij}(\alpha) = [(\tilde{x}_{ij}^L)(\alpha), \tilde{x}_{ij}^R(\alpha)]$ 和 $\tilde{\tilde{w}}_j(\alpha) = [\tilde{w}_j^L(\alpha), \tilde{w}_j^R(\alpha)]$ 区间的左右边界值分别是基于变量 α 的连续函数。

由第 6 章模型（6.23）和（6.24）得，左右边界值求解分段非线性规划模型为

$$\tilde{f}^{*L} \equiv \min \frac{\sum_{i=1}^{k_L} (\tilde{d}_i(\alpha)(\tilde{a}_i(\alpha)-1))^2 + \sum_{i=k_L+1}^n (\tilde{c}_i(\alpha)(\tilde{a}_i(\alpha)-1))^2}{\sum_{i=1}^{k_L} (\tilde{d}_i(\alpha)\tilde{a}_i(\alpha))^2 + \sum_{i=k_L+1}^n (\tilde{c}_i(\alpha)\tilde{a}_i(\alpha))^2} \quad (7.17)$$

第7章 基于区间二型模糊数的多属性决策方法研究

$$\tilde{f}^{*R} \equiv \max \frac{\sum_{i=1}^{k_R}(\tilde{c}_i(\alpha)(\tilde{b}_i(\alpha)-1))^2 + \sum_{i=k_R+1}^{n}(\tilde{d}_i(\alpha)(\tilde{b}_i(\alpha)-1))^2}{\sum_{i=1}^{k_R}(\tilde{c}_i(\alpha)\tilde{b}_i(\alpha))^2 + \sum_{i=k_R+1}^{n}(\tilde{d}_i(\alpha)\tilde{b}_i(\alpha))^2} \quad (7.18)$$

其中，$\tilde{a}_i(\alpha)$ 和 $\tilde{b}_i(\alpha)$ 分别是递增的序列；$\tilde{f}^{*L}$ 和 $\tilde{f}^{*R}$ 分别指函数 $\tilde{f}$ 的左右区域；$k_L \equiv k_L(\alpha)$，$k_R \equiv k_R(\alpha)$。左右边界值函数的转折点为

$$\tilde{a}_{k_L}(\alpha) \leqslant \tilde{f}^{*L} \leqslant \tilde{a}_{k_L+1}(\alpha) \quad (7.19)$$

$$\tilde{b}_{k_R}(\alpha) \leqslant \tilde{f}^{*R} \leqslant \tilde{b}_{k_R+1}(\alpha) \quad (7.20)$$

因此，式（7.17）和式（7.18）中 $k = k_L$ 和 $k = k_R$ 分别是式（7.21）和式（7.22）的最优解。

$$\tilde{f}^L(\alpha) = [f_{Ll}(\alpha),\ f_{Lr}(\alpha)] \quad (7.21)$$

$$\tilde{f}^R(\alpha) = [f_{Rl}(\alpha),\ f_{Rr}(\alpha)] \quad (7.22)$$

因为 f 是单调递增函数，所以式（7.17）和式（7.18）可转换为

$$f_{Ll}^*(\alpha,k) \equiv \min_{\substack{\forall \tilde{a}_i \in [a_{il},a_{ir}] \\ \forall \tilde{c}_i \in [c_{il},c_{ir}], \forall \tilde{d}_i \in [d_{il},d_{ir}]}} \frac{\sum_{i=1}^{k_{Ll}}(\tilde{d}_i(\alpha)(\tilde{a}_i(\alpha)-1))^2 + \sum_{i=k_{Ll}+1}^{n}(\tilde{c}_i(\alpha)(\tilde{a}_i(\alpha)-1))^2}{\sum_{i=1}^{k_{Ll}}(\tilde{d}_i(\alpha)\tilde{a}_i(\alpha))^2 + \sum_{i=k_{Ll}+1}^{n}(\tilde{c}_i(\alpha)\tilde{a}_i(\alpha))^2}$$

$$\equiv \min_{\substack{\forall \tilde{c}_i \in [c_{il},c_{ir}] \\ \forall \tilde{d}_i \in [d_{il},d_{ir}]}} \frac{\sum_{i=1}^{k_{Ll}}(\tilde{d}_i(\alpha)(a_{il}(\alpha)-1))^2 + \sum_{i=k_{Ll}+1}^{n}(\tilde{c}_i(\alpha)(a_{il}(\alpha)-1))^2}{\sum_{i=1}^{k_{Ll}}(\tilde{d}_i(\alpha)a_{il}(\alpha))^2 + \sum_{i=k_{Ll}+1}^{n}(\tilde{c}_i(\alpha)a_{il}(\alpha))^2}$$

$$(7.23)$$

$$f_{Lr}^*(\alpha,k) \equiv \max_{\substack{\forall \tilde{c}_i \in [c_{il},c_{ir}] \\ \forall \tilde{d}_i \in [d_{il},d_{ir}]}} \frac{\sum_{i=1}^{k_{Lr}}(\tilde{d}_i(\alpha)(a_{ir}(\alpha)-1))^2 + \sum_{i=k_{Lr}+1}^{n}(\tilde{c}_i(\alpha)(a_{ir}(\alpha)-1))^2}{\sum_{i=1}^{k_{Lr}}(\tilde{d}_i(\alpha)a_{ir}(\alpha))^2 + \sum_{i=k_{Lr}+1}^{n}(\tilde{c}_i(\alpha)a_{ir}(\alpha))^2} \quad (7.24)$$

$$f_{Rl}^*(\alpha,k) \equiv \min_{\substack{\forall \tilde{c}_i \in [c_{il},c_{ir}] \\ \forall \tilde{d}_i \in [d_{il},d_{ir}]}} \frac{\sum_{i=1}^{k_{Rl}}(\tilde{c}_i(\alpha)(b_{il}(\alpha)-1))^2 + \sum_{i=k_{Rl}+1}^{n}(\tilde{d}_i(\alpha)(b_{il}(\alpha)-1))^2}{\sum_{i=1}^{k_{Rl}}(\tilde{c}_i(\alpha)b_{il}(\alpha))^2 + \sum_{i=k_{Rl}+1}^{n}(\tilde{d}_i(\alpha)b_{il}(\alpha))^2} \quad (7.25)$$

$$f_{Rr}^*(\alpha,k) \equiv \max_{\substack{\forall \tilde{c}_i \in [c_{il},c_{ir}] \\ \forall \tilde{d}_i \in [d_{il},d_{ir}]}} \frac{\sum_{i=1}^{k_{Rr}}(\tilde{c}_i(\alpha)(b_{ir}(\alpha)-1))^2 + \sum_{i=k_{Rr}+1}^{n}(\tilde{d}_i(\alpha)(b_{ir}(\alpha)-1))^2}{\sum_{i=1}^{k_{Rr}}(\tilde{c}_i(\alpha)b_{ir}(\alpha))^2 + \sum_{i=k_{Rr}+1}^{n}(\tilde{d}_i(\alpha)b_{ir}(\alpha))^2} \quad (7.26)$$

其中，$a_{il}(\alpha)$，$a_{ir}(\alpha)$，$b_{il}(\alpha)$ 和 $b_{ir}(\alpha)$ 均是递增序列。

7.2.3 基于区间二型模糊数的 TOPSIS 集成解析法

定理 7.4 以下结论均是正确的。

（1）式（7.23）中 f_{Ll} 可以通过以下表达式求解。

$$f_{Ll}^*(\alpha,k) = \frac{\sum_{i=1}^{k_{Ll}}(d_{ir}(\alpha)(a_{il}(\alpha)-1))^2 + \sum_{i=k_{Ll}+1}^{n}(c_{il}(\alpha)(a_{il}(\alpha)-1))^2}{\sum_{i=1}^{k_{Ll}}(d_{ir}(\alpha)a_{il}(\alpha))^2 + \sum_{i=k_{Ll}+1}^{n}(c_{il}(\alpha)a_{il}(\alpha))^2} \quad (7.27)$$

其中，$a_{il}(\alpha)$ 是递增序列；k_{Ll} 是转折点，且满足 $a_{k_{Ll},l}(\alpha) \leqslant f_{Ll}^*(\alpha,k) \leqslant a_{k_{Ll}+1,l}(\alpha)$。

（2）式（7.25）中的 f_{Lr} 可定义为如下公式。

$$f_{Lr}^*(\alpha,k) = \frac{\sum_{i=1}^{k_{Lr}}(d_{il}(\alpha)(a_{ir}(\alpha)-1))^2 + \sum_{i=k_{Lr}+1}^{n}(c_{ir}(\alpha)(a_{ir}(\alpha)-1))^2}{\sum_{i=1}^{k_{Lr}}(d_{il}(\alpha)a_{ir}(\alpha))^2 + \sum_{i=k_{Lr}+1}^{n}(c_{ir}(\alpha)a_{ir}(\alpha))^2} \quad (7.28)$$

其中，$a_{ir}(\alpha)$ 是递增数列；k_{Lr} 是转折点，且满足 $a_{k_{Lr},r}(\alpha) \leqslant f_{Lr}^*(\alpha,k) \leqslant a_{k_{Lr}+1,r}(\alpha)$。

（3）式（7.25）中的 f_{Rl} 可定义为如下公式。

$$f_{Rl}^*(\alpha,k) = \frac{\sum_{i=1}^{k_{Rl}}(c_{ir}(\alpha)(b_{il}(\alpha)-1))^2 + \sum_{i=k_{Rl}+1}^{n}(d_{il}(\alpha)(b_{il}(\alpha)-1))^2}{\sum_{i=1}^{k_{Rl}}(c_{ir}(\alpha)c_{ir}(\alpha))^2 + \sum_{i=k_{Rl}+1}^{n}(d_{il}(\alpha)b_{il}(\alpha))^2} \quad (7.29)$$

其中，$b_{il}(\alpha)$ 是递增数列；k_{Rl} 是转折点，且满足 $b_{k_{Rl},l}(\alpha) \leqslant f_{Rl}^*(\alpha,k) \leqslant b_{k_{Rl}+1,l}(\alpha)$。

（4）式（7.26）中的 f_{Rr} 可定义为如下公式。

$$f_{Rr}^*(\alpha,k) = \frac{\sum_{i=1}^{k_{Rr}}(c_{il}(\alpha)(b_{ir}(\alpha)-1))^2 + \sum_{i=k_{Rr}+1}^{n}(d_{ir}(\alpha)(b_{ir}(\alpha)-1))^2}{\sum_{i=1}^{k_{Rr}}(c_{il}(\alpha)b_{ir}(\alpha))^2 + \sum_{i=k_{Rr}+1}^{n}(d_{ir}(\alpha)b_{ir}(\alpha))^2} \quad (7.30)$$

其中，$b_{ir}(\alpha)$ 是递增数列；k_{Rr} 是转折点，且满足 $b_{k_{Rr},r}(\alpha) \leqslant f_{Rr}^*(\alpha,k) \leqslant b_{k_{Rr}+1,r}(\alpha)$。

证明：

由于定理 7.4（2）~定理 7.4（4）证明原理同定理 7.4（1），本节只给出定理 7.4（1）的证明过程，其余省略。

为简化证明过程中符号书写，$a_{il}(\alpha),\tilde{c}_i(\alpha),c_{il}(\alpha),c_{ir}(\alpha),\tilde{d}_i(\alpha),d_{il}(\alpha),d_{ir}(\alpha)$ 分别化简为：$a_{il},\tilde{c}_i,c_{il},c_{ir},\tilde{d}_i,d_{il},d_{ir}$。

设

$$g_{Ll}(\tilde{c},\tilde{d}) \equiv \frac{\sum_{i=1}^{k_{Ll}}(\tilde{d}_i(a_{il}-1))^2 + \sum_{i=k_{Ll}+1}^{n}(\tilde{c}_i(a_{il}-1))^2}{\sum_{i=1}^{k_{Ll}}(\tilde{d}_i a_{il})^2 + \sum_{i=k_{Ll}+1}^{n}(\tilde{c}_i a_{il})^2} \tag{7.31}$$

其中，a_{il} 是递增的序列，$\tilde{c}_i \equiv [\tilde{c}_{k_{Ll}+1,l},\tilde{c}_{k_{Ll}+2,l},\ldots,\tilde{c}_{k_n,l}]^T$，$\tilde{d}_i \equiv [\tilde{d}_1,\tilde{d}_2,\cdots,\tilde{d}_{k_{Ll}}]^T$；且 $\tilde{c}_i \in [c_{il},c_{ir}]$，$\tilde{d}_i \in [d_{il},d_{ir}]$。

相应地，式（7.23）可以转换为

$$f_{Ll}(\alpha) = \min_{\substack{\forall \tilde{c}_i \in [c_{il},c_{ir}] \\ \forall \tilde{d}_i \in [d_{il},d_{ir}]}} g_{Ll}(\tilde{c},\tilde{d})$$

在式（7.19）中，存在 $g_{Ll}(\tilde{c},\tilde{d}) = f_{Ll}(\alpha)$，且满足

$$a_{k_{Ll},l} \leqslant g_{Ll}(\tilde{c},\tilde{d}) \leqslant a_{k_{Ll}+1,l}$$

接下来，本节将证明 $g_{Ll}(\tilde{c},\tilde{d})$ 达到最小值当且仅当式（7.31）成立。

（a）当 $i \leqslant k_{Ll}$ 且 $a_{k_{Ll},l} \leqslant g_{Ll}(\tilde{c},\tilde{d})$ 时，

依据式（7.31），函数 $g_{Ll}(\tilde{c},\tilde{d})$ 关于变量 d_i 的一阶求导函数为

$$\frac{\partial g_{Ll}(\tilde{c},\tilde{d})}{\partial d_i} = \frac{2d_{ir}(a_{k_{il}}-1)^2 - (a_{k_{il}})^2 g_{Ll}(\tilde{c},\tilde{d})}{\sum_{i=1}^{k_{Ll}}(d_{ir}a_{il})^2 + \sum_{i=k_{Ll}+1}^{n}(c_{il}a_{il})^2} \leqslant \frac{2d_{ir}\left(1-\left(\frac{a_{il}a_{il}-a_{il}}{a_{il}a_{k_{Ll},l}-a_{k_{Ll},l}}\right)^2\right)}{\sum_{i=1}^{k_{Ll}}(d_{ir}a_{il})^2 + \sum_{i=k_{Ll}+1}^{n}(c_{il}a_{il})^2}$$

因为 a_{il} 是递增的序列，且 $i < k_{Ll}$，所以，$a_{il} \leqslant a_{k_{Ll},l}$，且 $a_{il}a_{il} - a_{il} \geqslant a_{il}a_{k_{Ll},l} - a_{k_{Ll},l}$，即

$$1 - \left(\frac{a_{il}a_{il}-a_{il}}{a_{il}a_{k_{Ll},l}-a_{k_{Ll},l}}\right) \leqslant 0$$

所以，当 $k_{il} < k_{Ll}$ 时，$\frac{\partial g_{Ll}(\tilde{c},\tilde{d})}{\partial d_i} \leqslant 0$，也就是说随着 $d_i(i \leqslant k_{Ll})$ 值的增加，函数 $g_{Ll}(\tilde{c},\tilde{d})$ 随之变小。因此，正如式（7.27）所示，只有当 $d_i(i \leqslant k_{Ll})$ 取极大值时，函数 $g_{Ll}(\tilde{c},\tilde{d})$ 才能得到极小值。

（b）当 $i \geqslant k_{Ll}$ 且 $g_{Ll}(\tilde{c},\tilde{d}) \leqslant a_{k_{Ll}+1,l}$ 时，

依据式（7.31），函数 $g_{Ll}(\tilde{c},\tilde{d})$ 关于变量 c_i 的一阶求导函数为

$$\frac{\partial g_{Ll}(\tilde{c},\tilde{d})}{\partial c_i} = \frac{2c_{ir}(a_{k_{il}}-1)^2 - (a_{k_{il}})^2 g_{Ll}(\tilde{c},\tilde{d})}{\sum_{i=1}^{k_{Ll}}(c_{ir}a_{il})^2 + \sum_{i=k_{Ll}+1}^{n}(c_{il}a_{il})^2} \geqslant \frac{2c_{ir}\left(1-\left(\dfrac{a_{il}a_{il}-a_{il}}{a_{il}a_{k_{Ll},l}-a_{k_{Ll},l}}\right)^2\right)}{\sum_{i=1}^{k_{Ll}}(d_{ir}a_{il})^2 + \sum_{i=k_{Ll}+1}^{n}(c_{il}a_{il})^2}$$

因为 $a_{k_{il}}$ 是个递增的序列，且 $k_{il} > k_{Ll}$，所以 $a_{k_{il}} \geqslant a_{k_{Ll}}$，且 $a_{il}a_{il} - a_{il} \leqslant a_{il}a_{k_{Ll},l} - a_{k_{Ll},l}$，即

$$1 - \left(\frac{a_{il}a_{il}-a_{il}}{a_{il}a_{k_{Ll},l}-a_{k_{Ll},l}}\right) \geqslant 0$$

所以，当 $i > k_{Ll}$ 时，$\dfrac{\partial g_{Ll}(\tilde{c},\tilde{d})}{\partial d_i} \geqslant 0$，即：当 $d_i(i \leqslant k_{Ll})$ 增加时，函数 $g_{Ll}(\tilde{c},\tilde{d})$ 随之逐渐增加。因此，正如式（6.27）所示，只有当 $d_i(i \leqslant k_{Ll})$ 取极小值时，函数 $g_{Ll}(\tilde{c},\tilde{d})$ 才能得到极小值。

$$f_{Ll}^*(\alpha,k) = \min \frac{\sum_{i=1}^{k_{Ll}}[d_{ir}(a_{il}-1)]^2 + \sum_{i=k_{Ll}+1}^{n}[c_{il}(a_{il}-1)]^2}{\sum_{i=1}^{k_{Ll}}(d_{ir}a_{il})^2 + \sum_{i=k_{Ll}+1}^{n}(c_{il}a_{il})^2}$$

由定理 7.4 的结论得，式（7.27）~式（7.30）中 $k = k_{Ll}$，$k = k_{Lr}$，$k = k_{Rl}$ 和 $k = k_{Rr}$ 分别也是式（7.32）~式（7.35）的最优解。

$$f_{Ll}(\alpha) = \min_{k=0,1,\cdots,n-1} f_{Ll}(\alpha,k) \tag{7.32}$$

$$f_{Lr}(\alpha) = \max_{k=0,1,\cdots,n-1} f_{Lr}(\alpha,k) \tag{7.33}$$

$$f_{Rl}(\alpha) = \min_{k=0,1,\cdots,n-1} f_{Rl}(\alpha,k) \tag{7.34}$$

$$f_{Rr}(\alpha) = \max_{k=0,1,\cdots,n-1} f_{Rr}(\alpha,k) \tag{7.35}$$

相应地，由定理 7.4 的结论得，式（7.27）~式（7.30）中 $k = k_{Ll}$，$k = k_{Lr}$，$k = k_{Rl}$ 和 $k = k_{Rr}$ 分别也是式（7.36）~式（7.39）的最优解。

$$RC_{Ll}(\alpha) = \frac{1}{1+\sqrt{f_{Ll}(\alpha)}} = \min_{k=0,1,\cdots,n-1} RC_{Ll}(\alpha,k) \tag{7.36}$$

$$RC_{Lr}(\alpha) = \frac{1}{1+\sqrt{f_{Lr}(\alpha)}} = \max_{k=0,1,\cdots,n-1} RC_{Lr}(\alpha,k) \tag{7.37}$$

$$RC_{Rl}(\alpha) = \frac{1}{1+\sqrt{f_{Rl}(\alpha)}} = \min_{k=0,1,\cdots,n-1} RC_{Rl}(\alpha,k) \tag{7.38}$$

$$RC_{Rr}(\alpha) = \frac{1}{1+\sqrt{f_{Rr}(\alpha)}} = \max_{k=0,1,\cdots,n-1} RC_{Rr}(\alpha,k) \tag{7.39}$$

定理 7.5 式（7.27）~式（7.30）中 $k=k_{Ll}$，$k=k_{Lr}$，$k=k_{Rl}$ 和 $k=k_{Rr}$ 分别由以下公式求解。

（1）设

$$d_{Ll}(\alpha,k) = \sum_{i=1}^{k_{Ll}} [a_{k_{Ll}+1,l}(\alpha) - a_{il}(\alpha)][2a_{k_{Ll}+1,l}(\alpha)a_{il}(\alpha) - a_{k_{Ll}+1,l}(\alpha) - a_{il}(\alpha)][d_{ir}(\alpha)]^2$$
$$+ \sum_{i=k_{Ll}+2}^{n} [a_{k_{Ll}+1,l}(\alpha) - a_{il}(\alpha)][2a_{k_{Ll}+1,l}(\alpha)a_{il}(\alpha) - a_{k_{Ll}+1,l}(\alpha) - a_{il}(\alpha)][c_{il}(\alpha)]^2 \tag{7.40}$$

$d_{Ll}(\alpha,k)$ 是关于变量 $k(k=0,1,\cdots,n-1)$ 的递减函数，且存在 $k=k_{Ll}(k_{Ll}=1,2,\cdots,n-1)$ 使得 $d_{Ll}(\alpha,k_{Ll}-1) \geq 0$ 和 $d_{Ll}(\alpha,k_{Ll}) < 0$。所以，$k_{Ll}$ 是式（7.21）的最优极小值解，记为：$k_{Ll}=k^*$。当 $k=0,1,\cdots,k_{Ll}$ 时，$f(\alpha,k)$ 是关于变量 k 的递增函数；当 $k=k_{Ll},k_{Ll}+1,\cdots,n$ 时，$f(\alpha,k)$ 是关于变量 k 的递减函数。所以，k_{Ll} 是式（7.23）全局最大值解，且 $f_{Ll}(\alpha) = f(\alpha,k_{Ll})$。

（2）设

$$d_{Lr}(\alpha,k) = \sum_{i=1}^{k_{Lr}} [a_{k_{Lr}+1,r}(\alpha) - a_{ir}(\alpha)][2a_{k_{Lr}+1,r}(\alpha)a_{ir}(\alpha) - a_{k_{Lr}+1,r}(\alpha) - a_{ir}(\alpha)][d_{il}(\alpha)]^2$$
$$+ \sum_{i=k_{Lr}+2}^{n} [a_{k_{Lr}+1,r}(\alpha) - a_{ir}(\alpha)][2a_{k_{Lr}+1,r}(\alpha)a_{ir}(\alpha) - a_{k_{Lr}+1,r}(\alpha) - a_{ir}(\alpha)][c_{ir}(\alpha)]^2 \tag{7.41}$$

$d_{Lr}(\alpha,k)$ 是关于变量 $k(k=0,1,\cdots,n-1)$ 的递减函数，且存在 $k=k_{Lr}(k_{Lr}=1,2,\cdots,n-1)$，使得 $d_{Lr}(\alpha,k_{Lr}-1) \geq 0$ 和 $d_{Lr}(\alpha,k_{Lr}) < 0$。所以，$k_{Lr}$ 是式（7.22）的最优极大值解，记为：$k_{Lr}=k^*$。当 $k=0,1,\cdots,k_{Lr}$ 时，$f(\alpha,k)$ 是关于变量 k 的递增函数；当 $k=k_{Lr},k_{Lr}+1,\cdots,n$ 时，$f(\alpha,k)$ 是关于变量 k 的递减函数。因此，k_{Lr} 是式（7.24）的全局最大值解，且 $f_{Lr}(\alpha) = f(\alpha,k_{Lr})$。

（3）设

$$d_{Rl}(\alpha,k) = -\sum_{i=1}^{k_{Rl}} [b_{k_{Rl}+1,l}(\alpha) - b_{il}(\alpha)][2b_{k_{Rl}+1,l}(\alpha)b_{il}(\alpha) - b_{k_{Rl}+1,l}(\alpha) - b_{il}(\alpha)][c_{ir}(\alpha)]^2$$
$$- \sum_{i=k_{Rl}+2}^{n} [b_{k_{Rl}+1,l}(\alpha) - b_{il}(\alpha)][2b_{k_{Rl}+1,l}(\alpha)b_{il}(\alpha) - b_{k_{Rl}+1,l}(\alpha) - b_{il}(\alpha)][d_{il}(\alpha)]^2 \tag{7.42}$$

$d_{Rl}(\alpha,k)$ 是关于变量 $k(k=0,1,\cdots,n-1)$ 的递增函数，且存在 $k=k_{Rl}(k_{Rl}=1,2,\cdots,n-1)$，使得 $d_{Rl}(\alpha,k_{Rl}-1)\leqslant 0$ 和 $d_{Rl}(\alpha,k_{Rl})>0$。所以，k_{Rl} 是式（7.23）的最优极小值解，记为：$k_{Rl}=k^*$。并且，当 $k=0,1,\cdots,k_{Rl}$ 时，$f(\alpha,k)$ 是关于变量 k 的递减函数；当 $k=k_{Rl},k_{Rl}+1,\cdots,n$ 时，$f(\alpha,k)$ 是关于变量 k 的递增函数。因此，k_{Rl} 是式（7.25）的全局最小值解，且 $f_{Rl}(\alpha)=f(\alpha,k_{Rl})$。

（4）设

$$d_{Rr}(\alpha,k)=-\sum_{i=1}^{k_{Rr}}[b_{k_{Rr}+1,r}(\alpha)-b_{ir}(\alpha)][2b_{k_{Rr}+1,r}(\alpha)b_{ir}(\alpha)-b_{k_{Rr}+1,r}(\alpha)-b_{ir}(\alpha)][c_{il}(\alpha)]^2$$
$$-\sum_{i=k_{Rr}+2}^{n}[b_{k_{Rr}+1,r}(\alpha)-b_{ir}(\alpha)][2b_{k_{Rr}+1,r}(\alpha)b_{ir}(\alpha)-b_{k_{Rr}+1,r}(\alpha)-b_{ir}(\alpha)][d_{ir}(\alpha)]^2$$

（7.43）

$d_{Rr}(\alpha,k)$ 是关于变量 $k(k=0,1,\cdots,n-1)$ 的递增函数，且存在 $k=k_{Rr}(k_{Rr}=1,2,\cdots,n-1)$，使得 $d_{Rr}(\alpha,k_{Rr}-1)\leqslant 0$ 和 $d_{Rr}(\alpha,k_{Rr})>0$。所以，k^* 是式（7.24）的全局极大值解，记为：$k_{Rr}=k^*$。并且，当 $k=0,1,\cdots,k_{Rr}$ 时，$f(\alpha,k)$ 是关于变量 k 的递减函数；当 $k=k_{Rr},k_{Rr}+1,\cdots,n$ 时，$f(\alpha,k)$ 是关于变量 k 的递增函数。因此，k_{Rr} 是式（7.26）的全局极小值解，且 $f_{Rr}(\alpha)=f(\alpha,k_{Rr})$。

证明：

因为定理 7.5（2）~（4）的证明原理同定理 7.5（1），在此仅列出定理 7.5（1）的详细证明过程，其余均省略。

为简化证明过程中的符号书写，$a_{il}(\alpha),\tilde{c}_i(\alpha),c_{il}(\alpha),c_{ir}(\alpha),\tilde{d}_i(\alpha),d_{il}(\alpha),d_{ir}(\alpha)$ 分别化简为 $a_{il},\tilde{c}_i,c_{il},c_{ir},\tilde{d}_i,d_{il},d_{ir}$。

定理 7.5（1）的证明过程如下所示。

当 $k=1,2,\cdots,n-1$ 时，由式（7.27）得，

$$f_{Ll}(k)=\frac{\sum_{i=1}^{k_{Ll}}[d_{ir}(a_{il}-1)]^2+\sum_{i=k_{Ll}+1}^{n}[c_{il}(a_{il}-1)]^2}{\sum_{i=1}^{k_{Ll}}(d_{ir}a_{il})^2+\sum_{i=k_{Ll}+1}^{n}(c_{il}a_{il})^2}$$

$$f_{Ll}(k+1)=\frac{\sum_{i=1}^{k_{Ll}+1}[d_{ir}(a_{il}-1)]^2+\sum_{i=k_{Ll}+3}^{n}[c_{il}(a_{il}-1)]^2}{\sum_{i=1}^{k_{Ll}+1}(d_{ir}a_{il})^2+\sum_{k_{Ll}+3}^{n}(c_{il}a_{il})^2}$$

$$f_{LI}(k+1) - f_{LI}(k)$$
$$= \left\{ \left[\sum_{i=1}^{k_{LI}+1} (d_{ir}(a_{il}-1))^2 + \sum_{i=k_{LI}+2}^{n} (c_{il}(a_{il}-1))^2 \right] \left[\sum_{i=1}^{k_{LI}} (d_{ir}a_{il})^2 + \sum_{i=k_{LI}+1}^{n} (c_{il}a_{il})^2 \right] \right.$$
$$\left. - \left[\sum_{i=1}^{k_{LI}} (d_{ir}(a_{il}-1))^2 + \sum_{i=k_{LI}+1}^{n} (c_{il}(a_{il}-1))^2 \right] \left[\sum_{i=1}^{k_{LI}+1} (d_{ir}a_{il})^2 + \sum_{i=k_{LI}+2}^{n} (c_{il}a_{il})^2 \right] \right\}$$
$$\bigg/ \left\{ \left[\sum_{i=1}^{k_{LI}+1} (d_{ir}a_{il})^2 + \sum_{i=k_{LI}+2}^{n} (c_{il}a_{il})^2 \right] \left[\sum_{i=1}^{k_{LI}} (d_{ir}a_{il})^2 + \sum_{i=k_{LI}+1}^{n} (c_{il}a_{il})^2 \right] \right\}$$

因为上式分子可转化为

$$\left[\sum_{i=1}^{k_{LI}+1} (d_{ir}(a_{il}-1))^2 + \sum_{i=k_{LI}+2}^{n} (c_{il}(a_{il}-1))^2 \right] \left[\sum_{i=1}^{k_{LI}} (d_{ir}a_{il})^2 + \sum_{i=k_{LI}+1}^{n} (c_{il}a_{il})^2 \right]$$
$$- \left[\sum_{i=1}^{k_{LI}} (d_{ir}(a_{il}-1))^2 + \sum_{i=k_{LI}+1}^{n} (c_{il}(a_{il}-1))^2 \right] \left[\sum_{i=1}^{k_{LI}+1} (d_{ir}a_{il})^2 + \sum_{i=k_{LI}+2}^{n} (c_{il}a_{il})^2 \right]$$
$$= \left(\left(d_{k_{LI}+1,r}^2 (a_{k_{LI}+1,l}-1) \right)^2 - (c_{il}(a_{il}-1))^2 \right) \left[\sum_{i=1}^{k_{LI}+1} (d_{ir}a_{il})^2 + \sum_{i=k_{LI}+2}^{n} (c_{il}a_{il})^2 \right]$$
$$+ \left((c_{k_{LI}+1,l} a_{k_{LI}+1,l})^2 - \left(d_{k_{LI}+1,r}^2 a_{k_{LI}+1,l} \right)^2 \right) \left[\sum_{i=1}^{k_{LI}} (d_{ir}(a_{il}-1))^2 + \sum_{i=k_{LI}+2}^{n} (c_{il}(a_{il}-1))^2 \right]$$
$$= (d_{k_{LI}+1,r}^2 - c_{k_{LI}+1,l}^2) \left[\sum_{i=1}^{k_{LI}} (a_{k_{LI}+1,l} - a_{il})(2a_{k_{LI}+1,l} a_{il} - a_{k_{LI}+1,l} - a_{il}) d_{ir}^2 \right.$$
$$\left. + \sum_{i=k_{LI}+2}^{n} (a_{k_{LI}+1,l} - a_{il})(2a_{k_{LI}+1,l} a_{il} - a_{k_{LI}+1,l} - a_{il}) c_{il}^2 \right]$$

所以，$f_{LI}(k+1) - f_{LI}(k)$ 也可表示为

$$f_{LI}(k+1) - f_{LI}(k) = (d_{k_{LI}+1,r}^2 - c_{k_{LI}+1,l}^2) \left[\sum_{i=1}^{k_{LI}} (a_{k_{LI}+1,l} - a_{il})(2a_{k_{LI}+1,l} a_{il} - a_{k_{LI}+1,l} - a_{il}) d_{ir}^2 \right.$$
$$\left. + \sum_{i=k_{LI}+2}^{n} (a_{k_{LI}+1,l} - a_{il})(2a_{k_{LI}+1,l} a_{il} - a_{k_{LI}+1,l} - a_{il}) c_{il}^2 \right]$$
$$\bigg/ \left[\left(\sum_{i=1}^{k_{LI}+1} (d_{ir}a_{il})^2 + \sum_{i=k_{LI}+2}^{n} (c_{il}a_{il})^2 \right) \left(\sum_{i=1}^{k_{LI}} (d_{ir}a_{il})^2 + \sum_{i=k_{LI}+1}^{n} (c_{il}a_{il})^2 \right) \right]$$

因为 $c_{il} \in [0,1]$，$d_{ir} \in [0,1]$ 且 $d_{k_{LI}+1}^2 > c_{k_{LI}+l}^2$，所以 $f_{LI}(k+1) - f_{LI}(k)$ 值的方向取决于如下表达式的符号方向。

$$\sum_{i=1}^{k_{LI}} (a_{k_{LI}+1,l} - a_{il})(2a_{k_{LI}+1,l} a_{il} - a_{k_{LI}+1,l} - a_{il}) d_{ir}^2 + \sum_{i=k_{LI}+2}^{n} (a_{k_{LI}+1,l} - a_{il})(2a_{k_{LI}+1,l} a_{il} - a_{k_{LI}+1,l} - a_{il}) c_{il}^2$$

为简单起见，$d_{Ll}(k)$ 公式被定义为

$$d_{Ll}(k) = \sum_{i=1}^{k_{Ll}} (a_{k_{Ll}+1,l} - a_{il})(2a_{k_{Ll}+1,l}a_{il} - a_{k_{Ll}+1,l} - a_{il})d_{ir}^2$$

$$+ \sum_{i=k_{Ll}+2}^{n} (a_{k_{Ll}+1,l} - a_{il})(2a_{k_{Ll}+1,l}a_{il} - a_{k_{Ll}+1,l} - a_{il})c_{il}^2$$

因为 $a_{1l} \leqslant a_{2l} \leqslant \cdots \leqslant a_{nl}$，所以

$$d_{Ll}(k) - d_{Ll}(k-1) = (a_{k_{Ll}+1,l} - a_{k_{Ll},l})(2a_{k_{Ll}+1,l}a_{k_{Ll},l} - a_{k_{Ll}+1,l} - a_{k_{Ll},l})(d_{k_{Ll}+1,l}^2 + c_{k_{Ll}+1,l}^2)$$

$$+ \sum_{i=1}^{k_{Ll}-1} \left((a_{k_{Ll}+1,l} - a_{il}) \left[(2a_{il} - 1)(a_{k_{Ll}+1,l} - a_{il}) - 2a_{il}^2 \right] d_{ir}^2 \right)$$

$$+ \sum_{i=k_{Ll}+2}^{n} \left((a_{k_{Ll}+1,l} - a_{il}) \left[(2a_{il} - 1)(a_{k_{Ll}+1,l} - a_{il}) - 2a_{il}^2 \right] c_{il}^2 \right)$$

对于 $(a_{k_{Ll}+1,l} - a_{k_{Ll},l})(2a_{k_{Ll}+1,l}a_{k_{Ll},l} - a_{k_{Ll}+1,l} - a_{k_{Ll},l})(d_{k_{Ll}+1,l}^2 + c_{k_{Ll}+1,l}^2)$，$a_{il}$ 是递增序列，所以 $a_{k_{Ll}+1,l} - a_{k_{Ll}} > 0$。又因为 $a_{il} \in [0,1]$，所以 $a_{il}^2 \leqslant a_{il} (i=1,2,\cdots,n)$。

因此，

$$2a_{k_{Ll}+1,l}a_{k_{Ll}} - a_{k_{Ll}+1,l} - a_{k_{Ll}} < 2a_{k_{Ll}+1,l}a_{k_{Ll}} - a_{k_{Ll}+1,l}^2 - a_{k_{Ll}}^2 = -(a_{k_{Ll}+1,l} - a_{k_{Ll}})^2 \leqslant 0。$$

即：$(a_{k_{Ll}+1,l} - a_{k_{Ll}})(2a_{k_{Ll}+1,l}a_{k_{Ll}} - a_{k_{Ll}+1,l} - a_{k_{Ll}})(d_{k_{Ll}+1,r}^2 + c_{k_{Ll}+1,l}^2) \leqslant 0$。

同时，

$$(2a_{il} - 1)(a_{k_{Ll}+1,l} - a_{il}) - 2a_{il}^2$$

$$= 2a_{il}^2 + 2a_{il}(a_{k_{Ll}+1,l} + a_{il}) - (a_{k_{Ll}+1,l} + a_{il})$$

$$= -2\left[a_{il}^2 - (a_{k_{Ll}+1,l} + a_{il})a_{il} + \frac{(a_{k_{Ll}+1,l} + a_{il})^2}{4} + \frac{(a_{k_{Ll}+1,l} + a_{il})^2}{2} - (a_{k_{Ll}+1,l} + a_{il}) \right]$$

$$= -2\left(a_{il} - \frac{a_{k_{Ll}+1,l} + a_{il}}{2} \right)^2 - \left(1 - \frac{a_{k_{Ll}+1,l} + a_{il}}{2} \right)(a_{k_{Ll}+1,l} + a_{il})$$

因为 $0 \leqslant a_{k_{Ll}} < a_{k_{Ll}+1,l} \leqslant 1$，所以，$0 \leqslant \dfrac{a_{k_{Ll}+1,l} + a_{il}}{2} \leqslant 1$，且 $1 - \dfrac{a_{k_{Ll}+1,l} + a_{il}}{2} \geqslant 0$。

所以 $(2a_{il} - 1)(a_{k_{Ll}+1,l} - a_{il}) - 2a_{il}^2 \leqslant 0$，且

$$\left[(2a_{il} - 1)(a_{k_{Ll}+1,l} - a_{il}) - 2a_{il}^2 \right] c_{il}^2 \leqslant 0$$

因此，

$$\sum_{i=1}^{k_{Ll}-1} (a_{k_{Ll}+1,l} - a_{il}) \left[(2a_{il} - 1)(a_{k_{Ll}+1,l} - a_{il}) - 2a_{il}^2 \right] c_{il}^2 \leqslant 0$$

即：$d_{Ll}(k) - d_{Ll}(k-1) \leqslant 0$，也就是说，$d_{Ll}(k)$ 是关于变量 k 的递减函数。

相应地，$f_{Ll}(k+1) - f_{Ll}(k)$ 可以转化为

$$f_{Ll}(k+1) - f_{Ll}(k) = c_{Ll}(k)d_{Ll}(k) \quad (7.44)$$

其中，

$$c_{Ll}(k) = (d_{ir}^2 - c_{il}^2) \bigg/ \left\{ \left[\sum_{i=1}^{k+1}(d_{ir}a_{il})^2 + \sum_{i=k_{Ll}+2}^{n}(c_{il}a_{il})^2 \right] \left[\sum_{i=1}^{k}(d_{ir}a_{il})^2 + \sum_{i=k_{Ll}+1}^{n}(c_{il}a_{il})^2 \right] \right\} \geq 0$$

因为

$$d_{Ll}(0) = \sum_{i=2}^{n}(a_{1l} - a_{il})(2a_{1l}a_{il} - a_{1l} - a_{il})c_{il}^2 \geq 0,$$

$$d_{Ll}(n-1) = \sum_{i=1}^{n-1}(a_{nl} - a_{il})(2a_{nl}a_{il} - a_{nl} - a_{il})d_{ir}^2 \leq 0_{\circ}$$

又由于 $d_{Ll}(k)$ 是关于变量 k 的递减函数，则一定存在 $k = k_{Ll}(k_{Ll}=1,2,\cdots,n-1)$，使得对于任意 $k=0,1,\cdots,k_{Ll}$，都有 $d_{Ll}(k) \geq 0$ 成立；同时，对于任意 $k=k_{Ll},k_{Ll}+1,\cdots,n-1$，都有 $d_{Ll}(k_{Ll}) < 0$ 成立。

由式（7.44）得，对于任意 $k=0,1,\cdots,k_{Ll}$，都有 $f_{Ll}(k+1) - f_{Ll}(k) \geq 0$ 成立；同时对于任意 $k = k_{Ll}, k_{Ll}+1,\cdots,n-1$，都有 $f_{Ll}(k+1) - f_{Ll}(k) < 0$ 成立。因此，$f_{Ll}(k_{Ll})$ 是函数 $f_{Ll}(\alpha, k)$ 的全局最大值，且 $k_{Ll} = k^*$。

基于 IT2 FSs 的模糊 TOPSIS 解析法求解步骤总结如表 7.1 和表 7.2 所示。

表 7.1 基于区间二型模糊数的 TOPSIS 上限相对相似性 $\tilde{R}\tilde{C}^U(\alpha)$ 求解步骤

步骤	$RC_{Ll}(\alpha)$ 求解算法	$RC_{Rr}(\alpha)$ 求解算法
1	标准化评价决策矩阵 X 和评价指标对应权重向量 W，并确定其正理想解和负理想解。	
2	将 IT2 FSs $a_{il}(\alpha)$，$c_{il}(\alpha)$ 和 $d_{ir}(\alpha)$ 书写为关于变量 $\alpha(\alpha \in [0,1])$ 的函数表达式。	将 IT2 FSs $b_{ir}(\alpha)$，$c_{il}(\alpha)$ 和 $d_{ir}(\alpha)$ 书写为关于变量 $\alpha(\alpha \in [0,1])$ 的函数表达式。
3	将评价值 $a_{il}(\alpha)(i=1,2,\cdots,n)$ 按递增顺序排列。首先确认评价矩阵 X 中的评价值 $a_{il}(\alpha)(i=1,2,\cdots,n)$ 是否存在交叉，如果有，则按照交叉点把评价 IT2 FSs $a_{il}(\alpha)$ 划分为多个子区间，然后分别对每个子区间的 $a_{il}(\alpha)(i=1,2,\cdots,n)$ 进行递增顺序排列。	将评价值 $b_{ir}(\alpha)(i=1,2,\cdots,n)$ 按递增顺序排列。首先确认评价矩阵 X 中的评价值 $b_{ir}(\alpha)(i=1,2,\cdots,n)$ 是否存在交叉，如果有，则按照交叉点把评价 IT2 FSs $b_{ir}(\alpha)$ 划分为多个子区间，然后分别对每个子区间的 $b_{ir}(\alpha)(i=1,2,\cdots,n)$ 进行递增顺序排列。
4	选定一子区间，匹配 $a_{il}(\alpha)(i=1,2,\cdots,n)$ 对应的权重向量 $c_{il}(\alpha)$。	选定一子区间，匹配 $b_{ir}(\alpha)(i=1,2,\cdots,n)$ 对应的权重向量 $d_{ir}(\alpha)$。
5	依据式（7.40），构造左限极小值差函数 $d_{Ll}(\alpha,k)$ $(k=0,1,\cdots,n-1)$。	依据式（7.43），构造右限极大值差函数 $d_{Rr}(\alpha,k)$ $(k=0,1,\cdots,n-1)$。
6	对于 $d_{Ll}(\alpha,k)(k=0,1,\cdots,n-1)$，根据定理 7.4(1)，求出最优转折点 $k^* = k_{Ll}(k^*=1,2,\cdots,n-1)$。	对于 $d_{Rr}(\alpha,k)(k=0,1,\cdots,n-1)$，根据定理 7.4(4)，求出最优转折点 $k^* = k_{Rr}(k^*=1,2,\cdots,n-1)$。
7	把 $k^* = k_{Ll}$ 代入式（7.36）中，得函数表达式 $RC_{Ll}(\alpha)$。	把 k_{Rr} 代入式（7.39）中，得函数表达式 $RC_{Rr}(\alpha)$。
8	重复步骤 4~步骤 8，直至所有子区间的 $RC_{Ll}(\alpha)$ 计算完成。	重复步骤 4~步骤 8，直至所有子区间的 $RC_{Rr}(\alpha)$ 计算完成。
9	合并所有子区间的 $RC_{Ll}(\alpha)$ 函数表达式。	合并所有子区间的 $RC_{Rr}(\alpha)$ 函数表达式。
10	合并 $RC_{Ll}(\alpha)$ 和 $RC_{Rr}(\alpha)$ 的函数表达式，从而得到完整相对相似性上限函数解表达式 $\tilde{R}\tilde{C}^U(\alpha)$。	

表 7.2 基于区间二型模糊数的 TOPSIS 下限相对相似性 $\tilde{RC}^L(\alpha)$ 求解步骤

步骤	$RC_{Lr}(\alpha)$ 求解算法	$RC_{Rl}(\alpha)$ 求解算法
1	标准化评价决策矩阵 X 和评价指标对应权重向量 W，并确定其正理想解和负理想解。	
2	将 IT2 FSs $a_{ir}(\alpha)$、$c_{ir}(\alpha)$ 和 $d_{il}(\alpha)$ 书写为关于变量 $\alpha(\alpha\in[0,1])$ 的函数表达式。	将 IT2 FSs $b_{il}(\alpha)$、$c_{ir}(\alpha)$ 和 $d_{il}(\alpha)$ 书写为关于变量 $\alpha(\alpha\in[0,1])$ 的函数表达式。
3	将评价值 $a_{ir}(\alpha)(i=1,2,\cdots,n)$ 按递增顺序排列。首先确认评价矩阵 X 中的评价值 $a_{ir}(\alpha)(i=1,2,\cdots,n)$ 是否存在交叉，如果有，则按照交叉点把评价 IT2 FSs $a_{ir}(\alpha)$ 划分为多个子区间，然后分别对每个子区间的 $a_{ir}(\alpha)(i=1,2,\cdots,n)$ 进行递增顺序排列。	将评价值 $b_{il}(\alpha)(i=1,2,\cdots,n)$ 按递增顺序排列。首先确认评价矩阵 X 中的评价值 $b_{il}(\alpha)(i=1,2,\cdots,n)$ 是否存在交叉，如果有，则按照交叉点把评价 IT2 FSs $b_{il}(\alpha)$ 划分为多个子区间，然后分别对每个子区间的 $b_{il}(\alpha)(i=1,2,\cdots,n)$ 进行递增顺序排列。
4	选定一子区间，匹配 $a_{ir}(\alpha)(i=1,2,\cdots,n)$ 对应的权重向量 $c_{ir}(\alpha)$。	选定一子区间，匹配 $b_{il}(\alpha)(i=1,2,\cdots,n)$ 对应的权重向量 $d_{il}(\alpha)(i=1,2,\cdots,n)$。
5	依据式 (7.41)，分别构造左限极大值差函数 $d_{Lr}(\alpha,k)$ $(k=0,1,\cdots,n-1)$。	依据式 (7.42)，分别构造右限极小值差函数 $d_{Rl}(\alpha,k)$ $(k=0,1,\cdots,n-1)$。
6	对于 $d_{Lr}(\alpha,k)(k=0,1,\cdots,n-1)$，根据定理 7.4（2），求出最优转折点 $k^*=k_{Lr}(k^*=1,2,\cdots,n-1)$。	对于 $d_{Rl}(\alpha,k)(k=0,1,\cdots,n-1)$，根据定理 7.4（3），求出最优转折点 $k^*=k_{Rl}(k^*=1,2,\cdots,n-1)$。
7	把 $k^*=k_{Lr}$ 代入式（7.28）中，得函数表达式 $f_{Lr}(\alpha,k)$。	把 $k^*=k_{Rl}$ 代入式（7.29）中，得函数表达式 $f_{Rl}(\alpha,k)$。
8	依据式（7.37），写出函数表达式 $RC_{Lr}(\alpha)$。	依据式（7.38），写出函数表达式 $RC_{Rl}(\alpha)$。
9	重复步骤 4~步骤 8，直至所有子区间的 $RC_{Lr}(\alpha)$ 计算均已完成。	重复步骤 4~步骤 8，直至所有子区间的 $RC_{Rl}(\alpha)$ 计算均已完成。
10	合并所有子区间的 $RC_{Lr}(\alpha)$ 函数表达式。	合并所有子区间的 $RC_{Rl}(\alpha)$ 函数表达式。
11	合并函数表达式 $RC_{Lr}(\alpha)$ 和 $RC_{Rl}(\alpha)$，从而得到完整相对相似性下限函数表达式 $\tilde{RC}(\alpha)$。	

备注 7.2 鉴于 IT2 FSs 是由上限函数 $\tilde{A}^U(x)$ 和下限函数 $\tilde{A}^L(x)$ 之间的区域构成，表 7.1 和表 7.2 步骤同样适用基于 T1 FSs 的 TOPSIS 解析法求解多属性决策问题。

7.2.4 算例分析

该算例来自文献（Chen and Lee，2010a），有三个备选方案 A_{1-3}，四个评价指标 C_{1-4}，三名评价专家 D_{1-3}。区间二型模糊评价集合如表 7.3 所示。三名专家给四个评价指标的模糊平均权重向量如表 7.4 所示，表 7.5 列举了三名专家给所有备选方案的最初模糊评价信息和平均模糊评价信息。模糊评价信息和模糊权重平均值计算公式分别为 $\tilde{\tilde{w}}_j = \frac{1}{3}\sum_{k=1}^{3}\tilde{\tilde{w}}_j^k$ 和 $\tilde{\tilde{x}}_{ij} = \frac{1}{3}\sum_{k=1}^{3}\tilde{\tilde{x}}_{ij}^k$，其中，$\tilde{\tilde{w}}_j^k$ 指第 k 个专家给第 j 个评价指标赋予的权重；$\tilde{\tilde{x}}_{ij}^k$ 指第 k 个专家对第 i 个备选方案的第 j 个评价指标模糊评价信息。

表 7.3　区间二型模糊评价信息语言变量集合

语言变量	IT2 FSs
非常低（VL）	((0, 0, 0, 0.1; 1, 1), (0, 0, 0, 0.05; 0.9, 0.9))
低（L）	((0, 0.1, 0.1, 0.3; 1, 1), (0.05, 0.1, 0.1, 0.2; 0.9, 0.9))
中等低（ML）	((0.1, 0.3, 0.3, 0.5; 1, 1), (0.2, 0.3, 0.3, 0.4; 0.9, 0.9))
中等（M）	((0.3, 0.5, 0.5, 0.7; 1, 1), (0.4, 0.5, 0.5, 0.6; 0.9, 0.9))
中等高（MH）	((0.5, 0.7, 0.7, 0.9; 1, 1), (0.6, 0.7, 0.7, 0.8; 0.9, 0.9))
高（H）	((0.7, 0.9, 0.9, 1; 1, 1), (0.8, 0.9, 0.9, 0.95; 0.9, 0.9))
非常高（VH）	((0.9, 1, 1, 1; 1, 1), (0.95, 1, 1, 1; 0.9, 0.9))

表 7.4　评价指标的区间二型模糊权重信息

指标	D_1	D_2	D_3	平均区间二型模糊数
C_1	VH	H	VH	((0.83, 0.97, 0.97, 1; 1, 1), (0.9, 0.97, 0.97, 0.98; 0.9, 0.9))
C_2	H	VH	VH	((0.83, 0.97, 0.97, 1; 1, 1), (0.9, 0.97, 0.97, 0.98; 0.9, 0.9))
C_3	M	MH	MH	((0.43, 0.63, 0.63, 0.83; 1, 1), (0.53, 0.63, 0.63, 0.73; 0.9, 0.9))
C_4	VH	H	H	((0.77, 0.93, 0.93, 1; 1, 1), (0.85, 0.93, 0.93, 0.97; 0.9, 0.9))

表 7.5　备选方案的区间二型模糊评价信息

属性	备选方案	D_1	D_2	D_3	平均评价信息
C_1	A_1	MH	H	MH	((0.57, 0.77, 0.77, 0.93; 1, 1), (0.67, 0.77, 0.77, 0.85; 0.9, 0.9))
	A_2	H	MH	H	((0.63, 0.83, 0.83, 0.97; 1, 1), (0.73, 0.83, 0.83, 0.9; 0.9, 0.9))
	A_3	VH	H	MH	((0.7, 0.87, 0.87, 0.97; 1, 1), (0.78, 0.87, 0.87, 0.92; 0.9, 0.9))
C_2	A_1	H	VH	H	((0.77, 0.93, 0.93, 1; 1, 1), (0.85, 0.93, 0.93, 0.97; 0.9, 0.9))
	A_2	MH	H	VH	((0.7, 0.87, 0.87, 0.97; 1, 1), (0.78, 0.87, 0.87, 0.92; 0.9, 0.9))
	A_3	VH	VH	H	((0.83, 0.97, 0.97, 1; 1, 1), (0.9, 0.97, 0.97, 0.98; 0.9, 0.9))
C_3	A_1	VH	H	H	((0.77, 0.93, 0.93, 1; 1, 1), (0.85, 0.93, 0.93, 0.97; 0.9, 0.9))
	A_2	H	VH	VH	((0.83, 0.97, 0.97, 1; 1, 1), (0.9, 0.97, 0.97, 0.98; 0.9, 0.9))
	A_3	M	MH	MH	((0.43, 0.63, 0.63, 0.83; 1, 1), (0.53, 0.63, 0.63, 0.73; 0.9, 0.9))
C_4	A_1	VH	H	H	((0.77, 0.93, 0.93, 1; 1, 1), (0.85, 0.93, 0.93, 0.97; 0.9, 0.9))
	A_2	H	VH	H	((0.83, 0.97, 0.97, 1; 1, 1), (0.9, 0.97, 0.97, 0.98; 0.9, 0.9))
	A_3	H	VH	VH	((0.77, 0.93, 0.93, 1; 1, 1), (0.85, 0.93, 0.93, 0.97; 0.9, 0.9))

本节将给出基于 IT2 FSs 的模糊 TOPSIS 解析法相对相似性计算过程。

（1）计算备选方案 A_1 的左限极小相对相似性 RC_{L1}。

步骤 1 标准化评价信息和权重向量，并找出评价信息的正理想解和负理想解。表 7.5 给出了标准化的模糊评价信息。

步骤 2 写出平均评价信息 $\tilde{x}_{i1}^U(\alpha)(i=1,2,3,4)$ 和平均权重信息 $\tilde{w}_{i1}^U(\alpha)(i=1,2,3,4)$。

$$\tilde{x}_{11}^U(\alpha) = [a_{1l}(\alpha), b_{1r}(\alpha)] = (0.57+0.2\alpha, 0.93-0.16\alpha),$$
$$\tilde{x}_{21}^U(\alpha) = [a_{2l}(\alpha), b_{2r}(\alpha)] = (0.77+0.16\alpha, 1-0.07\alpha),$$
$$\tilde{x}_{31}^U(\alpha) = [a_{3l}(\alpha), b_{3r}(\alpha)] = (0.77+0.16\alpha, 1-0.07\alpha),$$
$$\tilde{x}_{41}^U(\alpha) = [a_{4l}(\alpha), b_{4r}(\alpha)] = (0.77+0.16\alpha, 1-0.07\alpha)。$$
$$\tilde{w}_1^U(\alpha) = [c_{1l}(\alpha), d_{1r}(\alpha)] = (0.83+0.14\alpha, 1-0.03\alpha),$$
$$\tilde{w}_2^U(\alpha) = [c_{2l}(\alpha), d_{2r}(\alpha)] = (0.83+0.14\alpha, 1-0.03\alpha),$$
$$\tilde{w}_3^U(\alpha) = [c_{3l}(\alpha), d_{3r}(\alpha)] = (0.43+0.2\alpha, 0.83-0.2\alpha),$$
$$\tilde{w}_4^U(\alpha) = [c_{4l}(\alpha), d_{4r}(\alpha)] = (0.77+0.16\alpha, 1-0.07\alpha)。$$

步骤 3 将 $a_{il}(\alpha)(i=1,2,3,4)$ 按递增序列排序。

对于 $\forall \alpha \in [0,1]$，如图 7.2 所示，$a_{1l}(\alpha) \leqslant a_{2l}(\alpha) = a_{3l}(\alpha) = a_{4l}(\alpha)$。

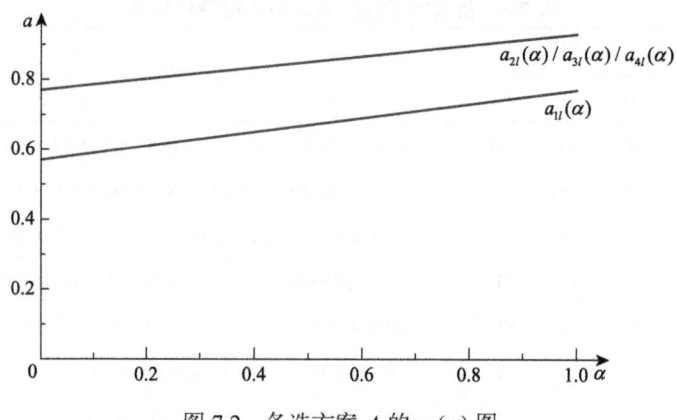

图 7.2 备选方案 A_1 的 $a_{il}(\alpha)$ 图

所以，$a_{il}(i=1,2,3,4)$ 已经是递增顺序，无需调整。

步骤 4 构建左边极限区域极小值差函数 $d_{Ll}(\alpha, k)(k=0,1,2,3)$。

由式（7.40）得，对于备选方案 A_1，写出左边极限区域极小值差函数 $d_{Ll}(\alpha, k)$ $(k=0,1,2,3)$，具体如图 7.3 所示。

$$d_{Ll}(\alpha,0) = \sum_{i=2}^{4}(a_{1l}-a_{il})(2a_{1l}a_{il}-a_{1l}-a_{il})c_{il}^2$$

$$= (a_{1l}-a_{2l})(2a_{1l}a_{2l}-a_{1l}-a_{2l})c_{2l}^2 + (a_{1l}-a_{3l})(2a_{1l}a_{3l}-a_{1l}-a_{3l})c_{3l}^2$$

$$+ (a_{1l}-a_{4l})(2a_{1l}a_{4l}-a_{1l}-a_{4l})c_{4l}^2$$

$$= 0.13558 + 0.00022\alpha^5 + 0.00102\alpha^4 - 0.00498\alpha^3 - 0.03225\alpha^2 - 0.00521\alpha$$

$$d_{Ll}(\alpha,1) = \sum_{i=1}^{1}(a_{2l}-a_{il})(2a_{2l}a_{il}-a_{2l}-a_{il})d_{ir}^2 + \sum_{i=3}^{5}(a_{2l}-a_{il})(2a_{2l}a_{il}-a_{2l}-a_{il})c_{il}^2$$

$$= (a_{2l}-a_{1l})(2a_{2l}a_{1l}-a_{2l}-a_{1l})d_{1r}^2 + (a_{2l}-a_{3l})(2a_{2l}a_{3l}-a_{2l}-a_{3l})c_{3l}^2$$

$$+ (a_{2l}-a_{4l})(2a_{2l}a_{4l}-a_{2l}-a_{4l})c_{4l}^2$$

$$= -0.08878 + 0.00006\alpha^4 - 0.00262\alpha^3 + 0.0063\alpha^2 + 0.04482\alpha$$

$$d_{Ll}(\alpha,2) = d_{Ll}(\alpha,3) = d_{Ll}(\alpha,1)$$

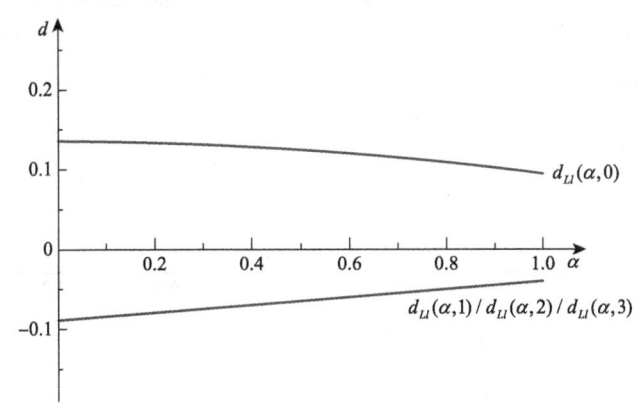

图 7.3 备选方案 A_1 的左区域极小值差函数 $d_{Ll}(\alpha,k)$ 图

步骤 5 识别左边区域极小值差函数转折点 $d_{Ll}(\alpha,k^*)$。

如图 7.3 所示，因为 $\alpha \in [0,1], d_{Ll}(\alpha,0) \geqslant 0, d_{Ll}(\alpha,1) < 0$，所以 $k^* = k_{Ll} = 1$。

步骤 6 写出左边区域相对相似性极小值函数 $f_{Ll}(\alpha)$。

把 $k_{Ll} = 1$ 代入式（7.27）得，函数 $f_{Ll}(\alpha)$ 的代数表达式为

$$f_{Ll}(\alpha) = \frac{\sum_{i=1}^{1}[d_{ir}(a_{il}-1)]^2 + \sum_{i=2}^{5}[c_{il}(a_{il}-1)]^2}{\sum_{i=1}^{1}(d_{ir}a_{il})^2 + \sum_{i=2}^{5}(c_{il}a_{il})^2}$$

$$= \frac{0.26249 + 0.00222\alpha^4 + 0.00783\alpha^3 + 0.04464\alpha^2 - 0.25662\alpha}{1.19451 + 0.00222\alpha^4 + 0.03546\alpha^3 + 0.27503\alpha^2 + 0.95576\alpha}$$

（7.45）

写出左边区域相对相似性极小值函数 $R\tilde{C}_{Ll}(\alpha)$。

对于 $\forall \alpha \in [0,1]$，由式（7.36）得，左边区域相对相似性极小值函数 $R\tilde{C}_{Ll}(\alpha)$ 为

$$RC_{Ll}(\alpha) = \cfrac{1}{1+\sqrt{\cfrac{0.262\,49 + 0.002\,22\alpha^4 + 0.007\,83\alpha^3 + 0.044\,64\alpha^2 - 0.256\,62\alpha}{1.194\,51 + 0.002\,22\alpha^4 + 0.035\,46\alpha^3 + 0.275\,03\alpha^2 + 0.955\,76\alpha}}}, \alpha \in [0,1]$$
（7.46）

（2）计算右边区域相对相似性极大值函数 RC_{Rr}。

步骤 1~3 把 b_{ir} 按递增顺序排列。

当 $\alpha \in [0,1]$ 时，如图 7.4 所示，$b_{1r}(\alpha) \leqslant b_{2r}(\alpha) = b_{3r}(\alpha) = b_{4r}(\alpha)$。

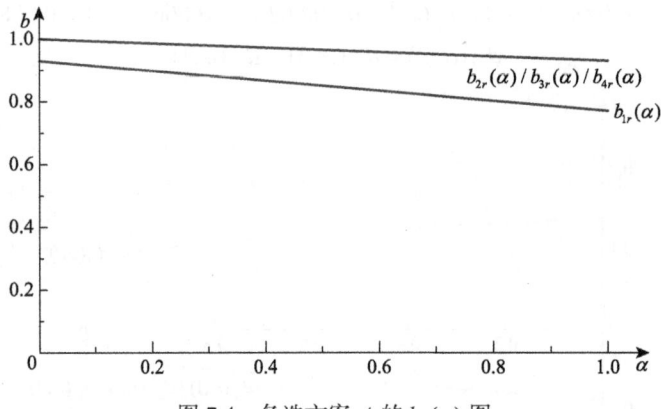

图 7.4 备选方案 A_1 的 $b_{ir}(\alpha)$ 图

所以，b_{ir} 的排列顺序无需调换。

步骤 4~5 构建右边区域极大值差函数 $d_{Rr}(\alpha,k)(k=0,1,2,3)$。

由式（7.43）得，右边区域极大值差函数 $d_{Rr}(\alpha,k)$ 公式如下：

$$d_{Rr}(\alpha,0) = -\sum_{i=2}^{4}(b_{1r}-b_{ir})(2b_{1r}b_{ir}-b_{1r}-b_{ir})d_{ir}^2$$
$$= -(b_{1r}-b_{2r})(2b_{1r}b_{2r}-b_{1r}-b_{2r})d_{2r}^2 - (b_{1r}-b_{3r})(2b_{1r}b_{3r}-b_{1r}-b_{3r})d_{3r}^2$$
$$\quad -(b_{1r}-b_{4r})(2b_{1r}b_{4r}-b_{1r}-b_{4r})d_{4r}^2$$
$$= -0.013\,18 + 0.000\,09\alpha^5 - 0.001\,91\alpha^4 + 0.014\,14\alpha^3 - 0.037\,74\alpha^2 - 0.055\,78\alpha$$

$$d_{Rr}(\alpha,1) = -\sum_{i=1}^{1}(b_{2r}-b_{ir})(2b_{2r}b_{ir}-b_{2r}-b_{ir})c_{il}^2 - \sum_{i=3}^{5}(b_{2r}-b_{ir})(2b_{2r}b_{ir}-b_{2r}-b_{ir})d_{ir}^2$$
$$= -(b_{2r}-b_{1r})(2b_{2r}b_{1r}-b_{2r}-b_{1r})c_{1l}^2 - (b_{2r}-b_{3r})(2b_{2r}b_{3r}-b_{2r}-b_{3r})d_{3r}^2$$
$$\quad -(b_{2r}-b_{4r})(2b_{2r}b_{4r}-b_{2r}-b_{4r})d_{4r}^2$$
$$= 0.003\,38 - 0.000\,04\alpha^5 - 0.000\,11\alpha^4 + 0.003\,28\alpha^3 + 0.017\,71\alpha^2 + 0.016\,1\alpha$$

$d_{Rr}(\alpha,2) = d_{Rr}(\alpha,3) = d_{Rr}(\alpha,1)$。

其函数图形如图 7.5 所示。

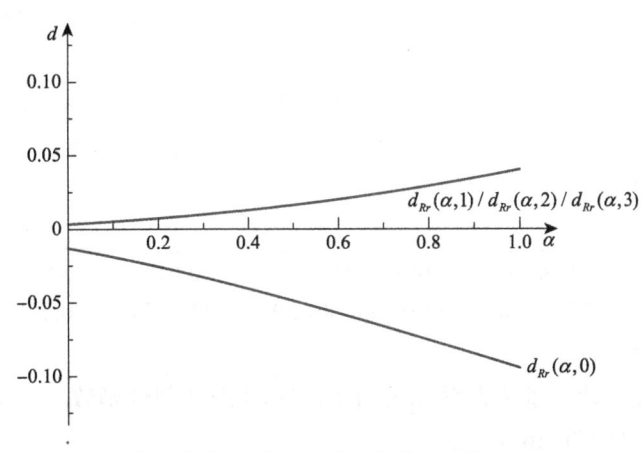

图 7.5　备选方案 A_1 的右边界极大值差函数 $d_{Rr}(\alpha,k)$ 图

步骤 6　识别右边区域极大值差函数 $d_{Rr}(\alpha,k^*)$ 的转折点 k^*。

如图 7.5 所示，$d_{Rr}(\alpha,0) \leqslant 0$，$d_{Rr}(\alpha,1) > 0$，所以 $k^* = k_{Rr} = 1$。

步骤 7　写出函数 $f_{Rr}(\alpha)$ 的代数表达式。

把 $k_{Rr} = 1$ 代入式（7.30）得，函数 $f_{Rr}(\alpha)$ 的表达式为

$$f_{Rr}(\alpha) = \frac{\sum_{i=1}^{1}[c_{il}(b_{ir}-1)]^2 + \sum_{i=2}^{5}[d_{ir}(b_{ir}-1)]^2}{\sum_{j=1}^{1}(c_{il}b_{ir})^2 + \sum_{j=3}^{4}(d_{ir}b_{ir})^2}$$

$$= \frac{0.00338 + 0.00073\alpha^4 + 0.00378\alpha^3 + 0.03611\alpha^2 + 0.01657\alpha}{3.28473 + 0.00073\alpha^4 - 0.0089\alpha^3 + 0.09888\alpha^2 - 0.91246\alpha}, \alpha \in [0,1]$$

步骤 8　写出右边区域相对相似性极大值函数 $RC_{Rr}(\alpha)$ 的表达式。

对于 $\forall \alpha \in [0,1]$，由式（7.39）得，函数 $RC_{Rr}(\alpha)$ 的表达式为

$$RC_{Rr}(\alpha) = \frac{1}{1+\sqrt{\dfrac{0.00338 + 0.00073\alpha^4 + 0.00378\alpha^3 + 0.03611\alpha^2 + 0.01657\alpha}{3.28473 + 0.00073\alpha^4 - 0.0089\alpha^3 + 0.09888\alpha^2 - 0.91246\alpha}}}, \alpha \in [0,1]$$

（7.47）

（3）计算备选方案 A_1 的左边区域相对相似性极大值函数 RC_{Lr} 的表达式。

同备选方案 A_1 的左边区域相对相似性极小值函数 RC_{Ll} 的计算方法，函数 RC_{Lr} 的表达式为

$$RC_{Lr}(\alpha) = \cfrac{1}{1+\sqrt{\cfrac{0.14539+0.00021\alpha^4+0.00225\alpha^3+0.01748\alpha^2-0.11196\alpha}{1.74131+0.00021\alpha^4+0.00695\alpha^3+0.10378\alpha^2+0.70266\alpha}}}, \alpha \in [0,1]$$

(7.48)

（4）计算备选方案 A_1 的右边区域相对相似性极小值函数 RC_{Rl} 的表达式。

同备选方案 A_1 的左边区域相对相似性极小值函数 RC_{Ll} 的计算方法，函数 $RC_{Rl}(\alpha)$ 的表达式为

$$RC_{Rl}(\alpha) = \cfrac{1}{1+\sqrt{\cfrac{0.02042+0.00008\alpha^4+0.00077\alpha^3+0.01437\alpha^2+0.031\alpha}{2.87556+0.00008\alpha^4-0.00159\alpha^3+0.03131\alpha^2-0.48538\alpha}}}, \alpha \in [0,1]$$

(7.49)

（5）同理，计算备选方案 A_2 和 A_3 的完整相对相似性函数。三个备选方案的相对相似性函数如图 7.6 所示。

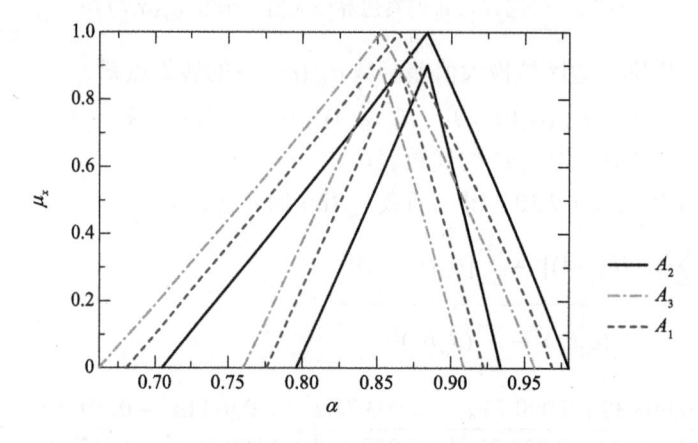

图 7.6　备选方案的相对相似性函数图

依据本章提出的基于可能均值和变异系数的 IT2 FSs 排序方法，由式（7.8）~式（7.10）得，$M(A_1) = 0.77866$，$M(A_2) = 0.79548$，$M(A_3) = 0.76733$。即最好的备选方案是 A_2，所有备选方案的顺序依次是：

$$A_2 \succ A_1 \succ A_3$$

该排序结果与 Chen 和 Lee（2010a）的排序相同。但本章提出的基于 IT2 FSs 的 TOPSIS 解析求解法计算效率较高，计算结果准确。因为计算结果不再完全依赖于 IT2 FSs 的顶点，而是整个 IT2 FSs，从而实现了将 IT2 FSs 贯穿于整个计算过程，避免了不确定信息的丢失。且该算法可以得到 TOPSIS 法的精确相对相似性的 IT2 FSs 图形。接着，基于可能均值和变异系数的 IT2 FSs 排序方法能够区分排序后的位置，计算过程简单，符合模糊数排序方法的一些性质。

7.3 可能性-概率信息融合区间二型模糊环境下的方法

7.3.1 研究背景介绍

股票选择对实现投资者的目标起着重要作用(Hajjami and Amin, 2018; Pätäri et al., 2018; Song et al., 2018)。然而,随着股票数量的快速增长,如引领中国证券交易所的沪深股市,其上市公司的交易股票数量超过 3 000(An et al., 2018; Lu et al., 2018)。由于通过交易屏幕数据难以筛选出满意的股票,投资者有必要通过分析上市公司财务信息以选择最佳的潜在股票(Cremers et al., 2002; Ni et al., 2011)。现有文献介绍了许多用于股票选择的定量分析方法。Markowitz(1952)提出了被称为现代投资组合理论的基础均值-方差模型。还有一些研究讨论了衡量投资风险的局限性,并开发了许多多属性决策方法(Sevastjanov and Dymova, 2009; Xidonas et al., 2010; Shen et al., 2014; Vezmelai et al., 2015)。

针对基于 MCDM 方法的选股方法,Chen(2008)将数据包络分析(data envelopment analysis, DEA)模型应用于股票选择。Shen 等(2014)将折中妥协与基于 DEMATEL 的网络分析法模型结合,并将其应用于魅力股选择。但是,这些评估方法依据的是上市公司的历史静态财务数据,无法反映指标的波动情况,可能会产生误差(Fedderke, 2004; Magni, 2015)。为弥补仅用财务数据信息来决策的不足,模糊集理论被引入来处理人类思维的不精确性(Zadeh, 1975, 1978)。Tsao(2006)将模糊 MCDM 方法应用于股票选择问题。Amin 和 Hajjami(2016)集成了有序加权平均和 DEA 方法,并将其用于股票选择。Su 和 Cheng(2016)提出了一种用于股票预测的新型自适应神经模糊推理系统。

在上述研究中,隶属度的不确定性通常来自于 T1 FSs 的成员函数,其值取值范围是[0, 1]。但是,在实际的决策问题中,人们通常很难找出模糊集的确切隶属度(可能性)分布。T2 FS(Zadeh, 1975)在建模不确定性方面比 T1 FS 提供更高的准确性,并且它们的可能性分布由[0, 1]中的模糊集表示。然而,由于主要隶属度函数的可变性,T2 FS 在用于解决 MCDM 问题时面临复杂计算(Liu, 2008)。接着,IT2 FS 引入切片表示,其包含区间可能性值,并且由于它们计算相对简单,非常有利于理论和计算研究(Mendel and Wu, 2010)。近来,Celik 等(2015)回顾了 82 篇基于 IT2 FS 环境的 MCDM 方法的文献。值得注意的是,IT2 FS 在很多领域赢得了专家的喜爱,如选址问题(Wang and Chen, 2014)、项目测试和选择(Wu and Mendel, 2010a)、交通系统评价(Liu et al., 2014; Qin and Liu, 2015)、运营管理（Sang et al., 2015；Wang et al., 2015），及投资决策（Liu, 2008；Cebi and Kahraman, 2010）。

与此同时，由于人类记忆和信息处理能力的限制，在投资决策问题中，概率也经常被预估得不太准确，这已经用模糊概率替代（Kahraman et al., 2002；Kahraman and Kaya, 2010）。在过去的几十年中，大量文献研究了如何融合可能性-概率信息来处理 MCDM 问题。Yager（2012）提出了一种基于条件概率的可能性-概率融合方法。Elmore 等（2014）研究了人们决策中多种可能性-概率分布的集成方法。Petry 等（2015）研究如何结合可能性不确定性和概率不确定性的方法。Anderson 等（2016）研究了模糊 Choquet 积分的不同扩展的适用性和特征，以融合异质可能性和概率分布情形。Tanaka 等（2000）提出了两种基于模糊概率和可能性分布的投资组合选择模型。Caillec 等（2017）通过将几个技术指标与可能性-概率融合机制相结合，提出了选股的绩效评估。

虽然现有文献已经进行了许多关于可能性-概率信息融合的研究，但如何将其扩展到 IT2 FSs 环境，并将其应用于股票选择仍然需要大量工作。因此，有必要开发新的选股方法来同时处理 IT2 FSs 环境下的模糊概率和模糊可能性。首先将财务数据及其对应的概率构造成区间二型模糊数，以更好地体现备选方案的整体波动和不确定性。同时，事件发生的概率由区间二型模糊环境下的可能性-概率分布信息的融合，通过判断不确定性相关的评价来表示不精确的概率。此外，考虑到融合概率的客观和主观不确定性信息融合，概率的信息熵用于为每个评价指标分配权重。然后，计算每个备选方案对理想解和负理想解的区间二型模糊距离，并计算与理想解决方案的相对接近度以对备选方案进行排序。为了说明所提出的 MCDM 方法，以中国房地产行业的股票选择为例进行分析。

7.3.2　可能性信息与概率信息的融合模型

1）区间二型模糊数中可能性信息的构造

投资决策可能涉及盈利能力、现金流、成长能力等多个因素，其相应统计数据往往有限。再加上股票波动、市场控制和人为因素等异常现象，数据也存在波动性，导致其分布不规律，容易偏离预期值。这种变化常常给决策者投资评估带来巨大风险。

本书在期望值和变异的基础上，用近似推理代替原来的均值和方差来分析投资风险。将评价指标值构建为区间二型模糊数的原理是其上（下）端点对应于具有 0.95（0.8）置信水平的概率样本的置信界限，中值是平均值。其可能性程度可以用[0, 1]中的模糊集来描述从最小到最大的转变。

本书选择 0.95（0.8）置信区间端点作为相应的上（下）参考点的原因是，它们是包含大多数决策者在询问时可以接受的真实平均值的适当值。

对于评估样本 x，假设其平均值和偏差分别为 $\bar{x}$ 和 σ。根据中心极限定理和近似理论，可以得到评价样本的 95%($\alpha=0.05$) 置信区间为

$$x^U = (a,d) = (\bar{x}-1.96\sigma/\sqrt{n}, \bar{x}+1.96\sigma/\sqrt{n}) \tag{7.50}$$

同时，可以得到评价样本的 80%($\alpha=0.2$) 置信区间为

$$x^L = (e,f) = (\bar{x}-1.28\sigma/\sqrt{n}, \bar{x}+1.28\sigma/\sqrt{n}) \tag{7.51}$$

由式（7.50）和式（7.51）得，结构化区间二型模糊数可以表示为

$$\begin{aligned}\tilde{\tilde{x}} &= (x^U, x^L) \\ &= \left((\bar{x}-1.96\sigma/\sqrt{n}, \bar{x}, \bar{x}+1.96\sigma/\sqrt{n}; h^U), (\bar{x}-1.28\sigma/\sqrt{n}, \bar{x}, \bar{x}+1.28\sigma/\sqrt{n}), h^L\right)\end{aligned} \tag{7.52}$$

2）概率信息的构建

模糊概率的特征是评估的连续区间概率分布，通过与判断不确定性相关的评估来表示不精确的概率。它也可以通过平均值、方差及其置信水平同时建模。基于这个概念，概率度可以通过呈现一个可能性函数来完成，如果可能性函数或概率分布具有简单的或数学上的轨迹，则通常可以认为这是一个令人满意的近似。

在实际评价过程中，似然密度曲线也可以从区间二型模糊评价中得到。区间二型模糊似然密度曲线 $\tilde{\tilde{p}} = \left((a,c,d;p^U),(e,c,f;p^L)\right)$，如图 7.7 所示。

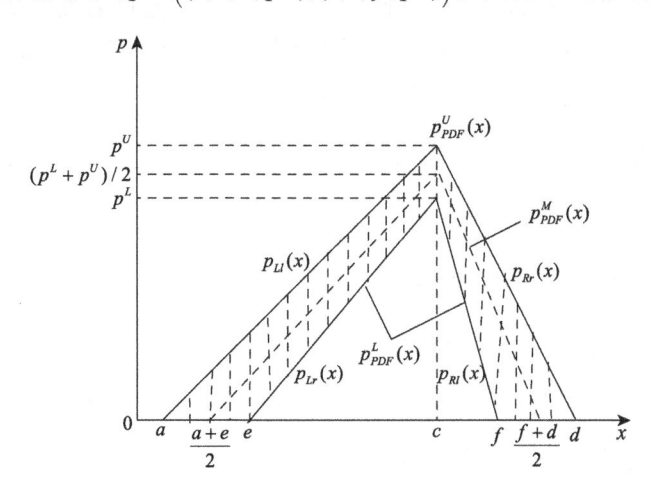

图 7.7 连续区间概率测度

假设上概率密度函数和下概率密度函数分别记为 $f^U_{PDF}(x)$ 和 $f^L_{PDF}(x)$，假设为传统的概率密度函数。

在图 7.7 中，对于 $\tilde{x}$ 的任意单点值，其概率是一个区间数。如果我们将单个点扩展到区间值，则对应的概率值将遵循连续区间，其特征使我们想起区间概率。对于区间值概率，归一化特性可以表示如下。

性质 7.1 对于随机变量的取值 $X = (x_1, x_2, \cdots, x_n)$，如果 $P(x_i) = [g(x_i), h(x_i)]$ 满足 $0 \leqslant g(x_i) \leqslant h(x_i) \leqslant 1$，那么

（1）$\sum_{i=1}^{n} g(x_i) \leqslant 1$，

（2）$\sum_{i=1}^{n} h(x_i) \geqslant 1$。

值得注意的是，如果 $g(x_i) = h(x_i)$，则概率分布是精确的。此外，如果 $\sum_{i=1}^{n} g(x_i) = 1$ 或 $\sum_{i=1}^{n} h(x_i) = 1$，则概率分布在第一种情况下等于 $g(x_i)$、在第二种情况下等于 $h(x_i)$。

受区间概率值的重要限制的启发，我们将其扩展到区间二型模糊评估的连续区间概率的要求，区间二型模糊概率密度函数 $(f_{PDF}^{U}(x), f_{PDF}^{L}(x))$ 应满足以下性质。

性质 7.2（非负性） 连续区间概率密度函数 $(f_{PDF}^{U}(x), f_{PDF}^{L}(x))$ 都是正的，即 $f_{PDF}^{U}(x) \geqslant 0, f_{PDF}^{L}(x) \geqslant 0$。

证明：

如图 7.7 所示，容易得到 $f_{PDF}^{U}(x) \geqslant f_{PDF}^{L}(x) \geqslant 0$，这意味着性质 7.2 成立。

性质 7.3（归一化） 根据连续区间概率分布的原理，概率分布的积分可以表示为

（a）$\int_{a}^{d} f_{PDF}^{U}(x) \mathrm{d}x \geqslant 1$，

（b）$\int_{e}^{f} f_{PDF}^{L}(x) \mathrm{d}x \leqslant 1$。

为保证连续概率密度满足性质 7.3，我们构造中间概率密度函数 $f_{PDF}^{M}(x)$，其参考点为 $\frac{a+e}{2}, c, \frac{f+d}{2}$，以及 $\frac{p^L + p^U}{2}$ 中元素的可能性值。基于图 7.7 所示的似然密度曲线，引入正比例因子 k 来构造区间二型模糊概率密度函数 $(f_{PDF}^{U}(x), f_{PDF}^{M}(x), f_{PDF}^{L}(x))$。为满足性质 7.3，只需要

$$\int_{\frac{a+e}{2}}^{\frac{f+d}{2}} f_{PDF}^{M}(x)\mathrm{d}x = k\left(\int_{\frac{a+e}{2}}^{c} \frac{(2x-a-e)(p^U+p^L)}{2(2c-a-e)} \mathrm{d}x + \int_{c}^{\frac{f+d}{2}} \frac{(f+d-2x)(p^U+p^L)}{2(f+d-2c)} \mathrm{d}x\right) = 1$$

随后，参数 k 可以计算为

$$k = \frac{8}{(f+d-a-e)(p^U+p^L)}$$

证明：既然 $k = \dfrac{8}{(f+d-a-e)(p^U+p^L)}$，那么

$$\int_{\frac{a+e}{2}}^{\frac{f+d}{2}} f_{PDF}^M(x)\mathrm{d}x$$

$$= k\left(\int_{\frac{a+e}{2}}^{c} \frac{(2x-a-e)(p^U+p^L)}{2(2c-a-e)}\mathrm{d}x + \int_{c}^{\frac{f+d}{2}} \frac{(f+d-2x)(p^U+p^L)}{2(f+d-2c)}\mathrm{d}x\right)$$

$$= \frac{8}{(f+d-a-e)(p^U+p^L)} \cdot \frac{(f+d-a-e)(p^U+p^L)}{8} = 1$$

由于 $f_{PDF}^U(x) \geqslant f_{PDF}^M(x) \geqslant f_{PDF}^L(x)$，很明显可以得出 $\int_a^d f_{PDF}^U(x)\mathrm{d}x \geqslant \int_{\frac{a+e}{2}}^{\frac{f+d}{2}} f_{PDF}^M(x)\mathrm{d}x = 1$，$\int_e^f f_{PDF}^L(x)\mathrm{d}x \leqslant \int_{\frac{a+e}{2}}^{\frac{f+d}{2}} f_{PDF}^M(x)\mathrm{d}x = 1$。

那么，概率密度函数 $(f_{PDF}^U(x), f_{PDF}^L(x))$ 可以写成如下形式。

$$f_{PDF}^U(x) = \begin{cases} 0, & \text{如果} x \in (0,a) \\ k\dfrac{p^U(x-a)}{(c-a)}, & \text{如果} x \in (a,c] \\ k\dfrac{p^U(x-c)}{(d-c)}, & \text{如果} x \in (c,d] \\ 0, & \text{如果} x \in (d,+\infty] \end{cases} \quad (7.53)$$

$$f_{PDF}^L(x) = \begin{cases} 0, & \text{如果} x \in (0,a) \\ k\dfrac{p^L(x-e)}{(c-e)}, & \text{如果} x \in (e,c] \\ k\dfrac{p^L(x-c)}{(f-c)}, & \text{如果} x \in (c,f] \\ 0, & \text{如果} x \in (d,+\infty] \end{cases} \quad (7.54)$$

基于连续区间概率密度函数 $f_{PDF}^U(x)$ 和 $f_{PDF}^L(x)$，对应的概率分布函数 $F_{PDF}^U(x)$ 和 $F_{PDF}^L(x)$，及其对应的概率函数 $P_{PDF}^U(x)(a < x \leqslant b)$ 和 $F_{PDF}^L(x)(a < x \leqslant b)$ 可以表示如下。

命题 7.1 假设 $f_{PDF}^U(x)$ 和 $f_{PDF}^L(x)$ 是上下概率密度函数，它们对应的分布函数 $F_{PDF}^U(x)$ 和 $F_{PDF}^L(x)$ 可以表示为

(a) $F_{PDF}^U(x) = \int_{-\infty}^{x} f_{PDF}^U \mathrm{d}x,$

(b) $F_{PDF}^L(x) = \int_{-\infty}^{x} f_{PDF}^L \mathrm{d}x。$

命题 7.2 假设随机变量 $\tilde{\tilde{X}}$ 在区间二型模糊评估集上服从均匀分布，$f(x)$ 是概率密度函数，$B=[a,b]$ 是 $\tilde{\tilde{X}}$ 的模糊子集，使得分布函数 $F(x)$ 区间 $[a,b]$ 可以写成：

(a) $P^U(a<x\leqslant b) = F_{PDF}^U(b) - F_{PDF}^U(a) = \int_a^b f_{PDF}^U(x)\mathrm{d}x,$

(b) $P^L(a<x\leqslant b) = F_{PDF}^L(b) - F_{PDF}^L(a) = \int_a^b f_{PDF}^L(x)\mathrm{d}x。$

7.3.3 区间二型模糊环境下的可能性-概率信息融合

假设变量由 n 个信息源提供，$(\tilde{x}_1, \tilde{x}_2, \cdots, \tilde{x}_n)$ 分别提供可能性分布方面的信息。$\tilde{p}_1, \tilde{p}_2, \cdots, \tilde{p}_n$ 均提供概率分布方面的信息。特别是，$\tilde{x} = ((a,b,d;h^U),(e,b,f;h^L))$ 和 $\tilde{p} = ((a,c,d;p^U),(e,c,f;p^L))$，如图 7.8 所示。

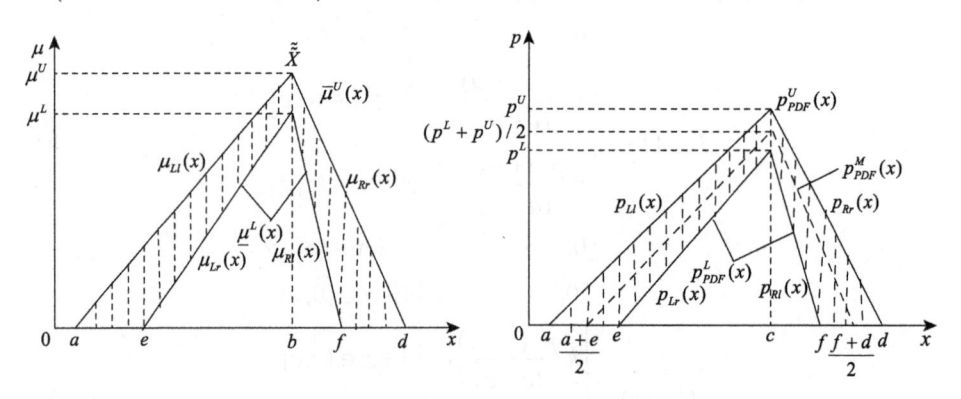

图 7.8 区间二型模糊环境下的不确定可能性与概率测度

应用上述归一化方法，首先是独立计算概率密度函数 $\left(f_{PDF}^U(x), f_{PDF}^L(x)\right)$。然后，结合前面介绍的可能性信息和概率信息，基于 p 和 μ 的融合方法，由式（3.30）得，概率函数和可能性函数的积分如式（7.55）~式（7.62）所示。

(a) 如果 $b>c$，模糊事件 A 的概率可写成：

$$p_{Ll}(\tilde{\tilde{x}}) = \int_a^x f_{PDF}^U(x)\mu_{Ll}(x)\mathrm{d}x, \quad 如果 x \in [a,c] \quad (7.55)$$

$$p_{Lr}(\tilde{\tilde{x}}) = \int_e^x f_{PDF}^L(x)\mu_{Lr}(x)\mathrm{d}x, \quad 如果 x \in [e,c] \quad (7.56)$$

$$p_{Rl}(\tilde{\tilde{x}}) = \begin{cases} \int_c^x f_{PDF}^L(x)\mu_{Lr}(x)\mathrm{d}x, & \text{如果} x \in [c,b] \\ \int_b^x f_{PDF}^L(x)\mu_{Rl}(x)\mathrm{d}x, & \text{如果} x \in [b,f] \end{cases} \quad (7.57)$$

$$p_{Rr}(\tilde{\tilde{x}}) = \begin{cases} \int_c^x f_{PDF}^U(x)\mu_{Ll}(x)\mathrm{d}x, & \text{如果} x \in [c,b] \\ \int_b^x f_{PDF}^U(x)\mu_{Rr}(x)\mathrm{d}x, & \text{如果} x \in [b,d] \end{cases} \quad (7.58)$$

（b）如果 $b<c$，模糊事件 A 的概率可写成：

$$p_{Ll}(\tilde{\tilde{x}}) = \begin{cases} \int_a^x f_{PDF}^U(x)\mu_{Ll}(x)\mathrm{d}x, & \text{如果} x \in [a,b] \\ \int_b^x f_{PDF}^U(x)\mu_{Rr}(x)\mathrm{d}x, & \text{如果} x \in [b,c] \end{cases} \quad (7.59)$$

$$p_{Lr}(\tilde{\tilde{x}}) = \begin{cases} \int_e^x f_{PDF}^L(x)\mu_{Lr}(x)\mathrm{d}x, & \text{如果} x \in [e,b] \\ \int_b^x f_{PDF}^L(x)\mu_{Rl}(x)\mathrm{d}x, & \text{如果} x \in [b,c] \end{cases} \quad (7.60)$$

$$p_{Rl}(\tilde{\tilde{x}}) = \int_c^x f_{PDF}^L(x)\mu_{Rl}(x)\mathrm{d}x, \quad \text{如果} x \in [c,f] \quad (7.61)$$

$$p_{Rr}(\tilde{\tilde{x}}) = \int_c^x f_{PDF}^U(x)\mu_{Rr}(x)\mathrm{d}x, \quad \text{如果} x \in [c,d] \quad (7.62)$$

最后，假设可能性和概率信息的融合为不精确的概率 p^f。对于任何评价值 $\tilde{\tilde{x}}_i(i=1,2,\cdots,n)$，结合式（3.31），融合概率分布 $p^f(\tilde{\tilde{x}}_i)$ 可以表示如下。

$$p^f(\tilde{\tilde{x}}_i) = \frac{\pi(\tilde{\tilde{x}}_i)p(\tilde{\tilde{x}}_i)}{\sum_{j=1}^n \pi(\tilde{\tilde{x}}_j)p(\tilde{\tilde{x}}_j)} = \frac{\int_a^{x_i} f_{PDF}(\tilde{\tilde{x}}_i)\mu(\tilde{\tilde{x}}_i)\mathrm{d}x_i}{\sum_{j=1}^n \int_a^{\tilde{\tilde{x}}_j} f_{PDF}(\tilde{\tilde{x}}_j)\mu(\tilde{\tilde{x}}_j)\mathrm{d}x_j} \quad (7.63)$$

其中，$\mu(\tilde{\tilde{x}}_i)$ 是可能性分布；$f_{PDF}(\tilde{\tilde{x}}_i)$ 是对应的概率分布。

融合概率结合了投资者的主观不确定性和信息不充分的客观不确定性，通过与判断不确定性相关的区间二型模糊可能性测度来表示不精确的概率。此外，融合概率捕获了 Zadeh 的可能性与原始概率分布之间一致性的概念。

7.3.4 计算过程

基于 IT2 FSs 的可能性-概率信息的不确定 MCDM 方法求解步骤总结概括如下。

步骤 1 构建区间二型模糊评估及其相应的连续区间概率。

步骤 2 标准化区间二型模糊决策矩阵及其相应的模糊概率。

假设 $\tilde{\tilde{x}}_{ji} = \left((a_{ji}, b_{ji}, d_{ji}; h_{ji}^U), (e_{ji}, b_{ji}, f_{ji}; h_{ji}^L) \right)$ 为区间二型模糊评价值，则规范化计算公式如下：

$$\tilde{\tilde{x}}_{ji} = \left(\left(\frac{a_{ji} - a_{ji}^-}{d_{ji}^* - a_{ji}^-}, \frac{b_{ji} - a_{ji}^-}{d_{ji}^* - a_{ji}^-}, \frac{d_{ji} - a_{ji}^-}{d_{ji}^* - a_{ji}^-}; h_{ji}^U \right), \left(\frac{e_{ji} - a_{ji}^-}{d_{ji}^* - a_{ji}^-}, \frac{b_{ji} - a_{ji}^-}{d_{ji}^* - a_{ji}^-}, \frac{f_{ji} - a_{ji}^-}{d_{ji}^* - a_{ji}^-}; h_{ji}^L \right) \right), i \in \Omega_b \tag{7.64}$$

$$\tilde{\tilde{x}}_{ji} = \left(\left(\frac{d_{ji}^* - d_{ji}}{d_{ji}^* - a_{ji}^-}, \frac{d_{ji}^* - b_{ji}}{d_{ji}^* - a_{ji}^-}, \frac{d_{ji}^* - a_{ji}}{d_{ji}^* - a_{ji}^-}; h_{ji}^U \right), \left(\frac{d_{ji}^* - f_{ji}}{d_{ji}^* - a_{ji}^-}, \frac{d_{ji}^* - b_{ji}}{d_{ji}^* - a_{ji}^-}, \frac{d_{ji}^* - e_{ji}}{d_{ji}^* - a_{ji}^-}; h_{ji}^L \right) \right), i \in \Omega_c \tag{7.65}$$

其中，Ω_b 是收益型标准；Ω_c 是成本型标准，并且

$$d_{ji}^* = \max_j d_{ji}, i \in \Omega_b \quad a_{ji}^- = \min_j a_{ji}, i \in \Omega_c$$

步骤 3 融合可能性-概率信息。

假设 $P^f = \{p_1^f, p_2^f, \cdots, p_n^f\}$ 是表示风险信息的基本融合概率，融合概率 p_i^f 可通过式（7.55）~式（7.63）计算获取。

步骤 4 计算每个指标的熵权重。

确定指标权重的方法很多，如专家意见调查法或层次分析法等，在确定评价指标权重时主观因素非常大。本书使用熵的概念来确定权重以避免主观因素影响，具体公式为

$$w_i = \frac{1 - H_i}{n - \sum_{j=1}^m H_j}, \quad i = 1, 2, \cdots, n \tag{7.66}$$

其中，H 是信息熵。

步骤 5 确定区间二型模糊正理想解和负理想解。

很明显，归一化标准评估 $\tilde{\tilde{x}}_{ji}$ 位于区间[0, 1]。因此，区间二型模糊正理想解可定义为 $A^+ = ((1,1,1;1),(1,1,1;1))$，负理想解可表示为 $A^- = ((0,0,0;0),(0,0,0;0))$。

步骤 6 计算备选方案对正理想解（d_i^+）和负理想解（d_i^-）的区间二型模糊距离。

$$d_j^+ = \sqrt{\sum_{i=1}^n w_i (\tilde{\tilde{x}}_{ji} - 1)^2}, \quad i = 1, 2, \cdots, n; j = 1, 2, \cdots, m \tag{7.67}$$

$$d_j^- = \sqrt{\sum_{i=1}^n w_i (\tilde{\tilde{x}}_{ji})^2}, \quad i = 1, 2, \cdots, n; j = 1, 2, \cdots, m \tag{7.68}$$

步骤 7 计算与理想替代方案的相对接近度。

$$RC_j^* = \frac{\text{Ranking}(d_j^-)}{\text{Ranking}(d_j^-) + \text{Ranking}(d_j^+)} \quad 0 \leqslant RC_j^* \leqslant 1, j = 1, 2, \cdots, m \quad (7.69)$$

步骤 8 对备选股票进行排序。

根据与理想备选方案的相对接近程度，RC_i^* 越大，备选方案 A_i 越好。

7.3.5 房地产行业股票选择应用

某投资者希望将自己适量的资金投资于股票市场。他选取了中国房地产行业的 7 家股票（A_{1-7}）作为投资潜在对象，并选取 11 个指标 C_{1-11} 用于评价企业财务业绩，详见表 7.6。投资者的目的是选择适合投资的股票。

表 7.6 评价标准及其说明

财务绩效	评价指标	类型	描述
赢利能力	利润率（OM）（C_1）	收益型	营业利润/营业收入
	总资产净利润率（ROA）（C_2）	收益型	净利润/平均总资产
	净资产收益率（ROE）（C_3）	收益型	净利润/平均股东权益
现金流	经营活动（OA）（C_4）	收益型	经营活动产生的净现金流量/流动负债
	现金比率（CR）（C_5）	收益型	货币资产/流动负债
运作能力	总资产周转率（TAT）（C_6）	收益型	营业收入/平均总资产
	固定资产周转率（FAT）（C_7）	收益型	营业收入/平均固定资产
成长能力	总资产增长率（GRTA）（C_8）	收益型	期末总资产−期初总资产/期初总资产
	净利润增长率（GRNT）（C_9）	收益型	当期净利润−上期净利润/上期净利润
偿付	速动比率（QR）（C_{10}）	收益型	流动资产−存货资产/流动负债
	资产负债率（RLA）（C_{11}）	成本型	总负债/总资产

对于理性投资者来说，他们需要根据市场情况评估每家公司股票的价值。在金融经济学中，标准差和方差经常被用来衡量数据的波动性。然而，这些指标静态数据只能反映一定时期内指标的均值大小，不能反映每只股票投资的波动性。为解决金融市场的投资决策问题，本书提出了在 IT2 FSs 环境下具有可能性-概率信息融合和熵权的不确定 MCDM 方法。

1）资料来源

本应用中，所有房地产行业原始评估风险数据集均来源于中国 Wind 数据库。它是一个大数据集在线存储库，是以股票、基金、债券、外汇、保险、期货、衍生品、商品、宏观经济和财经新闻等证券数据为核心的顶级金融数据库（http://

www.wind.com.cn）。该数据集包含 7 家房地产企业在 2000~2017 年的财务数据。为保护数据机密性，企业名称已更改为无意义的符号数据。

2）计算过程

步骤 1　将财务数据构建为区间二型模糊数。

以 7 家房地产行业上市公司可获得的财务数据为基础，构建 IT2 FS 评价矩阵及其对应的概率分布矩阵，具体如表 7.7 和表 7.8 所示。

表 7.7　构建和标准化基于 IT2 FS 的评估值

C	股票	初始评价值	标准评价值
C_1	A_1	((0.434, 0.492, 0.544; 1), (0.458, 0.492, 0.526; 0.9))	((0.374, 0.38, 0.358; 1), (0.376, 0.38, 0.383; 0.9))
	A_2	((0.384, 0.511, 0.638; 1), (0.428, 0.511, 0.594; 0.9))	((0.367, 0.382, 0.396; 1), (30.37, 0.382, 0.391; 0.9))
	A_3	((0.452, 0.522, 0.593; 1), (0.476, 0.522, 0.569; 0.9))	((0.375, 0.383, 0.391; 1), (0.378, 0.383, 0.388; 0.9))
	A_4	((0.488, 0.629, 0.769; 1), (0.537, 0.629, 0.721; 0.9))	((0.379, 0.395, 0.411; 1), (0.385, 0.395, 0.405; 0.9))
	A_5	((0.587, 0.73, 0.873; 1), (0.637, 0.73, 0.823; 0.9))	((0.39, 0.407, 0.423; 1), (0.396, 0.407, 0.417; 0.9))
	A_6	((0.184, 3.071, 5.957; 1), (1.185, 3.071, 4.956; 0.9))	((0.345, 0.672, 1; 1), (0.458, 0.672, 0.886; 0.9))
	A_7	((0.486, 0.627, 0.768; 1), (0.535, 0.627, 0.719; 0.9))	((0.379, 0.395, 0.411; 1), (0.384, 0.395, 0.405; 0.9))
C_2	A_1	((0.042, 0.046, 0.051; 1), (0.043, 0.046, 0.049; 0.9))	((0.328, 0.329, 0.329; 1), (0.329, 0.329, 0.329; 0.9))
	A_2	((0.028, 0.038, 0.048; 1), (0.031, 0.038, 0.044; 0.9))	((0.327, 0.328, 0.329; 1), (0.327, 0.328, 0.329; 0.9))
	A_3	((0.036, 0.04, 0.044; 1), (0.038, 0.04, 0.043; 0.9))	((0.328, 0.328, 0.329; 1), (0.328, 0.328, 0.329; 0.9))
	A_4	((0.04, 0.044, 0.048; 1), (0.041, 0.044, 0.046; 0.9))	((0.328, 0.329, 0.329; 1), (0.328, 0.329, 0.329; 0.9))
	A_5	((0.019, 0.03, 0.042; 1), (0.023, 0.03, 0.038; 0.9))	((0.326, 0.327, 0.328; 1), (0.326, 0.327, 0.328; 0.9))
	A_6	((-2.85, 0.037, 0.054; 1), (0.025, 0.037, 0.048; 0.9))	((0, 0.328, 0.33, ; 1), (0.327, 0.328, 0.329; 0.9))
	A_7	((0.03, 0.043, 0.056; 1), (0.034, 0.043, 0.052; 0.9))	((0.327, 0.329, 0.33; 1), (0.328, 0.329, 0.33; 0.9))
C_3	A_1	((0.177, 0.223, 0.27; 1), (0.193, 0.223, 0.254; 0.9))	((0.344, 0.349, 0.354; 1), (0.346, 0.349, 0.352; 0.9))
	A_2	((0.237, 0.343, 0.45; 1), (0.274, 0.343, 0.412; 0.9))	((0.351, 0.363, 0.375; 1), (0.355, 0.363, 0.37; 0.9))
	A_3	((0.197, 0.233, 0.269; 1), (0.21, 0.233, 0.257; 0.9))	((0.35, 0.35, 0.354; 1), (0.347, 0.35, 0.353; 0.9))
	A_4	((0.27, 0.306, 0.341; 1), (0.283, 0.306, 0.329; 0.9))	((0.354, 0.358, 0.362; 1), (0.356, 0.358, 0.361; 0.9))
	A_5	((0.188, 0.387, 0.587; 1), (0.257, 0.387, 0.517; 0.9))	((0.345, 0.368, 0.39; 1), (0.353, 0.368, 0.382; 0.9))
	A_6	((0.276, 1.747, 3.219; 1), (0.787, 1.747, 2.708; 0.9))	((0.355, 0.522, 0.689; 1), (0.413, 0.522, 0.631; 0.9))
	A_7	((0.246, 0.325, 0.405; 1), (0.274, 0.325, 0.377; 0.9))	((0.358, 0.361, 0.37), (0.355, 0.361, 0.366))
...	...	...	...
C_{11}	A_1	((4.38, 5.3, 6.22; 1), (4.7, 5.3, 5.9; 0.9))	((0.214, 0.222, 0.23; 1), (0.217, 0.222, 0.227; 0.9))
	A_2	((-0.98, 9.63, 20.3; 1), (2.7, 9.63, 16.57; 0.9))	((0.095, 0.185, 0.275; 1), (0.126, 0.185, 0.244; 0.9))

续表

C	股票	初始评价值	标准评价值
C_{11}	A_3	((2.45, 2.93, 3.4; 1), (2.61, 2.93, 3.24; 0.9))	((0.238, 0.242, 0.246; 1), (0.239, 0.242, 0.245; 0.9))
	A_4	((−47.5, −14.1, 19.2; 1), (−35.9, −14.2, 7.6; 0.9))	((0.104, 0.387, 0.671; 1), (0.202, 0.387, 0.572; 0.9))
	A_5	((−2.41, 7.15, 16.72; 1), (0.907, 7.153, 13.4; 0.9))	((0.125, 0.206, 0.287; 1), (0.153, 0.206, 0.259; 0.9))
	A_6	((−2.47, 0.085, 2.64; 1), (−1.58, 0.085, 1.75; 0.9))	((0.125, 0.206, 0.287; 1), (0.153, 0.206, 0.259; 0.9))
	A_7	((−86.3, −27.4, 31.4; 1), (−65.9, −27.4, 11; 0.9))	((0, 0.5, 1; 1), (0.174, 0.5, 0.827; 0.9))

表 7.8 初始和归一化的区间二型模糊概率分布

C	股票	初始模糊概率值	标准化的模糊概率值
C_1	A_1	((0.434, 0.485, 0.544; 0.8), (0.458, 0.485, 0.526; 0.6))	((0.374, 0.37, 0.385; 0.8), (0.376, 0.379, 0.383; 0.6))
	A_2	((0.384, 0.492, 0.638; 0.8), (0.428, 0.492, 0.594; 0.6))	((0.367, 0.38, 0.396; 0.8), (0.372, 0.38, 0.391; 0.6))
	A_3	((0.452, 0.497, 0.593; 0.8), (0.476, 0.497, 0.569; 0.6))	((0.375, 0.38, 0.391; 0.8), (0.378, 0.38, 0.388; 0.6))
	A_4	((0.488, 0.673, 0.769; 0.8), (0.537, 0.673, 0.721; 0.6))	((0.379, 0.4, 0.411; 0.8), (0.385, 0.4, 0.405; 0.6))
	A_5	((0.587, 0.673, 0.873; 0.8), (0.637, 0.673, 0.823; 0.6))	((0.39, 0.4, 0.423; 0.8), (0.396, 0.4, 0.417; 0.6))
	A_6	((0.184, 4.196, 5.957; 0.8), (1.185, 4.196, 4.956; 0.6))	((0.345, 0.8, 1; 0.8), (0.458, 0.8, 0.886; 0.6))
	A_7	((0.486, 0.673, 0.768; 0.8), (0.535, 0.673, 0.719; 0.6))	((0.379, 0.4, 0.411; 0.8), (0.384, 0.4, 0.405; 0.6))
C_2	A_1	((0.042, 0.045, 0.051; 0.8), (0.043, 0.045, 0.049; 0.6))	((0.328, 0.329, 0.329; 0.8), (0.329, 0.329, 0.329; 0.6))
	A_2	((0.028, 0.037, 0.048; 0.8), (0.031, 0.037, 0.044; 0.6))	((0.327, 0.328, 0.33; 0.8), (0.327, 0.328, 0.329; 0.6))
	A_3	((0.036, 0.04, 0.044; 0.8), (0.038, 0.04, 0.043; 0.6))	((0.328, 0.328, 0.329; 0.8), (0.328, 0.328, 0.329; 0.6))
	A_4	((0.04, 0.043, 0.048; 0.8), (0.041, 0.043, 0.046; 0.6))	((0.328, 0.329, 0.329; 0.8), (0.328, 0.329, 0.329; 0.6))
	A_5	((0.019, 0.03, 0.042; 0.8), (0.023, 0.03, 0.038; 0.6))	((0.326, 0.327, 0.328; 0.8), (0.326, 0.327, 0.328; 0.6))
	A_6	((−2.85, 0.03, 0.054; 0.8), (0.025, 0.03, 0.048; 0.6))	((0, 0.327, 0.33; 0.8), (0.327, 0.327, 0.329; 0.6))
	A_7	((0.03, 0.047, 0.056; 0.8), (0.034, 0.047, 0.052; 0.6))	((0.327, 0.329, 0.33; 0.8), (0.328, 0.329, 0.33; 0.6))
C_3	A_1	((0.177, 0.197, 0.27; 0.8), (0.193, 0.197, 0.254; 0.6))	((0.344, 0.346, 0.354; 0.8), (0.346, 0.346, 0.352; 0.6))
	A_2	((0.237, 0.303.0.45; 0.8), (0.274, 0.303, 0.412; 0.6))	((0.351, 0.358, 0.375; 0.8), (0.355, 0.358, 0.37; 0.6))
	A_3	((0.197, 0.233, 0.269; 0.8), (0.21, 0.233, 0.257; 0.6))	((0.346, 0.35, 0.354; 0.8), (0.347, 0.35, 0.353; 0.6))
	A_4	((0.27, 0.312, 0.341; 0.8), (0.283, 0.312, 0.329; 0.6))	((0.354, 0.359, 0.362; 0.8), (0.356, 0.359, 0.361; 0.6))
	A_5	((0.188, 0.497, 0.587; 0.8), (0.257, 0.497, 0.517; 0.6))	((0.345, 0.38, 0.39; 0.8), (0.353, 0.38, 0.382; 0.6))
	A_6	((0.276, 1.554, 3.219; 0.8), (0.787, 1.554, 2.708; 0.6))	((0.355, 0.5, 0.689; 0.8), (0.413, 0.5, 0.631; 0.6))
	A_7	((0.246, 0.294, 0.405; 0.8), (0.274, 0.294, 0.377; 0.6))	((0.352, 0.357, 0.37; 0.8), (0.355, 0.357, 0.366; 0.6))
...	...	...	...

续表

C	股票	初始模糊概率值	标准化的模糊概率值
C_{11}	A_1	((4.38, 5.164, 6.22; 0.8), (4.695, 5.164, 5.9; 0.6))	((0.214, 0.223, 0.23; 0.8), (0.217, 0.223, 0.227; 0.6))
	A_2	((−0.98, 7.871, 20.25; 0.8), (2.7, 7.871, 16.57; 0.6))	((0.095, 0.2, 0.275; 0.8), (0.126, 0.2, 0.244; 0.6))
	A_3	((2.45, 2.81, 3.4; 0.8), (2.613, 2.81, 3.237; 0.6))	((0.238, 0.243, 0.246; 0.8), (0.24, 0.243, 0.245; 0.6))
	A_4	((−47.5, −3.898, 19.16; 0.8), (−35.94, −3.898, 7.6; 0.6))	((0.104, 0.3, 0.671; 0.8), (0.202, 0.3, 0.572))
	A_5	((−2.41, 7.871, 16.72; 0.8), (0.907, 7.871, 13.4; 0.6))	((0.125, 0.2, 0.287; 0.8), (0.153, 0.2, 0.259; 0.6))
	A_6	((−2.47, −0.25, 2.64; 0.8), (−1.58, −0.25, 1.75; 0.6))	((0.244, 0.269, 0.288; 0.8), (0.252, 0.269, 0.28; 0.6))
	A_7	((−86.3, −15.668, 31.4; 0.8), (−65.9, −15.668, 11; 0.6))	((0, 0.4, 1; 0.8), (0.174, 0.4, 0.827; 0.6))

以 $\tilde{x}_{12}$ 为例，企业 A_1 管理能力的平均值和标准差分别为 $\bar{x}_{12} = 0.046$ 和 $\sigma_{12} = 0.01$。根据式（7.52）得，构造的区间二型模糊评价值可以写成：$\tilde{x}_{12} = ((0.042, 0.046, 0.051; 1), (0.043, 0.046, 0.049; 0.9))$。

假设模糊概率分布类似于评价的可能性分布，上（下）隶属度的最大值为 0.8（0.6），上（下）隶属度的中间参考点为 0.045，那么投资者给出的区间二型模糊概率分布可以写成 $\tilde{p}_{12} = ((0.042, 0.045, 0.051; 0.8), (0.043, 0.045, 0.049; 0.6))$。

表 7.7 中表示有些指标值为负值，如总资产净利润率（C_2）和资产负债率（C_{11}），原因与表 7.6 中的计算公式有关。对于评价指标 C_2，其值以净利润除以平均总资产计算得出，如果净利润为负，则总资产净利润率为负。还有资产负债率（C_{11}），其计算方法是将总负债除以总资产。如果年底购买了购置税较大的资产，应纳税额为负数，则其金额过大难以抵消其他债务，将为负数。

步骤 2 对区间二型模糊评估矩阵 $\tilde{X}$ 及其对应的概率矩阵 $\tilde{P}$ 进行归一化。

由式（7.64）和式（7.65）得，标准化决策矩阵见表 7.5 和表 7.6。

步骤 3 根据评价指标的可能性-概率信息计算融合概率。

由式（7.55）~式（7.63）得，融合概率分布矩阵见表 7.9。

表 7.9 融合后的概率分布矩阵

评价对象	C_1	C_2	C_3	C_4	C_5	C_6	C_7	C_8	C_9	C_{10}	C_{11}
A_1	0.094	0.088	0.083	0.09	0.094	0.095	0.087	0.088	0.093	0.094	0.094
A_2	0.091	0.094	0.088	0.089	0.09	0.092	0.082	0.094	0.094	0.093	0.093
A_3	0.088	0.086	0.094	0.09	0.089	0.091	0.091	0.094	0.093	0.094	0.091
A_4	0.09	0.09	0.093	0.091	0.094	0.093	0.092	0.087	0.093	0.089	0.09
A_5	0.089	0.096	0.084	0.093	0.092	0.095	0.085	0.086	0.095	0.089	0.096

续表

评价对象	C_1	C_2	C_3	C_4	C_5	C_6	C_7	C_8	C_9	C_{10}	C_{11}
A_6	0.087	0.112	0.092	0.093	0.091	0.082	0.077	0.092	0.089	0.093	0.093
A_7	0.09	0.09	0.088	0.086	0.095	0.095	0.091	0.093	0.092	0.088	0.093

步骤 4 计算评价指标的熵权重值。

由式（7.66），各评价指标的熵权重值见表 7.10。

表 7.10 各评价指标的熵权重值

评价对象	C_1	C_2	C_3	C_4	C_5	C_6	C_7	C_8	C_9	C_{10}	C_{11}
权重	0.09	0.094	0.089	0.09	0.092	0.092	0.086	0.091	0.093	0.092	0.093

步骤 5 确定区间二型模糊正理想解和负理想解。

由于评价指标 $\tilde{\tilde{x}}_{ji}$ 位于[0, 1]之间，正理想解 A^+ 和负理想解 A^- 被定义为

$$A^+ = ((1,1,1;1),(1,1,1;1))$$
$$A^- = ((0,0,0;0),(0,0,0;0))$$

步骤 6 计算被选股票到理想解和负理想解的区间二型模糊距离。

基于式（7.67）和式（7.68），备选股票的区间二型模糊正理想距离（d_i^+）和负理想距离（d_i^-），如表 7.11 所示。

表 7.11 备选方案到理想解的区间二型模糊距离

评价对象	正理想距离	负理想距离
A_1	((0.34, 0.344, 0.349; 1), (0.341, 0.344, 0.347; 0.9))	((0.612, 0.616, 0.62; 1), (0.613, 0.616, 0.619; 0.9))
A_2	((0.329, 0.338, 0.35; 1), (0.332, 0.338, 0.346; 0.9))	((0.614, 0.62, 0.626; 1), (0.616, 0.62, 0.624; 0.9))
A_3	((0.346, 0.352, 0.359; 1), (0.348, 0.352, 0.357; 0.9))	((0.603, 0.609, 0.616; 1), (0.605, 0.609, 0.614; 0.9))
A_4	((0.339, 0.366, 0.41; 1), (0.346, 0.366, 0.393; 0.9))	((0.599, 0.607, 0.616; 1), (0.602, 0.607, 0.613; 0.9))
A_5	((0.333, 0.346, 0.361; 1), (0.338, 0.346, 0.356; 0.9))	((0.605, 0.613, 0.622; 1), (0.608, 0.613, 0.619; 0.9))
A_6	((0.321, 0.404, 0.488; 1), (0.356, 0.404, 0.457; 0.9))	((0.551, 0.579, 0.666; 1), (0.559, 0.579, 0.609; 0.9))
A_7	((0.329, 0.37, 0.461; 1), (0.336, 0.37, 0.425; 0.9))	((0.608, 0.616, 0.624; 1), (0.611, 0.616, 0.621; 0.9))

步骤 7 计算各备选对象与理想解的相对接近度。

根据式（7.69），各备选方案与理想解的相对接近度见表 7.12。

表 7.12　各备选对象与理想解的相对接近度

评价对象	A_1	A_2	A_3	A_4	A_5	A_6	A_7
排序值	0.581	0.585	0.573	0.564	0.536	0.58	0.563

步骤 8　对备选投资股票对象进行排序。

根据表 7.12 中区间二型模糊相对接近理想解的排序值,不难看出 A_2 是房地产行业 7 家上市公司股票中最好的选择,排名为 $A_2 \succ A_1 \succ A_6 \succ A_3 \succ A_4 \succ A_7 \succ A_5$。

7.4　基于 IT2 FSs 的 TODIM 方法

7.4.1　研究背景介绍

随着环境保护意识的深化,国家不断加大自然生态系统和环境保护力度,企业想在当代竞争环境中保持长期优势,就必须要重视环境问题(Seuring, 2013)。企业必须考虑供应链中各个环节的环境问题,注重对环境的保护,向客户提供具有适当质量、价格、速度和环境保护的产品和服务,促进经济与环境的协调发展,即绿色供应链管理(green supply chain management, GSCM)(Hsu and Hu, 2008; Hsu et al., 2013; Fahimnia et al., 2015)。近年来,绝大多数公司均实施了多项环境保护、资源节约和可持续发展政策,确保供应商能够提供满足严格的环境质量和性能标准的材料和服务(Cebi and Kahraman, 2010; Genovese et al., 2013)。当企业寻找合作伙伴时,绿色供应商被视为最首要和重要的(Srivastava, 2007; Sarkis et al., 2011; Feng, 2012; Gomes and González, 2012; Igarashi et al., 2013)。近年来,绿色供应商选择问题逐渐得到国内外学者的重视,MCDM 方法已被分析用于绿色供应商评估和选择问题。Kuo 等(2015)将人工神经网络和 MCDM 方法集成,并用于绿色供应商选择。Kuo 等(2010)提出了一种新颖的混合 MCDM 模型来评估一家电子公司的绿色供应商。Hu 等(2015)提出了一种低碳经济模式下绿色供应商选择的优化决策方法。

然而,在绿色供应商选择问题中,有些指标难以用精确数值表达,尤其是环境方面的因素,如绿色设计能力和生产过程中绿色材料的使用情况等。在这些情形下,模糊集理论是处理不确定性的最佳工具之一,其评价值通常用一型模糊集表示(Saen, 2009; Liu et al., 2012a; Sen et al., 2014)。目前已有一些模糊 MCDM 方法用于处理绿色供应商选择问题。Lee 等(2009)提出基于模糊 MCDM 的高科技产业绿色供应商选择模型。Kannan 等(2013)将模糊层次分析法和 TOPSIS 方法集成，并用于绿色供应商选择问题。Kuo 等（2015）提出了一个模糊公理化设计模型，并用于新加坡塑料制造公司最佳绿色供应商选择。

一型模糊集的隶属度值是[0, 1]中的精确数值。然而，有些模糊评价值通常很难找到精确隶属函数。后来，Zadeh（1975）提出了 T2 FSs，它通过主隶、次隶属度来描述以提供更多的自由度和灵活性，其隶属度函数用区间[0, 1]上的模糊集。因此，与 T1 FSs 相比，T2 FSs 在不确定性建模方面更准确。然而，由于主隶属度值的可变性，T2 FSs 在用于解决模糊 MCDM 问题时面临大量计算（Liu，1992）。然后，IT2 FSs 被引入垂直切片和波浪切片表示，它们包含的隶属度是清晰的区间，并且由于它们的计算相对简单，非常有利于高阶模糊集的理论和计算研究（Mendel，2007，2017）。如果评价指标的意义不太明确，且专家对评估值有不同的意见时，IT2 FSs 能够为模糊 MCDM 问题提供决策支持。近来，Celik 等（2015）回顾了 82 篇使用各种 MCDM 方法及其在 IT2 FSs 环境下的应用领域的文献。值得注意的是，IT2 FSs 已经在 MCDM 问题中得到广泛的应用，如位置选择（Han and Mendel，2012；Celik et al.，2013；Wang et al.，2015），项目测试和选择（Wu and Mendel，2010b；Kilic and Kaya，2015），投资决策（Chen and Hsiao，2000；Mendel and Wu，2010；Celik et al.，2015），交通系统评价与优化（Seuring，2013；Kundu et al.，2014，2015；Qin and Liu，2015），运营管理和电子商务绩效评价（Singh and Benyoucef，2011；Gong，2013；Sang et al.，2014；Wang and Chen，2014）。

尽管目前已经提出了相当多的 MCDM 方法，但仍然需要提出新的 MCDM 方法来处理绿色供应商选择问题中决策者评估的模糊性和有限理性决策心理。针对 IT2 FSs 和 TODIM 方法的特点，本书提出了基于 IT2 FSs 的 TODIM 方法来处理多属性决策信息下的绿色供应商选择问题。首先，我们介绍 IT2 FSs 的距离计算方法，该方法可确定增益（损失）表达式中评估之间的距离。然后，通过比较 IT2 FSs 评估的排序值来选择收益和成本标准的收益（损失）表达式，并获得基于 IT2 FSs 形式的优势值。再次，我们使用涉及可能性均值和变异系数概念的 IT2 FSs 排序方法对优势度进行去模糊化，最终获得替代方案的清晰性能。最后，将提出的基于 IT2 FSs 的 TODIM 方法应用于解决绿色供应商选择决策问题，并讨论其不同参数值。总之，本书提出的新方法为 TODIM 方法的发展提供了理论和应用途径。

7.4.2 区间二型模糊数之间距离的计算方法

距离测度可以应用于聚类分析（Xu，2009）、近似推理（Chen et al.，2006）

和决策分析（Xu，2010）等领域，但对 IT2 FSs 环境下的距离测算的研究很少。

定义 7.4 假定 IT2 FSs $\tilde{\tilde{A}} = ((a^U, b^U, c^U, d^U; h^U), (a^L, b^L, c^L, d^L; h^L))$ 和 $\tilde{\tilde{B}} = ((e^U, f^U, g^U, k^U; h^U), (e^L, f^L, g^L, k^L; h^L))$，二者之间的距离公式可定义为

$$d(\tilde{\tilde{A}}, \tilde{\tilde{B}}) = \frac{\left(\int_0^{h^U} \left(|\overline{B}^U(\alpha) - \overline{A}^U(\alpha)|^r + |\underline{B}^U(\alpha) - \underline{A}^U(\alpha)|^r\right) d\alpha\right)^{1/r}}{2|d^U + k^U - a^U - e^U|} + \frac{\left(\int_0^{h^L} \left(|\overline{B}^L(\alpha) - \overline{A}^L(\alpha)|^r + |\underline{B}^L(\alpha) - \underline{A}^L(\alpha)|^r\right) d\alpha\right)^{1/r}}{2|d^L + k^L - a^L - e^L|} \quad (7.70)$$

其中，参数 $r \in [1, +\infty)$。

式（7.70）中的距离计算方法可以表示任何 IT2 FSs 之间的距离，特别是对于底部具有不同跨度长度的对称 IT2 FS。

备注 7.3 在式（7.70）中，随着参数 r 的取值不同，IT2 FSs 之间的距离公式可以转化为如下形式。

（1）当 $r = 1$ 时，式（7.70）转化为基于海明距离的 IT2 FSs 的距离计算公式。

$$d(\tilde{\tilde{A}}, \tilde{\tilde{B}}) = \frac{\int_0^{h^U} \left(|\overline{B}^U(\alpha) - \overline{A}^U(\alpha)| + |\underline{B}^U(\alpha) - \underline{A}^U(\alpha)|\right) d\alpha}{2|d^U + k^U - a^U - e^U|} + \frac{\int_0^{h^L} \left(|\overline{B}^L(\alpha) - \overline{A}^L(\alpha)| + |\underline{B}^L(\alpha) - \underline{A}^L(\alpha)|\right) d\alpha}{2|d^L + k^L - a^L - e^L|} \quad (7.71)$$

（2）当 $r = 2$ 时，式（7.70）转化为基于欧氏距离的 IT2 FSs 的距离计算公式。

$$d(\tilde{\tilde{A}}, \tilde{\tilde{B}}) = \frac{\left(\int_0^{h^U} \left(|\overline{B}^U(\alpha) - \overline{A}^U(\alpha)|^2 + |\underline{B}^U(\alpha) - \underline{A}^U(\alpha)|^2\right) d\alpha\right)^{\frac{1}{2}}}{2|d^U + k^U - a^U - e^U|} + \frac{\left(\int_0^{h^L} \left(|\overline{B}^L(\alpha) - \overline{A}^L(\alpha)|^2 + |\underline{B}^L(\alpha) - \underline{A}^L(\alpha)|^2\right) d\alpha\right)^{\frac{1}{2}}}{2|d^L + k^L - a^L - e^L|} \quad (7.72)$$

（3）当 $r \to +\infty$ 时，式（7.70）转化为如下形式：

$$d(\tilde{\tilde{A}},\tilde{\tilde{B}}) = \lim_{r \to +\infty} \frac{\left(\int_0^{h^U} \left(|\bar{B}^U(\alpha) - \bar{A}^U(\alpha)|^r + |\underline{B}^U(\alpha) - \underline{A}^U(\alpha)|^r\right) d\alpha\right)^{\frac{1}{r}}}{2|d^U + k^U - a^U - e^U|}$$

$$+ \lim_{r \to +\infty} \frac{\left(\int_0^{h^L} \left(|\bar{B}^L(\alpha) - \bar{A}^L(\alpha)|^r + |\underline{B}^L(\alpha) - \underline{A}^L(\alpha)|^r\right) d\alpha\right)^{\frac{1}{r}}}{2|d^L + k^L - a^L - e^L|} \quad (7.73)$$

$$= \frac{\max\{|k^U - d^U|, |g^U - c^U|, |f^U - b^U|, |e^U - a^U|\}}{2|d^U + k^U - a^U - e^U|}$$

$$+ \frac{\max\{|k^L - d^L|, |g^L - c^L|, |f^L - b^L|, |e^L - a^L|\}}{2|d^L + k^L - a^L - e^L|}$$

接下来，我们将给出所提出的 IT2 FS 距离计算方法的一些特性。

性质 7.4 假设 $\tilde{\tilde{A}}$，$\tilde{\tilde{B}}$ 和 $\tilde{\tilde{C}}$ 均为 IT2 FSs，那么它们具有

（1）非负性。$d(\tilde{\tilde{A}},\tilde{\tilde{B}}) \geqslant 0$

（2）对称性。$d(\tilde{\tilde{A}},\tilde{\tilde{B}}) = d(\tilde{\tilde{B}},\tilde{\tilde{A}})$

（3）三角不等式。$d(\tilde{\tilde{A}},\tilde{\tilde{B}}) + d(\tilde{\tilde{B}},\tilde{\tilde{C}}) \geqslant d(\tilde{\tilde{A}},\tilde{\tilde{C}})$

（4）自反性。$d(\tilde{\tilde{A}},\tilde{\tilde{A}}) = 0$

很容易看出，本书所提出的距离计算方法也满足一般距离测量的公理（Yager，2009）。

7.4.3 基于 IT2 FSs 的 TODIM 方法

假设 $\tilde{\tilde{x}}_{ji}$ 和 $\tilde{\tilde{w}}_i$ 为标准的 IT2 FSs，且 $\tilde{\tilde{x}}_{ji} \in [\tilde{x}_{ji}^U(\alpha_j), \tilde{x}_{ji}^L(\alpha_j)]$，$\tilde{\tilde{w}}_i \in [\tilde{w}_i^U(\alpha_j), \tilde{w}_i^L(\alpha_j)]$，其隶属度函数分别记为 $h_{\tilde{x}_{ji}(\alpha)}^L(h_{\tilde{w}_i(\alpha)}^L)$ 和 $h_{\tilde{x}_{ji}(\alpha)}^U(h_{\tilde{w}_i(\alpha)}^U)$，具体如图 7.9 所示。

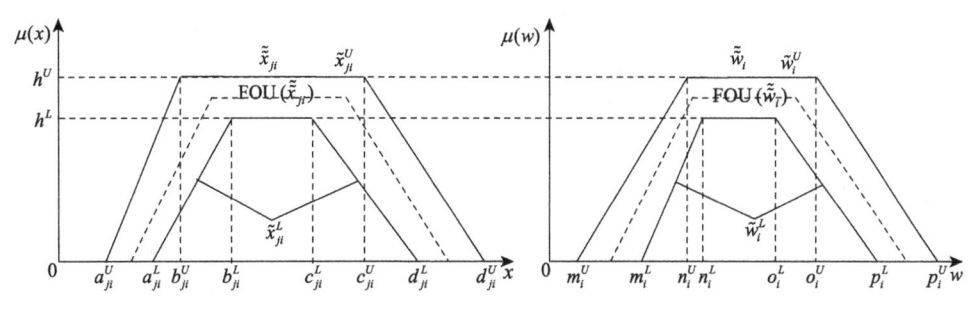

图 7.9 基于 IT2 FSs 的 $\tilde{\tilde{x}}_{ji}$ 和 $\tilde{\tilde{w}}_i$

因此，基于 IT2 FS 的模糊 MCDM 问题可以表示如下。

$$\tilde{\tilde{X}} = \begin{matrix} & C_1 & C_2 & \cdots & C_n \\ A_1 \\ A_2 \\ \vdots \\ A_m \end{matrix} \begin{bmatrix} \tilde{\tilde{x}}_{11} & \tilde{\tilde{x}}_{12} & \cdots & \tilde{\tilde{x}}_{1n} \\ \tilde{\tilde{x}}_{21} & \tilde{\tilde{x}}_{22} & \cdots & \tilde{\tilde{x}}_{2n} \\ \vdots & \vdots & & \vdots \\ \tilde{\tilde{x}}_{m1} & \tilde{\tilde{x}}_{m2} & \cdots & \tilde{\tilde{x}}_{mn} \end{bmatrix}$$

$$\tilde{\tilde{W}} = [\tilde{\tilde{w}}_1, \tilde{\tilde{w}}_2, \cdots, \tilde{\tilde{w}}_n]^T,$$

其中，A_{1-m} 是被选方案；C_{1-n} 是待评价对象的评价指标；$\tilde{\tilde{x}}_{ji}$ 是评价指标 $C_i(\tilde{\tilde{x}}_{ji})(i=1,2,\cdots,n; j=1,2,\cdots,m)$ 对备选对象 A_j 的评级；$\tilde{\tilde{w}}_i$ 是指标 $C_i(i=1,2,\cdots,n)$ 的模糊权重。

假设 $\tilde{\tilde{x}}_{ji}=((a_{ji}^U, b_{ji}^U, c_{ji}^U, d_{ji}^U; h_{ji}^U), (a_{ji}^L, b_{ji}^L, c_{ji}^L, d_{ji}^L; h_{ji}^L))$ 是 IT2 FSs，其标准化转换公式为

$$\tilde{\tilde{x}}_{ji} = \left(\left(\frac{a_{ji}^U}{d_{ji}^{*U}}, \frac{b_{ji}^U}{d_{ji}^{*U}}, \frac{c_{ji}^U}{d_{ji}^{*U}}, \frac{d_{ji}^U}{d_{ji}^{*U}}; h_{ji}^U \right), \left(\frac{a_{ji}^L}{d_{ji}^{*U}}, \frac{b_{ji}^L}{d_{ji}^{*U}}, \frac{c_{ji}^L}{d_{ji}^{*U}}, \frac{d_{ji}^U}{d_{ji}^{*U}}; h_{ji}^L \right) \right), j=1,2,\cdots,m, i \in \Omega_b$$

（7.74）

$$\tilde{\tilde{x}}_{ji} = \left(\left(\frac{a_{ji}^{-L}}{d_{ji}^U}, \frac{a_{ji}^{-L}}{c_{ji}^U}, \frac{a_{ji}^{-L}}{b_{ji}^U}, \frac{a_{ji}^{-L}}{a_{ji}^U}; h_{ji}^U \right), \left(\frac{a_{ji}^{-L}}{d_{ji}^L}, \frac{a_{ji}^{-L}}{c_{ji}^L}, \frac{a_{ji}^{-L}}{b_{ji}^L}, \frac{a_{ji}^{-L}}{a_{ji}^L}; h_{ji}^L \right) \right), j=1,2,\cdots,m, i \in \Omega_c$$

（7.75）

其中，Ω_b 是收益型评价指标集；Ω_c 是成本型评价指标集，且

$$d_{ji}^{*U} = \max_j d_{ji}^U, i \in \Omega_b, \quad a_{ji}^{-L} = \min_j a_{ji}^L, i \in \Omega_c$$

考虑到 IT2 FSs 的计算复杂度，我们采用 IT2 FSs 的可能性均值和变异系数相结合的排序计算方法和 IT2 FSs 的距离计算方法来计算前景值。然后，基于式（5.9）计算的收益和损失表达式可以转换成如下形式。

（1）对收益型指标

$$\phi_c(A_j, A_i) = \begin{cases} \sqrt{w_c d(\tilde{\tilde{x}}_{jc}, \tilde{\tilde{x}}_{ic})}, & \text{如果} \operatorname{Rank}(\tilde{\tilde{x}}_{jc}) > \operatorname{Rank}(\tilde{\tilde{x}}_{ic}) \\ -\frac{1}{\theta} \sqrt{w_c d(\tilde{\tilde{x}}_{ic}, \tilde{\tilde{x}}_{jc})}, & \text{如果} \operatorname{Rank}(\tilde{\tilde{x}}_{jc}) < \operatorname{Rank}(\tilde{\tilde{x}}_{ic}) \\ 0, & \text{其他} \end{cases} \quad (7.76)$$

（2）对成本型指标

$$\phi_c(A_j, A_i) = \begin{cases} -\dfrac{1}{\theta}\sqrt{w_c d(\tilde{\tilde{x}}_{ic}, \tilde{\tilde{x}}_{jc})}, & \text{如果} \operatorname{Rank}(\tilde{\tilde{x}}_{jc}) > \operatorname{Rank}(\tilde{\tilde{x}}_{ic}) \\ \sqrt{w_c d(\tilde{\tilde{x}}_{jc}, \tilde{\tilde{x}}_{ic})}, & \text{如果} \operatorname{Rank}(\tilde{\tilde{x}}_{jc}) < \operatorname{Rank}(\tilde{\tilde{x}}_{ic}) \\ 0, & \text{其他} \end{cases} \quad (7.77)$$

其中，θ 是衰减因子；$d(\tilde{\tilde{x}}_{jc}, \tilde{\tilde{x}}_{ic})$ 是 $\tilde{\tilde{x}}_{jc}$ 和 $\tilde{\tilde{x}}_{ic}$ 之间的距离；$\operatorname{Rank}(\tilde{\tilde{x}}_{ic})$ 是 $\tilde{\tilde{x}}_{ic}$ 的排序值。

将式（7.76）和式（7.77）的计算结果代入式（3.18）得基于IT2 FSs的优势值 $\delta(A_j, A_i)$。为选择最佳替代方案，需要对优势值进行去模糊化。此处以本书提出的一型模糊集去模糊化方法来作为去模糊化依据。

接着，式（3.20）表示的全局效益可替换为如下公式：

$$\varepsilon_j = \frac{\operatorname{Rank}\left(\sum_i \delta(A_j, A_i)\right) - \min_j\left(\operatorname{Rank}\left(\sum_i \delta(A_j, A_i)\right)\right)}{\max_j\left(\operatorname{Rank}\left(\sum_i \delta(A_j, A_i)\right)\right) - \min_j\left(\operatorname{Rank}\left(\sum_i \delta(A_j, A_i)\right)\right)} \quad (7.78)$$

备注 7.4 在根据式（7.76）和式（7.77）计算备选方案间相对收益和损失时，距离计算表达式可以指定相应的参数值，从而为基于 IT2 FSs 的 TODIM 模型提供多种选择。

基于 IT2 FSs 的模糊 TODIM 法求解步骤总结概括如下。

步骤 1 构建和标准化模糊决策矩阵 $\tilde{\tilde{X}} = (\tilde{\tilde{x}}_{ji})_{m \times n}$。

步骤 2 构建和计算为决策者提供的每个标准构建并计算模糊平均加权矩阵 $\overline{W}$。

步骤 3 计算关于指标 C_i 的替代方案 A_j 相对于替代方案 A_i 的收益和损失。

步骤 4 计算替代对象 A_j 对替代对象 A_i 的优势值。

步骤 5 计算替代对象 A_j 相对于替代对象 A_i 的优势度的排名值。

步骤 6 计算替代对象 A_j 的标准化全局性能。

步骤 7 根据性能值 ε_j 对备选方案进行排序。

7.4.4 绿色供应商选择在某汽车制造企业中的应用

假设某汽车制造商希望从三个备选方案 A_{1-3} 中选择合适的绿色供应商。有 3 个决策专家 (D_{1-3}) 来评估备选方案，评估标准是：价格(C_1)、质量(C_2)、交货准时(C_3)、服务水平(C_4)、服务能力(C_5)、企业声誉(C_6)和技术水平(C_7)。

评价指标的定义如表 7.13 所示。表 7.14 和表 7.15 显示了决策者提供的评价指标值和指标的权重，其中评价模糊值是通过对决策者的模糊值进行平均得到的。即 $\tilde{\tilde{x}}_{ji} = \frac{1}{3}\sum_{k=1}^{3}\tilde{\tilde{x}}_{ji}^{k}$ 和 $\tilde{\tilde{w}}_{i} = \frac{1}{3}\sum_{k=1}^{3}\tilde{\tilde{w}}_{i}^{k}$，其中 $\tilde{\tilde{x}}_{ji}^{k}$ 和 $\tilde{\tilde{w}}_{i}^{k}$ 分别是第 k 个决策者给出的区间二型模糊评价值和区间二型模糊权重。

表 7.13　评价指标值的语言变量

语言变量	IT2 FSs
非常低（VL）	((0, 0, 0, 0.1; 1), (0, 0, 0, 0.05; 0.9))
低（L）	((0, 0.1, 0.1, 0.3; 1), (0.05, 0.1, 0.1, 0.2; 0.9))
稍微有点低（ML）	((0.1, 0.3, 0.3, 0.5; 1), (0.2, 0.3, 0.3, 0.4; 0.9))
中等（M）	((0.3, 0.5, 0.5, 0.7; 1), (0.4, 0.5, 0.5, 0.6; 0.9))
稍微有点高（MH）	((0.5, 0.7, 0.7, 0.9; 1), (0.6, 0.7, 0.7, 0.8; 0.9))
高（H）	((0.7, 0.9, 0.9, 1; 1), (0.8, 0.9, 0.9, 0.95; 0.9))
非常高（VH）	((0.9, 1, 1, 1; 1), (0.95, 1, 1, 1; 0.9))

表 7.14　决策者对备选方案的评价值

指标	备选方案	D_1	D_2	D_3	平均 IT2 FSs
价格（C_1）	A_1	MH	H	MH	((0.61, 0.74, 0.74, 1; 1), (0.67, 0.74, 0.74, 0.85; 0.9))
	A_2	H	MH	H	((0.59, 0.68, 0.68, 0.89; 1), (0.63, 0.68, 0.68, 0.77; 0.9))
	A_3	VH	H	MH	((0.59, 0.65, 0.65, 0.81; 1), (0.62, 0.65, 0.65, 0.72; 0.9))
质量（C_2）	A_1	H	VH	H	((0.7, 0.75, 0.75, 1; 1), (0.72, 0.75, 0.75, 0.82; 0.9))
	A_2	MH	H	VH	((0.72, 0.8, 0.8, 1; 1), (0.76, 0.8, 0.8, 0.9; 0.9))
	A_3	VH	VH	H	((0.7, 0.72, 0.72, 1; 1), (0.71, 0.72, 0.72, 0.78; 0.9))
交货准时（C_3）	A_1	VH	H	H	((0.77, 0.93, 0.93, 1; 1), (0.85, 0.93, 0.93, 0.97; 0.9))
	A_2	H	VH	VH	((0.83, 0.97, 0.97, 1; 1), (0.9, 0.97, 0.97, 0.98; 0.9))
	A_3	M	MH	MH	((0.43, 0.63, 0.63, 0.83; 1), (0.53, 0.63, 0.63, 0.73; 0.9))
服务水平（C_4）	A_1	VH	H	H	((0.77, 0.93, 0.93, 1; 1), (0.85, 0.93, 0.93, 0.97; 0.9))
	A_2	H	VH	H	((0.83, 0.97, 0.97, 1; 1), (0.9, 0.97, 0.97, 0.98; 0.9))
	A_3	H	VH	VH	((0.77, 0.93, 0.93, 1; 1), (0.85, 0.93, 0.93, 0.97; 0.9))
服务能力（C_5）	A_1	VH	H	H	((0.77, 0.93, 0.93, 1; 1), (0.85, 0.93, 0.93, 0.97; 0.9))
	A_2	VH	VH	VH	((0.9, 1, 1, 1; 1), (0.95, 1, 1, 1; 0.9))
	A_3	H	VH	VH	((0.83, 0.97, 0.97, 1; 1), (0.9, 0.97, 0.97, 0.98; 0.9))

续表

指标	备选方案	决策者 D_1	D_2	D_3	平均 IT2 FSs
企业声誉（C_6）	A_1	H	H	H	((0.7, 0.9, 0.9, 1; 1), (0.8, 0.9, 0.9, 0.95; 0.9))
	A_2	H	H	H	((0.7, 0.9, 0.9, 1; 1), (0.8, 0.9, 0.9, 0.95; 0.9))
	A_3	H	VH	VH	((0.83, 0.97, 0.97, 1; 1), (0.9, 0.97, 0.97, 0.98; 0.9))
技术水平（C_7）	A_1	VH	H	H	((0.77, 0.93, 0.93, 1; 1), (0.85, 0.93, 0.93, 0.97; 0.9))
	A_2	H	MH	H	((0.63, 0.83, 0.83, 0.97; 1), (0.73, 0.83, 0.83, 0.9; 0.9))
	A_3	H	MH	MH	((0.57, 0.77, 0.77, 0.93; 1), (0.67, 0.77, 0.77, 0.85; 0.9))

表 7.15 决策者提供的评价指标的权重

指标	D_1	D_2	D_3	平均 IT2 FSs
价格（C_1）	VH	H	VH	((0.83, 0.97, 0.97, 1; 1), (0.9, 0.97, 0.97, 0.98; 0.9))
质量（C_2）	H	VH	VH	((0.83, 0.97, 0.97, 1; 1), (0.9, 0.97, 0.97, 0.98; 0.9))
交货准时（C_3）	H	H	H	((0.7, 0.9, 0.9, 1; 1), (0.8, 0.9, 0.9, 0.95; 0.9))
服务水平（C_4）	VH	VH	MH	((0.77, 0.9, 0.9, 0.97; 1), (0.83, 0.9, 0.9, 0.93; 0.9))
服务能力（C_5）	VH	VH	VH	((0.9, 1, 1, 1; 1), (0.95, 1, 1, 1; 0.9))
企业声誉（C_6）	H	MH	MH	((0.57, 0.77, 0.77, 0.93; 1), (0.67, 0.77, 0.77, 0.85; 0.9))
技术水平（C_7）	MH	MH	MH	((0.5, 0.7, 0.7, 0.9; 1), (0.6, 0.7, 0.7, 0.8; 0.9))

计算过程如下。

假设计算 IT2 FSs 之间的距离时参数 $r=1$ 和计算优势度的衰减因子 $\theta=1$，该汽车制造商最佳供应商选择过程概括如下。

步骤 1　构造和归一化模糊决策矩阵 $\tilde{\tilde{X}}$。

在对指标进行归一化时参照式（7.74）和式（7.75）。

步骤 2　构造评价指标的权重向量 $\tilde{\tilde{W}}_p$，并对平均权重矩阵进行标准化，结果如表 7.13 所示。

这里，由于评价指标 $\tilde{\tilde{C}}_i$ 的权重 $\tilde{w}_i$ 是归一化的 IT2 FSs 语言变量，我们可以直接使用平均 IT2 FSs 权重来计算收益（损失）。

步骤 3　计算模糊加权平均决策矩阵中评价值的排序值（表 7.16）。

表 7.16 模糊加权平均决策矩阵中评价值的排序值

备选方案	C_1	C_2	C_3	C_4	C_5	C_6	C_7
A_1	0.676 5	0.688 4	0.836 6	0.836 6	0.836 6	0.808 7	0.836 6

续表

备选方案	C_1	C_2	C_3	C_4	C_5	C_6	C_7
A_2	0.621 8	0.755 3	0.871 2	0.871 2	0.899 2	0.808 7	0.747 6
A_3	0.620 1	0.664 1	0.570 2	0.836 6	0.871 2	0.871 2	0.694 5

步骤 4 计算模糊加权平均决策矩阵中评价值之间的距离（表 7.17）。

表 7.17 模糊加权平均决策矩阵中评价值之间的距离

距离	$d(x_{11}, x_{21})$	$d(x_{12}, x_{22})$	$d(x_{13}, x_{23})$	$d(x_{14}, x_{24})$	$d(x_{15}, x_{25})$	$d(x_{16}, x_{26})$	$d(x_{17}, x_{27})$
	0.26	0.26	0.25	0.25	0.56	0	0.47
距离	$d(x_{11}, x_{31})$	$d(x_{12}, x_{32})$	$d(x_{13}, x_{33})$	$d(x_{14}, x_{34})$	$d(x_{15}, x_{35})$	$d(x_{16}, x_{36})$	$d(x_{17}, x_{37})$
	0.45	0.17	1.26	0	0.25	0.41	0.72
距离	$d(x_{21}, x_{31})$	$d(x_{22}, x_{32})$	$d(x_{23}, x_{33})$	$d(x_{24}, x_{34})$	$d(x_{25}, x_{35})$	$d(x_{26}, x_{36})$	$d(x_{27}, x_{37})$
	0.19	0.43	1.59	0.25	0.35	0.41	0.23

步骤 5 计算各评价指标下备选方案 A_1 对备选方案 A_2 的收益或损失值。

根据式（7.76）和式（7.77），评价指标 C_i 对备选方案 A_i 对备选方案 A_j 的收益（损失）函数为 $\phi_c(A_i, A_j)$，如表 7.18~表 7.23 所示。

表 7.18 备选方案 A_1 对备选方案 A_2 的收益或损失值

收益（损失）	IT2 FSs
$\phi_1(A_1, A_2)$	[(-0.46, -0.50, -0.50, -0.51; 1), (-0.48, -0.50, -0.50, -0.50; 0.9)]
$\phi_2(A_1, A_2)$	[(0.46, 0.50, 0.50, 0.51; 1), (0.48, 0.50, 0.50, 0.50; 0.9)]
$\phi_3(A_1, A_2)$	[(-0.41, -0.47, -0.47, -0.49; 1), (-0.44, -0.47, -0.47, -0.48; 0.9)]
$\phi_4(A_1, A_2)$	[(-0.43, -0.47, -0.47, -0.49; 1), (-0.45, -0.47, -0.47, -0.48; 0.9)]
$\phi_5(A_1, A_2)$	[(-0.71, -0.75, -0.75, -0.75; 1), (-0.73, -0.75, -0.75, -0.75; 0.9)]
$\phi_6(A_1, A_2)$	[(0, 0, 0, 0; 1), (0, 0, 0, 0; 0.9)]
$\phi_7(A_1, A_2)$	[(0.48, 0.57, 0.57, 0.65; 1), (0.53, 0.57, 0.57, 0.61; 0.9)]

表 7.19 备选方案 A_1 对备选方案 A_3 的收益或损失值

收益（损失）	IT2 FSs
$\phi_1(A_1, A_3)$	[(-0.61, -0.66, -0.66, -0.67; 1), (-0.64, -0.66, -0.66, -0.66; 0.9)]
$\phi_2(A_1, A_3)$	[(0.38, 0.41, 0.41, 0.41; 1), (0.39, 0.41, 0.41, 0.41; 0.9)]
$\phi_3(A_1, A_3)$	[(0.94, 1.06, 1.06, 1.12; 1), (1.00, 1.06, 1.06, 1.09; 0.9)]
$\phi_4(A_1, A_3)$	[(0, 0, 0, 0; 1), (0, 0, 0, 0; 0.9)]
$\phi_5(A_1, A_3)$	[(-0.47, -0.49, -0.49, -0.49; 1), (-0.48, -0.49, -0.49, -0.49; 0.9)]

续表

收益（损失）	IT2 FSs
$\phi_6(A_1, A_3)$	[(−0.48, −0.56, −0.56, −0.62; 1), (−0.52, −0.56, −0.56, −0.59; 0.9)]
$\phi_7(A_1, A_3)$	[(0.60, 0.71, 0.71, 0.80; 1), (0.65, 0.71, 0.71, 0.76; 0.9)]

表 7.20　备选方案 A_2 对备选方案 A_1 的收益或损失值

收益（损失）	IT2 FSs
$\phi_1(A_2, A_1)$	[(0.46, 0.50, 0.50, 0.51; 1), (0.48, 0.50, 0.50, 0.50; 0.9)]
$\phi_2(A_2, A_1)$	[(0.46, 0.50, 0.50, 0.51; 1), (0.48, 0.50, 0.50, 0.50; 0.9)]
$\phi_3(A_2, A_1)$	[(1.06, 1.20, 1.20, 1.26; 1), (1.13, 1.20, 1.20, 1.23; 0.9)]
$\phi_4(A_2, A_1)$	[(0.43, 0.47, 0.47, 0.49; 1), (0.45, 0.47, 0.47, 0.48; 0.9)]
$\phi_5(A_2, A_1)$	[(0.71, 0.75, 0.75, 0.75; 1), (0.73, 0.75, 0.75, 0.75; 0.9)]
$\phi_6(A_2, A_1)$	[(0, 0, 0, 0; 1), (0, 0, 0, 0; 0.9)]
$\phi_7(A_2, A_1)$	[(−0.48, −0.57, −0.57, −0.65; 1), (−0.53, −0.57, −0.57, −0.61; 0.9)]

表 7.21　备选方案 A_2 对备选方案 A_3 的收益或损失值

收益（损失）	IT2 FSs
$\phi_1(A_2, A_3)$	[(−0.39, −0.42, −0.42, −0.43; 1), (−0.41, −0.42, −0.42, −0.43; 0.9)]
$\phi_2(A_2, A_3)$	[(0.60, 0.65, 0.65, 0.66; 1), (0.62, 0.65, 0.65, 0.65; 0.9)]
$\phi_3(A_2, A_3)$	[(1.06, 1.20, 1.20, 1.26; 1), (1.13, 1.20, 1.20, 1.23; 0.9)]
$\phi_4(A_2, A_3)$	[(0.43, 0.47, 0.47, 0.49; 1), (0.45, 0.47, 0.47, 0.48; 0.9)]
$\phi_5(A_2, A_3)$	[(0.56, 0.59, 0.59, 0.59; 1), (0.57, 0.59, 0.59, 0.59; 0.9)]
$\phi_6(A_2, A_3)$	[(−0.48, −0.56, −0.56, −0.62; 1), (−0.52, −0.56, −0.56, −0.59; 0.9)]
$\phi_7(A_2, A_3)$	[(0.34, 0.40, 0.40, 0.45; 1), (0.37, 0.40, 0.40, 0.43; 0.9)]

表 7.22　备选方案 A_3 对备选方案 A_1 的收益或损失值

收益（损失）	IT2 FSs
$\phi_1(A_3, A_1)$	[(0.61, 0.66, 0.66, 0.67; 1), (0.64, 0.66, 0.66, 0.66; 0.9)]
$\phi_2(A_3, A_1)$	[(−0.38, −0.41, −0.41, −0.41; 1), (−0.39, −0.41, −0.41, −0.41; 0.9)]
$\phi_3(A_3, A_1)$	[(−0.94, −1.06, −1.06, −1.12; 1), (−1, −1.06, −1.06, −1.09; 0.9)]
$\phi_4(A_3, A_1)$	[(0, 0, 0, 0; 1), (0, 0, 0, 0; 0.9)]
$\phi_5(A_3, A_1)$	[(0.47, 0.49, 0.49, 0.49; 1), (0.48, 0.49, 0.49, 0.49; 0.9)]
$\phi_6(A_3, A_1)$	[(0.48, 0.56, 0.56, 0.62; 1), (0.52, 0.56, 0.56, 0.59; 0.9)]
$\phi_7(A_3, A_1)$	[(−0.6, −0.71, −0.71, −0.8; 1), (−0.65, −0.71, −0.71, −0.76; 0.9)]

表 7.23 备选方案 A_3 对备选方案 A_2 的收益或损失值

收益（损失）	IT2 FSs
$\phi_1(A_3, A_2)$	[(0.39, 0.42, 0.42, 0.43; 1), (0.41, 0.42, 0.42, 0.43; 0.9)]
$\phi_2(A_3, A_2)$	[(−0.60, −0.65, −0.65, −0.66; 1), (−0.62, −0.65, −0.65, −0.65; 0.9)]
$\phi_3(A_3, A_2)$	[(−1.06, −1.20, −1.20, −1.26; 1), (−1.13, −1.20, −1.20, −1.23; 0.9)]
$\phi_4(A_3, A_2)$	[(−0.43, −0.47, −0.47, −0.49; 1), (−0.45, −0.47, −0.47, −0.48; 0.9)]
$\phi_5(A_3, A_2)$	[(−0.56, −0.59, −0.59, −0.59; 1), (−0.57, −0.59, −0.59, −0.59; 0.9)]
$\phi_6(A_3, A_2)$	[(0.48, 0.56, 0.56, 0.62; 1), (0.52, 0.56, 0.56, 0.59; 0.9)]
$\phi_7(A_3, A_2)$	[(−0.34, −0.40, −0.40, −0.45; 1), (−0.37, −0.40, −0.40, −0.43; 0.9)]

步骤 6 计算备选方案之间的优势度。

将表 7.18~表 7.23 中的值代入式（3.18），各备选方案的优势度值如表 7.24 所示。

表 7.24 备选方案之间的优势度 $\delta(A_i, A_j)$

A_i	A_j	IT2 FSs
A_1	A_1	[(0, 0, 0, 0; 1), (0, 0, 0, 0; 0.9)]
	A_2	[(−2.01, −2.12, −2.12, −2.10; 1), (−2.06, −2.12, −2.12, −2.11; 0.9)]
	A_3	[(−0.35, −0.46, −0.46, −0.55; 1), (−0.41, −0.46, −0.46, −0.51; 0.9)]
A_2	A_1	[(2.65, 2.85, 2.85, 2.87; 1), (2.75, 2.85, 2.85, 2.86; 0.9)]
	A_2	[(0, 0, 0, 0; 1), (0, 0, 0, 0; 0.9)]
	A_3	[(−2.11, −2.32, −2.32, −2.40; 1), (−2.22, −2.32, −2.32, −2.36; 0.9)]
A_3	A_1	[(0.35, 0.46, 0.46, 0.55; 1), (0.41, 0.46, 0.46, 0.51; 0.9)]
	A_2	[(2.11, 2.32, 2.32, 2.40; 1), (2.22, 2.32, 2.32, 2.36; 0.9)]
	A_3	[(0, 0, 0, 0; 1), (0, 0, 0, 0; 0.9)]

步骤 7 计算备选方案 A_j 的全局效益值。

（a）计算备选方案之间优势度的排序值。

根据式（7.1）~式（7.7），备选方案 A_1 与其他备选方案之间优势度 $\Sigma_i(A_i, A_j)$ 的排序值为

$$\text{Rank}\left(\Sigma_j \delta(A_1, A_j)\right) = \text{Rank}\left(\delta(A_1, A_1) + \delta(A_1, A_2) + \delta(A_1, A_3)\right) = -1.489$$

$$\text{Rank}\left(\Sigma_j \delta(A_2, A_j)\right) = \text{Rank}\left(\delta(A_2, A_1) + \delta(A_2, A_2) + \delta(A_2, A_3)\right) = 4.642$$

$$\text{Rank}\left(\Sigma_j \delta(A_3, A_j)\right) = \text{Rank}\left(\delta(A_3, A_1) + \delta(A_3, A_2) + \delta(A_3, A_3)\right) = -2.53$$

(b) 计算各备选方案的总体效益值 ε_j。

将备选方案优势度的排序值代入式 (7.78)，各备选方案的总体效益值为：$A_1 = 0.159, A_2 = 1, A_3 = 0$。其排序为

$$A_2 \succ A_1 \succ A_3$$

7.4.5 灵敏度分析

通过改变优势度公式中的衰减因 θ 和基于 IT2 FSs 的 TODIM 方法的距离计算表达式中的参数 r 来进行灵敏度分析。

(1) 衰减因子 θ 的灵敏度分析。

假设衰减因子值 $\theta = 1, 2, 3$，同理计算 $\theta = 1$ 的备选方案的效益值，该汽车制造商的三个备选绿色供应商的排名如表 7.25 所示。

表 7.25 具有不同衰减因子值的备选方案及其效益值

衰减因子 (θ)	ε_{A_1}	ε_{A_2}	ε_{A_3}	排序
1	0.159	1	0	$A_2 > A_1 > A_3$
2	0.113	1	0	$A_2 > A_1 > A_3$
3	0.089	1	0	$A_2 > A_1 > A_3$

不难看出，随着衰减因子值的变化，三大汽车制造商对备选绿色供应商的排序是一致的。即，三个绿色供应商的排序对 θ 值不敏感。

(2) 距离计算参数 r 的敏感性分析。

假设衰减因子 $\theta = 1$ 和距离计算参数 $r = 1, 2, \infty$，与计算 $\theta = 1$ 和 $r = 1$ 的替代方案的效益值的过程类似，汽车制造商的三个绿色供应商的排名如表 7.26 所示。

表 7.26 不同距离参数值的备选方案效益值及其排序

参数 r ($\theta = 1$)	ε_{A_1}	ε_{A_2}	ε_{A_3}	排序
1	0.159	1	0	$A_2 > A_1 > A_3$
2	0.142	1	0	$A_2 > A_1 > A_3$
$+\infty$	0.063	1	0	$A_2 > A_1 > A_3$

由上述结果可知，随着参数值 r 的变化，该汽车制造商的三个绿色供应商的排名是一致的。也就是说，三个绿色供应商的排序对 r 值不敏感。

结合理论分析和汽车制造商在绿色供应商选择中的应用，所提出的基于 IT2 FSs 的 TODIM 方法的结论可以总结如下。

(1) IT2 FSs 是一般模糊集的扩展，它不仅能够处理语言信息的不确定性及

数值表达的不确定性，并且已被发现可用于处理绿色供应商评估中的模糊性和不确定性问题。

（2）基于 IT2 FSs 的 TODIM 方法将决策者的决策心理视为部分理性的，这为解决 IT2 FSs 环境下汽车制造商的绿色供应商评估和选择问题提供了一种新方法。

（3）从表 7.25 和表 7.26 中三个绿色供应商备选方案的效益值来看，很明显绿色供应商 A_2 是这家汽车制造商的最佳选择，绿色供应商备选方案的排名为 $A_2 \succ A_1 \succ A_3$。

7.5 本章小结

一方面，本章提出基于可能均值和变异系数的 IT2 FSs 排序方法，该方法不仅可以区分 IT2 FSs 的排列顺序，尤其是顶点相同而底边跨度不同的对称性 IT2 FSs，还能正确反映 IT2 FSs 的排序与其镜像的排序之间的逻辑一致性。同时，满足模糊数排序方法的一些基本性质，且计算方法简单。其次，提出基于 IT2 FSs 的 TOPSIS 解析求解法。该方法最大的优点是充分体现 IT2 FSs 在求解过程中的特点，更避免了模糊信息的丢失，从而实现了真正意义上的基于 IT2 FSs 的模糊 TOPSIS 在多属性决策中的应用。总之，对于本章提出的基于 IT2 FSs 的模糊 TOPSIS 解析法，计算结果准确，过程简单；还实现了从 TOPSIS 求解到结果排序整个过程的解析法。

另一方面，本章提出区间二型模糊环境下具有可能性-概率融合模型的 MCDM 方法，并将其应用于选股问题。本书主要贡献如下：①提供了一种构造区间二型模糊评价及其对应区间概率的通用方法。它可以用来表示评估和概率的不确定性，可以反映财务数据随时间的波动。②利用模糊事件概率的概念引入了概率与概率信息的融合概率，在实际决策中同时考虑了投资者的主观不确定性和信息不充分的客观不确定性。此外，熵权用于通过衡量评价的融合概率来处理标准指标所包含的信息内容。③以区间二型模糊正理想解和负理想解为参考点，利用与理想备选方案的相对接近程度对订单进行排序。④将所提出的可能性-概率信息融合的不确定 MCDM 方法应用于投资决策问题。

另外，随着企业供应链活动中各利益相关者意识的增强和显著的环境压力，企业已经意识到选择绿色供应商对其供应链活动的重要性，这涉及评价指标值的不确定性和决策者有限理性的决策行为。为处理 MCDM 问题中决策者的模糊评估和有限理性心理，将基于 IT2 FSs 的 TODIM 方法用于某汽车制造商绿色供应商选择问题中。与现有文献相比，本书提出的基于 IT2 FSs 的 TODIM 决策模型有助于绿色供应商的评估和选择。研究得出的主要结论如下：①由于它使用 IT2 FSs 的形式来表示评价属性值和权重值，因此拓展了模糊 TODIM 方法。②构建收益和成本准则的损益表达式并以 IT2 FS 的形式获得优势值，并对备选方案的性能函数进行去模糊化。③将基于 IT2 FSs 的 TODIM 模型应用于汽车制造商的绿色供应商选择问题，分别分析衰减因子和距离参数对不同取值的参数敏感性。

第 8 章 潜 在 应 用

不确定信息集成决策问题在现实中具有广泛的应用背景，本章分别针对基于精确值的信息集结方法、基于一型模糊数的多属性决策方法和基于区间二型模糊数的多属性决策方法的决策问题进行探究，提出可能的应用领域。

8.1 考虑基于精确值的信息集结模型的应用

信息集结是决策领域的核心问题之一，关于信息集结方法的探讨取得了丰硕的成果。基于 RIM 量词函数的参数化 WOWA 算子和基于参数化权重函数的 WOWA 算子是 WOWA 算子的重要理论拓展，是基于决策树模型求解决策问题的新的理论方法。它不仅考虑了决策者是理性决策心理时不同风险态度下的预测结果，还考虑了决策者是有限理性决策心理时，决策者的行为对决策结果的影响。其未来的潜在应用领域有：新产品定价策略的选择、产品营销策略的选择、投资预测、判别分析等。

8.2 考虑基于一型模糊数的多属性决策模型的应用

一型模糊数在描述信息的确定性时，其隶属度不是一个精确值，而是一个函数，适用于描述定义明确的范围，在其定义明确处隶属度最大。相较于精确数，基于一型模糊数的多属性决策方法能更好地描述决策信息的不确定性，降低决策信息的丢失率，适用范围更广泛。基于一型模糊数的 TOPSIS 集成解析法和基于综合的模糊 PROMETHEE-PT 和 DEMATEL 的多属性决策方法，不仅能提供更加精确的计算结果，还能体现决策者是完全理性和有限理性的决策心理，满足不同类型决策者的需要。其未来的可能应用领域包括：员工绩效评价、场址选择、供应商选择等。此外，本书尝试将模糊 PROMETHEE 方法与前景理论相结合以获得排序结果，在未来的研究中可以采用更多的混合方法。

8.3 考虑基于区间二型模糊数的多属性决策模型的应用

区间二型模糊数是一型模糊数的扩展，它的优势在于其隶属度函数本身就是模糊数，比一般二型模糊数计算简单，且能比一型模糊数更好地描述不确定性，特别是语言上的不确定性。基于区间二型模糊数的研究主要集中在理论性质和模糊逻辑系统方面，将区间二型模糊数应用于多准则决策问题的研究还相对较少。股票选择是投资决策问题中最重要的话题之一，可以通过集成企业的财务指标变量来判断哪些股票适合投资。由于证券交易所市场信息的复杂性和模糊性，清晰的财务指标及其相应的发生概率不能代表一段时间内的波动和模糊性。区间二型模糊数在不确定性建模方面优于一型模糊集，并在决策中受到广泛欢迎。本书是在区间二型模糊环境下，向具有可能性-概率信息融合的不确定 MCDM 方法和考虑决策者决策行为的 TODIM 法迈出了一步。研究可应用于产品评估、供应商选择、投资产品选择等决策问题中，以帮助相关决策人员降低决策风险，提高决策质量，从而更好地为企业组织服务。

第9章 结论与展望

不确定信息集成问题在现实中具有广泛的实际背景,因此,基于不同语言变量的不确定信息集成理论与方法的研究是一个非常重要的课题。本书对不确定信息集成方法进行了研究。本章将围绕主要研究结论和对后续研究工作的建议两方面进行阐述。

9.1 本书的主要结论

本书的主要结论(创新点)可以概括为以下几个方面。

(1)给出了基于不同语言变量的不确定信息集成问题的描述及研究框架,该方面的主要研究成果包括以下两点。

其一,按照不同语言变量的类型将不确定信息集成模型进行分类,给出了基于精确值的信息集成问题、基于一型模糊数的多属性决策问题及基于区间二型模糊数的多属性决策问题的形式化描述,为研究框架的提出奠定了基础。

其二,针对基于精确值的信息集成问题、基于一型模糊数的多属性决策问题和基于区间二型模糊数的多属性决策问题,给出了不同决策问题的分析框架。该研究为相应决策理论与方法研究提供了理论分析框架和总体研究框架。

(2)提出多种基于精确值的信息集成问题的集成分析方法,主要研究工作包括:

其一,分析基于RIM分段线性函数的WOWA算子在不确定性动态决策问题中的应用价值。其集成结果与决策者的风险态度满足单调一致性,根据参数值的取值范围,可将集成结果分为三类,对应的决策者的态度是:风险规避、风险折中和风险喜好。并且,期望效用理论是RIM分段线性函数WOWA算子的特例,其对应决策者偏好是风险折中。

其二,提出参数化权重函数的WOWA算子。决策者根据该权重函数对位置的赋值结果与前景理论背景下的决策者决策偏好行为一致，即对小概率事件持风险厌恶态度，大概率事件持风险喜好态度。并且，该权重函数满足前景理论权重函数的基本性质，从而实现将集结算子和前景理论相结合，可用于不确定性和风险型决策问题求解。另外，该参数化权重函数概括了 Torra（1997）提出的两个具体权重函数 w^* 和 w^{**}。与此同时，前景理论是该参数化权重函数的 WOWA 算子特例。

（3）提出了基于一型模糊数的多属性决策问题的决策分析方法，主要研究成果包括：

一方面，通过对基于距离的 T1 FSs 排序方法的改进，提出可能均值和变异系数的计算公式，并将二者结合用于 T1 FSs 的排序。其中，可能均值用于衡量 T1 FSs 的左右跨度之间的距离，变异系数用于比较均值相等的情况下不同 T1 FSs 的均值变化率。该方法不仅能够用于计算所有 T1 FSs 的排序，尤其是顶点相同而底边跨度不同的对称性 T1 FSs，还能正确反映 T1 FSs 排序与其镜像排序之间的一致性。另一方面，提出基于 T1 FSs 的 TOPSIS 解析求解方法，与 Wang 和 Elhag（2006）提出的基于 α 切割水平的一型模糊 TOPSIS 求解方法相比，该方法不仅提高了计算效率，而且计算结果准确，并能够根据解析表达式得到完整的 TOPSIS 精确解的 T1 FSs 图形，为进一步分析 TOPSIS 求解结果提供了可能。

构建了基于模糊 PROMETHEE 方法和前景理论的扩展模糊多准则决策框架来确定 EBCS 选择。首先，开发了由交通、经济、技术、环境组成的 EBCS 选址评价标准体系。其次，采用模糊 DEMATEL 方法计算 EBCS 评价标准的权重并分析其因果关系。再次，将模糊 PROMETHEE 方法和前景理论相结合，以获得替代 EBCS 站点位置的倾斜度。最后，通过案例结果的对比分析，证明了所提方法的可行性。本书以评估南京 EBCS 选址的案例研究和比较分析为例，表明所提出的集成框架对于 EBCS 选址问题具有有效性和可扩展性。结果表明，长期影响标准（如与电网规划协调、总投资成本）、净因标准和相互影响强的标准对 EBCS 选址决策具有更大的参考价值。

（4）提出了基于区间二型模糊数的多属性决策问题的决策分析方法，主要研究成果包括：

其一，通过对基于可能均值和变异系数的 T1 FSs 排序方法的拓展，提出 IT2 FSs 的排序方法。该计算结果不是对其上下限 T1 FSs 计算结果的简单叠加，计算公式有所变化。并将二者结合用于 IT2 FSs 的排序。其中，可能均值用于衡量 IT2 FSs 的左右区域跨度之间的距离，变异系数用于比较均值相等的情况下不同 IT2 FSs 的均值变化率。该方法计算过程相对简单，其结果不仅能够用于计算所有 IT2 FSs 的排序，尤其是顶点相同而底边跨度不同的对称性 IT2 FSs，还能正确反映 IT2 FSs 与其镜像排序之间的一致性。另外，提出基于 IT2 FSs 的 TOPSIS 解析求解方法，与 Chen 和 Lee（2010a）提出的求解方法相比，该方法提高了计算效率，且计算结果准确。并能够根据解析表达式得到完整的 TOPSIS 精确 IT2 FSs 图形，为进一步分析基于 IT2 FSs 的 TOPSIS 求解结果提供了可能。在对 TOPSIS 求解结果进行评价之前，利用基于均值和变异系数的 IT2 FSs 排序方法计算求解结果的排序值，从而真正实现了在 IT2 FSs 背景下的 TOPSIS 相似性距离求解和求解结果的排序的完整的解析式求解，且 IT2 FSs 的形式贯穿于整个计算过程，避免了计算过程中的信息丢失。

其二，提出了一种区间二型模糊环境下基于可能性-概率信息融合的不确定性选股方法。首先，基于期望值和方差概念，构建区间二型模糊评价值及相应概率值。其次，采用隶属度-概率信息的融合概率来处理区间二型模糊环境下的不确定性，并利用熵权系数来反映各评价指标的重要程度。再次，基于与理想备选方案的相对接近度概念的聚合模型来比较备选方案。最后，将本书提出的方法应用于我国房地产行业的选股应用中。

其三，提出了基于 IT2 FSs 的 TODIM 方法来选择绿色供应商。首先，我们引入了一种新的 IT2 FS 距离计算方法，以协助优势模型处理增益（损失）计算。其次，通过比较 IT2 FSs 评估的排序值来识别收益（损失）计算表达式，并获得一种替代方案的优势度。再次，依据 IT2 FSs 排序方法，使用可能性均值和变异系数概念来对优势度进行去模糊化，并获得清晰的全局有效值来选择最佳替代方案。最后，我们还将所提出的基于 IT2 FSs 的 TODIM 方法应用于汽车制造商的绿色供应商选择。

（5）将上述提出的集成方法进行了应用研究。具体地，分别基于精确值的信息集成方法、基于一型模糊数的多属性决策方法及基于区间二型模糊数的多属性决策方法的可能应用领域，提出了有针对性的建议。

9.2 对后续研究工作的建议

本书虽取得了一些有价值的成果，但在三个方面还有待进一步完善。

（1）鉴于 WOWA 算子权重求解公式与前景理论权重函数计算具有相似性，本书只是初步将信息集成与前景理论联系起来。如何将信息集结算子的权重求解方法和集成结果应用到行为决策问题的求解中，是今后进一步研究的方向。

（2）T1 FSs 的排序方法众多，但绝大多数计算方法都存在一定的缺陷，且不能完全满足 T1 FSs 排序的一些基本性质。IT2 FSs 本身在计算上存在一定的复杂性，其排序计算方法也相对较少，且更加难以满足一般模糊数排序的基本性质。

提出合理和简便的 T1 FSs 和 IT2 FSs 排序方法是今后的工作方向。

（3）作为不确定信息集成方法的两大不同方法，OWA 集结算子、TOPSIS 法、TODIM 法和 PROMETHEE 法目前已在管理和经济领域的决策问题中得到广泛应用，并存在显著优势。如何将 OWA 集结算子的集成过程应用到 TOPSIS 法、TODIM 法和 PROMETHEE 法的求解中将是今后进一步研究的方向。

参 考 文 献

陈珽. 1987. 决策分析. 北京：科学出版社.
邓聚龙. 1982. 灰色控制系统. 华中工学院学报, 10（3）：9-18.
刘宝碇, 赵瑞清. 1998. 随机规划与模糊规划. 北京：清华大学出版社.
刘树林, 邱菀华. 1998. 多属性决策基础理论研究. 系统工程理论与实践, 18（1）：38-43.
刘新旺. 2004. 基于等比OWA算子的不确定决策偏好表示方法. 系统工程,（9）：82-86.
刘新旺, 黄卫. 2001. 一种基于模糊推理的多目标柔性决策方法. 管理科学学报, 4（6）：71-76.
谭春桥, 马本江. 2010. 基于语言Choquet积分算子的多属性群决策方法. 系统工程与电子技术, 32（11）：2352-2355.
徐泽水. 2004. 不确定多属性决策方法及应用. 北京：清华大学出版社.
徐泽水. 2005. 拓展的C-OWA算子及其在不确定多属性决策中的应用. 系统工程理论与实践,（11）：7-13.
Abbasbandy S, Asady B. 2006. Ranking of fuzzy numbers by sign distance. Information Sciences, 176（16）：2405-2416.
Abbasbandy S, Hajjari T. 2009. A new approach for ranking of trapezoidal fuzzy numbers. Computers & Mathematics with Applications, 57（3）：413-419.
Amin G R, Hajjami M. 2016. Application of optimistic and pessimistic OWA and DEA methods in stock selection. International Journal of Intelligent Systems, 31（12）：1220-1233.
An N, Wang B, Pan P, et al. 2018. Study on the influence mechanism of air quality on stock market yield and volatility: empirical test from china based on GARCH model. Financial Research Letters, 26：119-125.
Anderson D T, Elmore P, Petry F, et al. 2016. Fuzzy Choquet integration of homogeneous possibility and probability distributions. Information Sciences, 363：24-39.
Asady B. 2010. The revised method of ranking LR fuzzy number based on deviation degree. Expert Systems with Applications, 37（7）：5056-5060.
Asady B. 2011. Revision of distance minimization method for ranking of fuzzy numbers. Applied Mathematical Modelling, 35（3）：1306-1313.
Ashtiani B, Haghighirad F, Makui A, et al. 2009. Extension of fuzzy TOPSIS method based on interval-valued fuzzy sets. Applied Soft Computing, 9（2）：457-461.
Awasthi A, Chauhan S S, Goyal S K. 2010. A fuzzy multicriteria approach for evaluating

environmental performance of suppliers. International Journal of Production Economics, 126 (2): 370-378.

Awasthi A, Chauhan S S, Omrani H. 2011. Application of fuzzy TOPSIS in evaluating sustainable transportation systems. Expert Systems with Applications, 38 (10): 12270-12280.

Aydogan E K. 2011. Performance measurement model for Turkish aviation firms using the rough-AHP and TOPSIS methods under fuzzy environment. Expert Systems with Applications, 38 (4): 3992-3998.

Beliakov G. 2001. Shape preserving splines in constructing WOWA operators: comment on paper by V. Torra in Fuzzy Sets and Systems 113 (2000) 389-396. Fuzzy Sets and Systems, 121 (3): 549-550.

Ben-Arieh D, Chen Z. 2006. Linguistic-labels aggregation and consensus measure for autocratic decision making using group recommendations. IEEE Transactions on Systems, Man and Cybernetics-Part A: Systems and Humans, 36 (3): 558-568.

Boonraksa T, Boonraksa P, Marungsri B. 2021. Optimal capacitor location and sizing for reducing the power loss on the power distribution systems due to the dynamic load of the electric buses charging system using the artificial bee colony algorithm. Journal of Electrical Engineering & Technology, 16 (4): 1821-1831.

Boran F E, Gen S, Akay D. 2011. Personnel selection based on intuitionistic fuzzy sets. Human Factors and Ergonomics in Manufacturing & Service Industries, 21 (5): 493-503.

Boran F E, Genc S, Kurt M, et al. 2009. A multi-criteria intuitionistic fuzzy group decision making for supplier selection with TOPSIS method. Expert Systems with Applications, 36 (8): 11363-11368.

Bustince H, Paternain D, de Baets B, et al. 2011. Two methods for image compression/reconstruction using OWA operators//Yager R R, Kacprzyk J, Beliakov G. Recent Developments in the Ordered Weighted Averaging Operators: Theory and Practice. Berlin Heidelberg: Springer: 229-253.

Buyukozkan G, Cifci G. 2012. A novel hybrid MCDM approach based on fuzzy DEMATEL, fuzzy ANP and fuzzy TOPSIS to evaluate green suppliers. Expert Systems with Applications, 39 (3): 3000-3011.

Büyüközkan G, Güleryüz S. 2016. An integrated DEMATEL-ANP approach for renewable energy resources selection in Turkey. International Journal of Production Economics, 182: 435-448.

Caillec J M, Itani A, Guriot D, et al. 2017. Stock picking by probability-possibility approaches. IEEE Transactions on Fuzzy Systems, 25: 333-349.

Cebi F, Otay I. 2014. Multi-criteria and multi-stage facility location selection under interval type-2 fuzzy environment: a case study for a cement factory. International Journal of Computational Intelligence Systems, 8 (2): 330-344.

Cebi S, Kahraman C. 2010. Fuzzy multicriteria group decision making for real estate investments. Proceedings of the Institution of Mechanical Engineers, Part I: Journal of Systems & Control Engineering, 224: 457-470.

Celik E, Bilisik O N, Erdogan M, et al. 2013. An integrated novel interval type-2 fuzzy MCDM method to improve customer satisfaction in public transportation for Istanbul. Transportation Research Part E-Logistics and Transportation Review, 58: 28-51.

Celik E, Gul M, Aydin N, et al. 2015. A comprehensive review of multi criteria decision making approaches based on interval type-2 fuzzy sets. Knowledge-Based Systems, 85: 329-341.

Chakravarty S, Dash P K. 2012. A PSO based integrated functional link net and interval type-2 fuzzy logic system for predicting stock market indices. Applied Soft Computing, 12（2）: 931-941.

Chang B, Chang C W, Wu C H. 2011. Fuzzy DEMATEL method for developing supplier selection criteria. Expert Systems with Applications, 38（3）: 1850-1858.

Chen C T. 2000. Extensions of the TOPSIS for group decision-making under fuzzy environment. Fuzzy Sets and Systems, 114（1）: 1-9.

Chen C T, Lin C T, Huang S F. 2006. A fuzzy approach for supplier evaluation and selection in supply chain management. International Journal of Production Economics, 102（2）: 289-301.

Chen H. 2008. Stock selection using data envelopment analysis. Industrial Management & Data Systems, 108: 1255-1268.

Chen S, Hsiao W. 2000. Bidirectional approximate reasoning for rule-based systems using interval-valued fuzzy sets. Fuzzy Sets and Systems, 113（2）: 185-203.

Chen S M, Lee L W. 2010a. Fuzzy multiple attributes group decision-making based on the interval type-2 TOPSIS method. Expert Systems with Applications, 37（4）: 2790-2798.

Chen S M, Lee L W. 2010b. Fuzzy multiple attributes group decision-making based on the ranking values and the arithmetic operations of interval type-2 fuzzy sets. Expert Systems with Applications, 37（1）: 824-833.

Chen S M, Lee L W. 2012. Autocratic decision making using group recommendations based on the ILLOWA operator and likelihood-based comparison relations. IEEE Transactions on Systems, Man and Cybernetics, Part A: Systems and Humans, 42（1）: 115-129.

Chen S M, Wang C Y. 2013. Fuzzy decision making systems based on interval type-2 fuzzy sets. Information Sciences, 242: 1-21.

Chen T Y. 2011. Signed distanced-based TOPSIS method for multiple criteria decision analysis based on generalized interval-valued fuzzy numbers. International Journal of Information Technology & Decision Making, 10（6）: 1131-1159.

Chen T Y, Tsao C Y. 2008. The interval-valued fuzzy TOPSIS method and experimental analysis. Fuzzy Sets and Systems, 159（11）: 1410-1428.

Cheng C H. 1998. A new approach for ranking fuzzy numbers by distance method. Fuzzy Sets and Systems, 95（3）: 307-317.

Chiclana F, Herrera-Viedma E, Herrera F, et al. 2004. Induced ordered weighted geometric operators and their use in the aggregation of multiplicative preference relations. International Journal of Intelligent Systems, 19（3）: 233-255.

Chou S Y, Dat L Q, Yu V F. 2011. A revised method for ranking fuzzy numbers using maximizing set and minimizing set. Computers & Industrial Engineering, 61（4）: 1342-1348.

Chu T C. 2002. Selecting plant location via a fuzzy TOPSIS approach. The International Journal of Advanced Manufacturing Technology, 20（11）: 859-864.

Chu T C, Tsao C T. 2002. Ranking fuzzy numbers with an area between the centroid point and original point. Computers & Mathematics with Applications, 43（1/2）: 111-117.

Chung S H, Kwon C. 2015. Multi-period planning for electric car charging station locations: a case of Korean expressways. European Journal of Operational Research, 242（2）: 677-687.

Cremers K, Elton E, Lynch A, et al. 2002. Stock return predictability: a bayesian model selection perspective. The Review of Financial Studies, 15（4）: 1223-1249.

Deng Y, Liu Q. 2005. TOPSIS-based centroid-index ranking method of fuzzy numbers and its application in decision-making. Cybernetics and Systems: An International Journal, 36（6）: 581-595.

Diabat A, Govindan K. 2011. An analysis of the drivers affecting the implementation of green supply chain management. Resources, Conservation & Recycling, 55（6）: 659-667.

Diamond P, Kloeden P. 1990. Metric spaces of fuzzy sets. Fuzzy Sets and Systems, 35（2）: 241-249.

Dong W M, Wong F S. 1987. Fuzzy weighted averages and implementation of the extension principle. Fuzzy Sets and Systems, 21（2）: 183-199.

Dong Y C, Xu Y F, Yu S. 2009a. Computing the numerical scale of the linguistic term set for the 2-tuple fuzzy linguistic representation model. IEEE Transactions on Fuzzy Systems, 17（6）: 1366-1378.

Dong Y C, Xu Y F, Yu S. 2009b. Linguistic multiperson decision making based on the use of multiple preference relations. Fuzzy Sets and Systems, 160（5）: 603-623.

Dubois D J, Prade H. 1980. Fuzzy Sets and Systems: Theory and Applications. New York: Academic Press.

Elmore P, Petry F, Yager R. 2014. Comparative measures of aggregated uncertainty representations. Journal of Ambient Intelligence and Humanized Computing, 5: 809-819.

Emrouznejad A. 2008. MP-OWA: the most preferred OWA operator. Knowledge-Based Systems, 21（8）: 847-851.

Ezzati R, Allahviranloo T, Khezerloo S, et al. 2012. An approach for ranking of fuzzy numbers. Expert Systems with Applications, 39（1）: 690-695.

Fahimnia B, Sarkis J, Davarzani H. 2015. Green supply chain management: a review and bibliometric analysis. International Journal of Production Economics, 162: 101-114.

Fan Z P, Zhang X, Chen F D, et al. 2013. Extended TODIM method for hybrid multiple attribute decision making problems. Knowledge-Based Systems, 42: 40-48.

Fang H, Li J, Song W Y. 2018. Sustainable site selection for photovoltaic power plant: an integrated approach based on prospect theory. Energy Conversion and Management, 174: 755-768.

Fedderke J. 2004. Investment in fixed capital stock: testing for the impact of sectoral and systemic uncertainty. Oxford Bulletin of Economics and Statistics, 66: 165-187.

Feng B. 2012. Multisourcing suppliers selection in service outsourcing. Journal of the Operational Research Society, 63（5）: 582-596.

Feng C M, Wang R T. 2000. Performance evaluation for airlines including the consideration of financial ratios. Journal of Air Transport Management, 6（3）: 133-142.

Filev D P, Yager R R. 1995. Analytic properties of maximum entropy OWA operators. Information Sciences, 85（1）: 11-27.

Freeman J, Chen T. 2015. Green supplier selection using an AHP entropy-TOPSIS framework. Supply Chain Management: An International Journal, 20（3）: 327-340.

Fullér R, Majlender P. 2003. On obtaining minimal variability OWA operator weights. Fuzzy Sets and Systems, 136（2）: 203-215.

García-Álvarez J, González-Rodríguez I, Vela C R. 2018. Genetic fuzzy schedules for charging electric vehicles. Computers & Industrial Engineering, 121: 51-61.

Genovese A, Koh S L, Bruno G, et al. 2013. Greener supplier selection: state of the art and some empirical evidence. International Journal of Production Research, 51（10）: 2868-2886.

Gomes L F A M, González X I. 2012. Behavioral multi-criteria decision analysis: further elaborations on the TODIM method. Foundations of Computing and Decision Sciences, 37（1）: 3-8.

Gomes L F A M, Lima M. 1991. TODIM: basics and application to multicriteria ranking of projects with environmental impacts. Foundations of Computing and Decision Sciences, 16（4）: 113-127.

Gomes L F A M, Machado M A S, Rangel L A D. 2013. Behavioral multi-criteria decision analysis: the TODIM method with criteria interactions. Annals of Operations Research, 211（1）: 531-548.

Gomes L F A M, Rangel L A D. 2009. An application of the TODIM method to the multicriteria rental evaluation of residential properties. European Journal of Operational Research, 193（1）: 204-211.

Gomes L F A M, Rangel L A D, Maranhão F J C. 2009. Multicriteria analysis of natural gas destination in Brazil: an application of the TODIM method. Mathematical and Computer Modelling, 50（1）: 92-100.

Gong Y B. 2013. Fuzzy multi-attribute group decision-making method based on interval type-2 fuzzy sets and applications to global supplier selection. International Journal of Fuzzy Systems, 15（4）: 392-400.

Goumas M, Lygerou V. 2000. An extension of the PROMETHEE method for decision making in fuzzy environment: ranking of alternative energy exploitation projects. European Journal of Operational Research, 123（3）: 606-613.

Guo S, Zhao H. 2015. Optimal site selection of electric vehicle charging station by using fuzzy TOPSIS based on sustainability perspective. Applied Energy, 158: 390-402.

Gül S. 2020. Spherical fuzzy extension of DEMATEL（SF-DEMATEL）. International Journal of Intelligent Systems, 35（9）: 1329-1353.

Hajjami M, Amin G R. 2018. Modelling stock selection using ordered weighted averaging operator. International Journal of Intelligent Systems, 33（11）: 2283-2292.

Han S L, Mendel J M. 2012. A new method for managing the uncertainties in evaluating multi-person multi-criteria location choices, using a perceptual computer. Annals of Operations Research, 195（1）: 277-309.

He J, Yang H, Tang T Q, et al. 2018. An optimal charging station location model with the consideration of electric vehicle's driving range. Transportation Research Part C: Emerging Technologies, 86: 641-654.

Herrera F, Herrera-Viedma E, Verdegay J L. 1995. A sequential selection process in group decision making with a linguistic assessment approach. Information Sciences, 85 (4): 223-239.

Herrera F, Herrera-Viedma E, Verdegay J L. 1996. A model of consensus in group decision making under linguistic assessments. Fuzzy Sets and Systems, 78 (1): 73-87.

Herrera F, Martínez L. 2000. A 2-tuple fuzzy linguistic representation model for computing with words. IEEE Transactions on Fuzzy Systems, 8 (6): 746-752.

Herrera F, Martínez L. 2001. A model based on linguistic 2-tuples for dealing with multigranular hierarchical linguistic contexts in multi-expert decision-making. IEEE Transactions on Systems, Man, and Cybernetics, Part B: Cybernetics, 31 (2): 227-234.

Herrera-Viedma E, Cordón O, Luque M, et al. 2003. A model of fuzzy linguistic IRS based on multi-granular linguistic information. International Journal of Approximate Reasoning, 34 (2/3): 221-239.

Ho W, Xu X, Dey P K. 2010. Multi-criteria decision making approaches for supplier evaluation and selection: a literature review. European Journal of Operational Research, 202 (1): 16-24.

Hsu C W, Hu A H. 2008. Green supply chain management in the electronic industry. International Journal of Environmental Science & Technology, 5 (2): 205-216.

Hsu C W, Kuo T C, Chen S H, et al. 2013. Using DEMATEL to develop a carbon management model of supplier selection in green supply chain management. Journal of Cleaner Production, 56: 164-172.

Hu J, Chen P, Chen X. 2014. Intuitionistic random multi-criteria decision-making approach based on prospect theory with multiple reference intervals. Scientia Iranica Transactions E: Industrial Engineering, 21 (6): 2347-2359.

Hu Z, Rao C, Zheng Y, et al. 2015. Optimization decision of supplier selection in green procurement under the mode of low carbon economy. International Journal of Computational Intelligence Systems, 8 (3): 407-421.

Hussain S, Ahmed M A, Lee K-B, et al. 2020. Fuzzy logic weight based charging scheme for optimal distribution of charging power among electric vehicles in a parking lot. Energies, 13(12): 3119.

Hwang C L, Yoon K. 1981. Multiple Attribute Decision Making. Berlin: Springer-Verlag.

Igarashi M, de Boer L, Fet A M. 2013. What is required for greener supplier selection? A literature review and conceptual model development. Journal of Purchasing and Supply Management, 19 (4): 247-263.

Ju Y, Ju D, Gonzalez Santibanez E D R, et al. 2019. Study of site selection of electric vehicle charging station based on extended GRP method under picture fuzzy environment. Computers & Industrial Engineering, 135: 1271-1285.

Kahneman D, Tversky A. 1979. Prospect theory: an analysis of decision under risk. Econometrica: Journal of the Econometric Society, 47 (2): 263-291.

Kahraman C, Cebeci U, Ulukan Z. 2003. Multi-criteria supplier selection using fuzzy AHP. Logistics Information Management, 16 (6): 382-394.

Kahraman C, Kaya I. 2010. Investment analyses using fuzzy probability concept. Technological and Economic Development of Economy, 16: 43-57.

Kahraman C, Ruan D, Tolga E. 2002. Capital budgeting techniques using discounted fuzzy versus probabilistic cash flows. Information Sciences, 142: 57-76.

Kannan D, Khodaverdi R, Olfat L, et al. 2013. Integrated fuzzy multi criteria decision making method and multiobjective programming approach for supplier selection and order allocation in a green supply chain. Journal of Cleaner Production, 47: 355-367.

Karasan A, Kaya I, Erdogan M. 2020. Location selection of electric vehicles charging stations by using a fuzzy MCDM method: a case study in Turkey. Neural Computing & Applications, 32 (9): 4553-4574.

Karnik N N, Mendel J M. 2001. Centroid of a type-2 fuzzy set. Information Sciences, 132 (1-4): 195-220.

Kelemenis A, Ergazakis K, Askounis D. 2011. Support managers' selection using an extension of fuzzy TOPSIS. Expert Systems with Applications, 38 (3): 2774-2782.

Khalili-Damghani K, Sadi-Nezhad S, Tavana M. 2013. Solving multi-period project selection problems with fuzzy goal programming based on TOPSIS and a fuzzy preference relation. Information Sciences, 252: 42-61.

Kilic M, Kaya I. 2015. Investment project evaluation by a decision making methodology based on type-2 fuzzy sets. Applied Soft Computing, 27: 399-410.

Klir G J, Yuan B. 1995. Fuzzy Sets and Fuzzy Logic: Theory and Applications. Upper Saddle River: Prentice Hall.

Krohling R A, Campanharo V C. 2011. Fuzzy TOPSIS for group decision making: a case study for accidents with oil spill in the sea. Expert Systems with Applications, 38 (4): 4190-4197.

Krohling R A, Pacheco A G C, Siviero A L T. 2013. IF-TODIM: an intuitionistic fuzzy TODIM to multi-criteria decision making. Knowledge-Based Systems, 53 (1): 142-146.

Kundu P, Kar S, Maiti M. 2014. Fixed charge transportation problem with type-2 fuzzy variables. Information Sciences, 255: 170-186.

Kundu P, Kar S, Maiti M. 2015. Multi-item solid transportation problem with type-2 fuzzy parameters. Applied Soft Computing, 31: 61-80.

Kuo R J, Wang Y C, Tien F C. 2010. Integration of artificial neural network and MADA methods for green supplier selection. Journal of Cleaner Production, 18 (12): 1161-1170.

Kuo T C, Hsu C W, Li J Y. 2015. Developing a green supplier selection model by using the DANP with VIKOR. Sustainability, 7 (2): 1661-1689.

Lee A H I, Kang H Y, Hsu C F, et al. 2009. A green supplier selection model for high-tech industry. Expert Systems with Applications, 36 (4): 7917-7927.

Lee E S, Li R J. 1988. Comparison of fuzzy numbers based on the probability measure of fuzzy events. Computers & Mathematics with Applications, 15 (10): 887-896.

Lee L W, Chen S M. 2008. Fuzzy multiple attributes group decision-making based on the extension of TOPSIS method and interval type-2 fuzzy sets. 2008 IEEE International Conference on Machine Learning and Cybernetics, 6: 3260-3265.

Li D F. 2010. TOPSIS-based nonlinear-programming methodology for multiattribute decision making with interval-valued intuitionistic fuzzy sets. IEEE Transactions on Fuzzy Systems, 18 (2): 299-311.

Li D F, Wang Y C, Liu S, et al. 2009. Fractional programming methodology for multi-attribute group decision-making using IFS. Applied Soft Computing, 9 (1): 219-225.

Li H, Wang W, Fan L, et al. 2020. A novel hybrid MCDM model for machine tool selection using fuzzy DEMATEL, entropy weighting and later defuzzification VIKOR. Applied Soft Computing, 91. 106207.

Liang Q, Mendel J M. 2000. Interval type-2 fuzzy logic systems: theory and design. IEEE Transactions on Fuzzy Systems, 8 (5): 535-550.

Liang X, Wu X, Liao H. 2020. A gained and lost dominance score II method for modelling group uncertainty: case study of site selection of electric vehicle charging stations. Journal of Clear Production, 262: 121239.

Liang Y, Ju Y, Qin J, et al. 2021. Multi-granular linguistic distribution evidential reasoning method for renewable energy project risk assessment. Information Fusion, 65: 147-164.

Lin R J. 2013. Using fuzzy DEMATEL to evaluate the green supply chain management practices. Journal of Clear Production, 40: 32-39.

Liu F. 2008. An efficient centroid type-reduction strategy for general type-2 fuzzy logic system. Information Sciences, 178: 2224-2236.

Liu F, Mendel J M. 2008. Encoding words into interval type-2 fuzzy sets using an interval approach. IEEE Transactions on Fuzzy Systems, 16 (6): 1503-1521.

Liu H C, Yang M, Zhou M, et al. 2019. An integrated multi-criteria decision making approach to location planning of electric vehicle charging stations. IEEE Transactions on Intelligent Transportation Systems, 20 (1): 362-373.

Liu P D, Jin F, Zhang X, et al. 2011. Research on the multi-attribute decision-making under risk with interval probability based on prospect theory and the uncertain linguistic variables. Knowledge-Based Systems, 24 (4): 554-561.

Liu X. 1992. Entropy, distance measure and similarity measure of fuzzy sets and their relations. Fuzzy Sets and Systems, 52 (3): 305-318.

Liu X W. 2005. Preference solutions of probability decision making with RIM quantifiers. International Journal of Intelligent Systems, 20 (12): 1253-1271.

Liu X W. 2006a. Some properties of the weighted OWA operator. IEEE Transactions on Systems, Man, and Cybernetics, Part B: Cybernetics, 36 (1): 118-127.

Liu X W. 2006b. An orness measure for quasi-arithmetic means. IEEE Transactions on Fuzzy Systems, 14 (6): 837-848.

Liu X W. 2007. The solution equivalence of minimax disparity and minimum variance problems for

OWA operators. International Journal of Approximate Reasoning, 45（1）: 68-81.

Liu X W. 2010. The orness measures for two compound quasi-arithmetic mean aggregation operators. International Journal of Approximate Reasoning, 51（3）: 305-334.

Liu X W, Da Q L. 2005. A decision tree solution considering the decision maker's attitude. Fuzzy Sets and Systems, 152（3）: 437-454.

Liu X W, Han S L. 2008. Orness and parameterized RIM quantifier aggregation with OWA operators: a summary. International Journal of Approximate Reasoning, 48（1）: 77-97.

Liu X W, Mendel J M, Wu D R. 2012a. Analytical solution methods for the fuzzy weighted average. Information Sciences, 187: 151-170.

Liu X W, Mendel J M, Wu D R. 2012b. Study on enhanced Karnik-Mendel algorithms: initialization explanations and computation improvements. Information Sciences, 184（1）: 75-91.

Liu X W, Pan Y W, Xu Y, et al. 2012c. Least square completion and inconsistency repair methods for additively consistent fuzzy preference relations. Fuzzy Sets and Systems, 198: 1-19.

Liu X W, Wang Y M. 2013. An analytical solution method for the generalized fuzzy weighted average problem. International Journal of Uncertainty, Fuzziness and Knowledge-Based Systems, 21（3）: 455-480.

Liu Y, Fan Z P, Zhang Y. 2014. Risk decision analysis in emergency response: a method based on cumulative prospect theory. Computers & Operations Research, 42: 75-82.

Lourenzutti R, Krohling R A. 2013. A study of TODIM in a intuitionistic fuzzy and random environment. Expert Systems with Applications, 40（16）: 6459-6468.

Lourenzutti R, Krohling R A. 2014. The Hellinger distance in multicriteria decision making: an illustration to the TOPSIS and TODIM methods. Expert Systems with Applications, 41（9）: 4414-4421.

Lu S, Zhao J, Wang H, et al. 2018. Herding boosts too-connected-to-fail risk in stock market of China. Physica A-statistical Mechanics and Its Applications, 505: 945-964.

Magni C A. 2015. Aggregate return on investment for investments under uncertainty. International Journal of Production Economics, 165: 29-37.

Majlender P. 2005. OWA operators with maximal Rényi entropy. Fuzzy Sets and Systems, 155（3）: 340-360.

Markowitz H M. 1952. Portfolio selection. Journal of Finance, 7: 77-91.

Martinez L, Barranco M J, Pérez L G, et al. 2008. A knowledge based recommender system with multigranular linguistic information. International Journal of Computational Intelligence Systems, 1（3）: 225-236.

Mendel J M. 2007. Type-2 fuzzy sets and systems: an overview. IEEE Computational Intelligence Magazine, 2（1）: 20-29.

Mendel J M. 2017. Uncertain Rule-Based Fuzzy System: Introduction and New Directions, 2nd Edition. Springer Publishing Company, Incorporated.

Mendel J M, Liu F L. 2007. Super-exponential convergence of the Karnik-Mendel algorithms for computing the centroid of an interval type-2 fuzzy set. IEEE Transactions on Fuzzy Systems,

15（2）：309-320.

Mendel J M, Wu D R. 2008. Perceptual reasoning for perceptual computing. IEEE Transactions on Fuzzy Systems, 16（6）：1550-1564.

Mendel J M, Wu D R. 2010. Perceptual Computing: Aiding People in Making Subjective Judgments. Wiley Online Library.

Mendel J M, Zadeh L A, Trillas E, et al. 2010. What computing with words means to me. IEEE Computational Intelligence Magazine, 5（1）：20-26.

Merigó J M. 2010. Fuzzy decision making with immediate probabilities. Computers & Industrial Engineering, 58（4）：651-657.

Mitchell H B. 2006. Ranking type-2 fuzzy numbers. IEEE Transactions on Fuzzy Systems, 14（2）：287-294.

Mokhtarian M N, Hadi-Vencheh A. 2012. A new fuzzy TOPSIS method based on left and right scores: an application for determining an industrial zone for dairy products factory. Applied Soft Computing, 12（8）：2496-2505.

Ni L P, Ni Z W, Gao Y Z. 2011. Stock trend prediction based on fractal feature selection and support vector machine. Expert Systems with Applications, 38：5569-5576.

O'Hagan M. 1988. Aggregating template or rule antecedents in real-time expert systems with fuzzy set logic. 1988 IEEE Twenty-Second Asilomar Conference on Signals, Systems and Computers, 2：681-689.

Orlovsky S A. 1978. Decision-making with a fuzzy preference relation. Fuzzy Sets and Systems, 1（3）：155-167.

Passos A C, Teixeira M G, Garcia K C, et al. 2014. Using the TODIM-FSE method as a decision-making support methodology for oil spill response. Computers & Operations Research, 42：40-48.

Pawlak Z. 1982. Rough sets. International Journal of Computer & Information Sciences, 11（5）：341-356.

Pätäri E, Karell V, Luukka P, et al. 2018. Comparison of the multicriteria decision-making methods for equity portfolio selection: the U. S. evidence. European Journal of Operational Research, 265（2）：655-672.

Peng Y, Wang G, Kou G, et al. 2011. An empirical study of classification algorithm evaluation for financial risk prediction. Applied Soft Computing, 11（2）：2906-2915.

Pereira J, Gomes L F A M, Paredes F. 2013. Robustness analysis in a TODIM-based multicriteria evaluation model of rental properties. Technological and Economic Development of Economy, 19（sup1）：S176-S190.

Petry F, Elmore P, Yager R. 2015. Combining uncertain information of differing modalities. Information Sciences, 322：237-256.

Qi R, Li S, Qu L, et al. 2020. Critical factors to green mining construction in china: a two-step fuzzy DEMATEL analysis of state-owned coal mining enterprises. Journal of Cleaner Production, 273122852.

Qin J D, Liu X W. 2015. Multi-attribute group decision making using combined ranking value under interval type-2 fuzzy environment. Information Sciences, 297: 293-315.

Ragin C C. 2000. Fuzzy-Set Social Science. Chicago: The University of Chicago Press.

Rodriguez R M, Martinez L. 2013. An analysis of symbolic linguistic computing models in decision making. International Journal of General Systems, 42 (1): 121-136.

Sadeghzadeh K, Salehi M B. 2011. Mathematical analysis of fuel cell strategic technologies development solutions in the automotive industry by the TOPSIS multi-criteria decision making method. International Journal of Hydrogen Energy, 36 (20): 13272-13280.

Saen R F. 2009. Supplier selection by the pair of nondiscretionary factors-imprecise data envelopment analysis models. Journal of the Operational Research Society, 60 (11): 1575-1582.

Sang X, Liu X. 2016. An interval type-2 fuzzy sets-based TODIM method and its application to green supplier selection. Journal of the Operational Research Society, 67 (5): 722-734.

Sang X, Liu X, Cai M. 2014. A distance based ranking methods for type-1 fuzzy numbers and interval type-2 fuzzy numbers. 2014 IEEE International Conference on Fuzzy Systems, IEEE: 447-454.

Sang X, Liu X, Qin J. 2015. An analytical solution to fuzzy TOPSIS and its application in personnel selection for knowledge-intensive enterprise. Applied Soft Computing, 30: 190-204.

Saremi M S, Mousavi F, Sanayei A. 2009. TQM consultant selection in SMEs with TOPSIS under fuzzy environment. Expert Systems with Applications, 36 (2): 2742-2749.

Sarkis J, Zhu Q, Lai K H. 2011. An organizational theoretic review of green supply chain management literature. International Journal of Production Economics, 130 (1): 1-15.

Sen A, Yaman H, Güeler K, et al. 2014. Multi-period supplier selection under price uncertainty. Journal of the Operational Research Society, 65 (11): 1636-1648.

Seuring S. 2013. A review of modeling approaches for sustainable supply chain management. Decision Support Systems, 54 (4): 1513-1520.

Sevastjanov P, Dymova L. 2009. Stock screening with use of multiple criteria decision making and optimization. Omega, 37 (3): 659-671.

Shen K Y, Yan M R, Tzeng G H. 2014. Combining VIKOR-DANP model for glamor stock selection and stock performance improvement. Knowledge-Based Systems, 58: 86-97.

Sheu J B. 2004. A hybrid fuzzy-based approach for identifying global logistics strategies. Transportation Research Part E: Logistics and Transportation Review, 40 (1): 39-61.

Shih H S. 2008. Incremental analysis for MCDM with an application to group TOPSIS. European Journal of Operational Research, 186 (2): 720-734.

Singh R K, Benyoucef L. 2011. A fuzzy TOPSIS based approach for e-sourcing. Engineering Applications of Artificial Intelligence, 24 (3): 437-448.

Smithson M J. 1987. Fuzzy Set Analysis for Behavioral and Social Sciences. New York: Springer-Verlag.

Song P, Liang J, Qian Y, et al. 2018. A cautious ranking methodology with its application for stock screening. Applied Soft Computing, 71: 835-848.

Srivastava S K. 2007. Green supply-chain management: a state-of-theart literature review. International

Journal of Management Reviews, 9 (1): 53-80.

Su C H, Cheng C H. 2016. A hybrid fuzzy time series model based on ANFIS and integrated nonlinear feature selection method for forecasting stock. Neurocomputing, 205: 264-273.

Sun C C. 2010. A performance evaluation model by integrating fuzzy AHP and fuzzy TOPSIS methods. Expert Systems with Applications, 37 (12): 7745-7754.

Takagi T, Sugeno M. 1985. Fuzzy identification of systems and its applications to modeling and control. IEEE Transactions on Systems, Man and Cybernetics, 1: 116-132.

Tanaka H, Guo P, Turksen I B. 2000. Portfolio selection based on fuzzy probabilities and possibility distributions. Fuzzy Sets and Systems, 111 (3): 387-397.

Torfi F, Farahani R Z, Rezapour S. 2010. Fuzzy AHP to determine the relative weights of evaluation criteria and Fuzzy TOPSIS to rank the alternatives. Applied Soft Computing, 10 (2): 520-528.

Torra V. 1997. The weighted OWA operator. International Journal of Intelligent Systems, 12 (2): 153-166.

Tosun O, Akyuz G. 2015. A fuzzy TODIM approach for the supplier selection problem. International Journal of Computational Intelligence Systems, 8 (2): 317-329.

Triantaphyllou E, Lin C T. 1996. Development and evaluation of five fuzzy multiattribute decision-making methods. International Journal of Approximate Reasoning, 14 (4): 281-310.

Tsao C T. 2006. A fuzzy MCDM approach for stock selection. Journal of the Operational Research Society, 57: 1341-1352.

Tseng M L, Lin Y H, Tan K, et al. 2014. Using TODIM to evaluate green supply chain practices under uncertainty. Applied Mathematical Modelling, 38 (11/12): 2983-2995.

Tversky A, Kahneman D. 1992. Advances in prospect theory: cumulative representation of uncertainty. Journal of Risk and Uncertainty, 5 (4): 297-323.

Uslu T, Kaya O. 2021. Location and capacity decisions for electric bus charging stations considering waiting times. Transportation Research Part D: Transport and Environment, 90. 102645.

Vezmelai A S, Lashgari Z, Keyghobadi A. 2015. Portfolio selection using ELECTRE III: evidence from Tehran stock exchange. Decision Science Letters, 4: 227-236.

Wagner C, Hagras H. 2010. Toward general type-2 fuzzy logic systems based on zslices. IEEE Transactions on Fuzzy Systems, 18 (4): 637-660.

Wang J C, Chen T Y. 2014. A closeness coefficient-based multiple criteria decision-making method using interval type-2 fuzzy sets and its application to watershed site selection. Journal of Industrial and Production Engineering, 31 (1): 1-16.

Wang J H, Hao J. 2006. A new version of 2-tuple fuzzy linguistic representation model for computing with words. IEEE Transactions on Fuzzy Systems, 14 (3): 435-445.

Wang J H, Hao J. 2007. An approach to computing with words based on canonical characteristic values of linguistic labels. IEEE Transactions on Fuzzy Systems, 15 (4): 593-604.

Wang J Q, Yu S M, Wang J, et al. 2015. An interval type-2 fuzzy number based approach for multi-criteria group decision-making problems. International Journal of Uncertainty, Fuzziness and Knowledge-Based Systems, 23 (4): 565-588.

Wang R, Li X, Xu C, et al. 2020. Study on location decision framework of electric vehicle battery swapping station: using a hybrid MCDM method. Sustainable Cities and Society, 61. 102149.

Wang W P. 2009. Toward developing agility evaluation of mass customization systems using 2-tuple linguistic computing. Expert Systems with Applications, 36 (2): 3439-3447.

Wang X, Kerre E E. 2001a. Reasonable properties for the ordering of fuzzy quantities(I). Fuzzy Sets and Systems, 118 (3): 375-385.

Wang X, Kerre E E. 2001b. Reasonable properties for the ordering of fuzzy quantities(II). Fuzzy Sets and Systems, 118 (3): 387-405.

Wang Y J, Lee H S. 2007. Generalizing TOPSIS for fuzzy multiple-criteria group decision-making. Computers & Mathematics with Applications, 53 (11): 1762-1772.

Wang Y J, Lee H S. 2008. The revised method of ranking fuzzy numbers with an area between the centroid and original points. Computers & Mathematics with Applications, 55 (9): 2033-2042.

Wang Y M, Chin K S, Poon G K K, et al. 2009a. Risk evaluation in failure mode and effects analysis using fuzzy weighted geometric mean. Expert Systems with Applications, 36 (2): 1195-1207.

Wang Y M, Elhag T. 2006. Fuzzy TOPSIS method based on alpha level sets with an application to bridge risk assessment. Expert Systems with Applications, 31 (2): 309-319.

Wang Y M, Luo Y. 2009. Area ranking of fuzzy numbers based on positive and negative ideal points. Computers & Mathematics with Applications, 58 (9): 1769-1779.

Wang Y M, Luo Y, Liu X W. 2007. Two new models for determining OWA operator weights. Computers & Industrial Engineering, 52 (2): 203-209.

Wang Y M, Parkan C. 2005. A minimax disparity approach for obtaining OWA operator weights. Information Sciences, 175 (1/2): 20-29.

Wang Z X, Liu Y J, Fan Z P, et al. 2009b. Ranking L-R fuzzy number based on deviation degree. Information Sciences, 179 (13): 2070-2077.

Wei G W. 2010. Extension of TOPSIS method for 2-tuple linguistic multiple attribute group decision making with incomplete weight information. Knowledge and Information Systems, 25 (3): 623-634.

Wei G W, Lin R, Zhao X F, et al. 2010. Models for multiple attribute group decision making with 2-tuple linguistic assessment information. International Journal of Computational Intelligence Systems, 3 (3): 315-324.

Wu D R. 2012. On the fundamental differences between interval type-2 and type-1 fuzzy logic controllers. IEEE Transactions on Fuzzy Systems, 20 (5): 832-848.

Wu D R, Mendel J M. 2007. Aggregation using the linguistic weighted average and interval type-2 fuzzy sets. IEEE Transactions on Fuzzy Systems, 15 (6): 1145-1161.

Wu D R, Mendel J M. 2009. A comparative study of ranking methods, similarity measures and uncertainty measures for interval type-2 fuzzy sets. Information Sciences, 179 (8): 1169-1192.

Wu D R, Mendel J M. 2010a. Computing with words for hierarchical decision making applied to evaluating a weapon system. IEEE Transactions on Fuzzy Systems, 18 (3): 441-460.

Wu D R, Mendel J M. 2010b. Ordered fuzzy weighted averages and ordered linguistic weighted averages. 2010 IEEE International Conference on Fuzzy Systems (FUZZ), IEEE: 1-7.

Wu Y, Xie C, Xu C, et al. 2017. A decision framework for electric vehicle charging station site selection for residential communities under an intuitionistic fuzzy environment: a case of Beijing. Energies, 10 (9). 1270.

Wu Y, Yang M, Zhang H, et al. 2016. Optimal site selection of electric vehicle charging stations based on a cloud model and the PROMETHEE method. Energies, 9 (3), DOI: 10.3390/en9030157.

Xidonas P, Mavrotas G, Psarras J. 2010. A multiple criteria decision-making approach for the selection of stocks. Journal of the Operational Research Society, 61: 1273-1287.

Xu Z S. 2006a. AC-OWA operator-based approach to decision making with interval fuzzy preference relation. International Journal of Intelligent Systems, 21 (12): 1289-1298.

Xu Z S. 2006b. On generalized induced linguistic aggregation operators. International Journal of General Systems, 35 (1): 17-28.

Xu Z S. 2009. Correlated linguistic information aggregation. International Journal of Uncertainty, Fuzziness and Knowledge-Based Systems, 17 (5): 633-647.

Xu Z S. 2010. Uncertain Bonferroni mean operators. International Journal of Computational Intelligence Systems, 3 (6): 761-769.

Xu Z S, Da Q L. 2002. The ordered weighted geometric averaging operators. International Journal of Intelligent Systems, 17 (7): 709-716.

Yager R R. 1980. On a general class of fuzzy connectives. Fuzzy sets and Systems, 4 (3): 235-242.

Yager R R. 1988. On ordered weighted averaging aggregation operators in multicriteria decision making. IEEE Transactions on Systems, Man and Cybernetics, 18 (1): 183-190.

Yager R R. 1993. Families of OWA operators. Fuzzy Sets and Systems, 59 (2): 125-148.

Yager R R. 1999. Including decision attitude in probabilistic decision making. International Journal of Approximate Reasoning, 21 (1): 1-21.

Yager R R. 2009. Weighted maximum entropy OWA aggregation with applications to decision making under risk. IEEE Transactions on Systems, Man and Cybernetics, Part A: Systems and Humans, 39 (3): 555-564.

Yager R R. 2012. Conditional approach to possibility-probability fusion. IEEE Transactions on Fuzzy Systems, 20: 46-56.

Yager R R, Filev D P. 1999. Induced ordered weighted averaging operators. IEEE Transactions on Systems, Man, and Cybernetics, Part B: Cybernetics, 29 (2): 141-150.

Yager R R, Kacprzyk J, Beliakov G. 2011. Recent Developments in the Ordered Weighted Averaging Operators: Theory and Practice. Berlin Heidelberg: Springer.

Yager R R, Xu Z S. 2006. The continuous ordered weighted geometric operator and its application to decision making. Fuzzy Sets and Systems, 157 (10): 1393-1402.

Yoon K P, Hwang C L. 1995. Multiple Attribute Decision Making: An Introduction. Sage Publications, Incorporated.

Yu V F, Chi H T X, Shen C. 2013. Ranking fuzzy numbers based on epsilon-deviation degree. Applied Soft Computing, 13 (8): 3621-3627.

Yue Z. 2011. An extended TOPSIS for determining weights of decision makers with interval numbers. Knowledge-Based Systems, 24（1）: 146-153.

Zadeh L A. 1965. Fuzzy sets. Information and Control, 8（3）: 338-353.

Zadeh L A. 1968. Probability measures of fuzzy events. Journal of Mathematical Analysis & Applications, 23（2）: 421-427.

Zadeh L A. 1975. The concept of a linguistic variable and its applications to approximate reasoning—I. Information Sciences, 8（3）: 199-249.

Zadeh L A. 1978. Fuzzy sets as a basis for a theory of possibility. Fuzzy Sets and Systems, 1: 3-28.

Zandi F, Tavana M. 2011. A fuzzy group quality function deployment model for e-CRM framework assessment in agile manufacturing. Computers & Industrial Engineering, 61（1）: 1-19.

Zapletal F. 2021. A novel hybrid fuzzy PROMETHEE-IDEA approach to efficiency evaluation. Soft Computing, 25（5）: 3913-3929.

Zeleny M. 1982. Multiple Criteria Decision Making. New York: McGraw-Hill.

Zhan J, Jiang H, Yao Y. 2020. Covering-based variable precision fuzzy rough sets with PROMETHEE-EDAS methods. Information Sciences, 538: 314-336.

Zhang X, Xu Z. 2014. The TODIM analysis approach based on novel measured functions under hesitant fuzzy environment. Knowledge-Based Systems, 61: 48-58.

Zhao H, Li N. 2016. Optimal siting of charging stations for electric vehicles based on fuzzy DELPHI and hybrid multi-criteria decision making approaches from an extended sustainability perspective. Energies, 9（4）: 270.

Zhou S M, Chiclana F, John R I, et al. 2011. Alpha-level aggregation: a practical approach to type-1 OWA operation for aggregating uncertain information with applications to breast cancer treatments. IEEE Transactions on Knowledge and Data Engineering, 23（10）: 1455-1468.

Zhou S M, John R I, Chiclana F, et al. 2010. On aggregating uncertain information by type-2 OWA operators for soft decision making. International Journal of Intelligent Systems, 25（6）: 540-558.

Zimmermann H J. 1991. Possibility Theory, Probability Theory, and Fuzzy Set Theory. Netherlands Dordrecht: Springer.

Zimmermann H J. 2001. Fuzzy Set Theory-and Its Applications. Netherlands Dordrecht: Springer.

Zouggari A, Benyoucef L. 2012. Simulation based fuzzy TOPSIS approach for group multi-criteria supplier selection problem. Engineering Applications of Artificial Intelligence, 25（3）: 507-519.